혁신학교의 거의 "모든 것"

수업에서부터
학력에 대한 오해까지

혁신학교의 거의 모든 것

수업에서부터
학력에 대한 오해까지

김성천 · 서용선 · 홍섭근 지음

맘에드림

혁신학교의 거의 모든 것

수업에서부터
학력에 대한 오해까지

발행일	2015년 10월 2일 초판 1쇄 발행
	2017년 11월 29일 초판 2쇄 발행
지은이	김성천, 서용선, 홍섭근
발행인	방득일
편 집	신윤철
디자인	강수경
마케팅	김지훈

발행처	맘에드림
주 소	서울시 도봉구 노해로 379 대성빌딩 902호
전 화	02-2269-0425
팩 스	02-2269-0426
e-mail	momdreampub@naver.com

ISBN 978-89-97206-35-3 03370

교육의 참된 목적은 각자가 평생 자기의 교육을 계속할 수 있게 하는 데 있다.

- 존 듀이(John Dewey) -

이 책은 김성천 선생님의 저서 《혁신학교란 무엇인가》의 후속 작으로 기획한 책입니다. 공동 저자인 김성천, 서용선 선생님과 저는 경기도교육연구원 정책개발팀에서 인연을 맺고, 4년간 함께 혁신 교육 정책을 고민하고 만들어 가면서 많은 것을 보고 배웠습니다. 그중에서 혁신학교는 혁신 교육 정책을 대표하는 한 축이자 뿌리였습니다. 경기도교육연구원에서는 혁신학교에 대한 연구를 지속적으로 진행하였는데, 그 과정에서 교사, 학부모, 학생, 시민단체까지 수백 명에 달하는 이들의 인터뷰 자료를 확보할 수 있었습니다. 그러한 자료들이 이 책을 만드는 데 상당히 많은 도움이 되었습니다.

혁신학교는 어느 날 갑자기 만들어졌거나, 개인의 힘에 의해 만들어진 것이 아닙니다. 진보 교육감 1기인 김상곤 전 경기도교육감은 혁신학교로 전국적인 유명세를 탔고, 2기 진보 교육감 13명이 나올 수 있는 토대를 만들었습니다. 그러한 화려한 영광 뒤에는 현장 선생님들과 학생, 그리고 학부모들의 애환이 있었습니다. 혁신학교를 제도화하려고 노력했던 이들, 학교 내 관행과 싸웠던 선생님, 성과를 바라지 않고 묵묵히 학교를 지원해 주었던 학부모님들, 초창기 주변의 따가운 시선에도 학교에 애정을 가지고 버텨준 학생들까지 모두가 혁신학교의 성과를 만든 주인공들입니다.

　이러한 성과를 바탕으로 혁신학교는 전국적으로 확산이 되고 있습니다. 진보 교육감이 당선된 13개 시도에서 모두 혁신학교를 시작하였고, 새롭게 시작한 학교에서는 열의를 가지고 밤늦게까지 혁신학교의 성공을 위해 노력하고 있습니다. 이렇게 혁신학교의 출발선에서 고군분투하고 있는 학교와 사람들에게 도움이 되는 정확한 정보를 제공하고 싶었습니다.

　혁신학교에 대한 책은 시중에 상당히 많이 나와 있습니다. 학술적인 내용을 제시한 책도 있으며, 단위 학교에 초점을 맞춘 책들도 있습니다. 학위 논문도 지속적으로 나오고 있습니다. 그러나 혁신학교에 대해 쉽게 접근한 책들이 많지 않아 아쉬운 점이 있었습니다. 혁신학교를 경험한 교사나 학부모들도 여러 곳에서 정보를 얻기까지 많은 난관이 있었을 것이라 생각합니다. 그 점에 착안하여 이 책에서는 새로 시작하는 혁신학교 구성원들과 학부모들에게 최대한 많은 도움을 줄 수 있도록 100개의 질문을 만들어서 이해하기 쉽도록 답을 달았습니다.

　새로 혁신학교를 시작하는 분들에게 저자로서 꼭 하고 싶은 이야기가 있습니다. 혁신학교 자체가 만능이 될 수 없다는 것입니다. 교육 주체(교직원, 학부모, 학생)들의 노력에 따라 결과가 달라질 수 있다는 뜻입니다. 혁신학교에 지정되었다고 학교의 혁신이 보장되는 것도 아니고, 학생의 성공을 약속할 수 있는 것도 아닙니다. 어디까지나 가능성을 열어두는 차원이라는 것입니다. 필자인 저는 혁신학교에 있었고, 많은 혁신학교를 다녀보았고, 혁신학교에 계신 많은 분을 인터뷰하고 만났습니다. 그러한 과정에서 혁신학교의 성공과 실패를 좌우하는 것은 교육 주체의 의지, 결국 사람의 힘에 달렸다는 결론에 다다랐습니다.

성공한 혁신학교는 저마다 특징이 있습니다. 혁신학교가 최종적으로 추구하는 '교육의 본질 회복'이라는 교육철학은 공유하지만 겉으로 드러나는 형식은 모두가 같지 않고 오히려 다양성을 가지고 있기에 발전할 수 있었습니다.

교육은 경제, 사회, 문화적으로 사회 전반에 많은 영향을 끼칩니다. 엘리트 위주 교육의 한계는 이미 사회 곳곳에 나타나고 있습니다. 90%에 이르는 대다수 학생이 행복하지 못한 공교육의 현실과 그 교육을 담당하고 있는 선생님들도 바뀌어야 합니다. 명문대를 나와도 정규직으로 취업하지 못하는 현실 속에서 사회에서 요구하는 것은 이제 학벌이 아니라는 것이 증명되고 있습니다. 앞으로 청년 인구가 급격히 줄어드는 '인구 절벽'을 눈앞에 둔 대한민국에서는 학생 개개인의 삶을 더 중요하고 의미 있게 생각해야 합니다.

아직 우리나라 교육에는 바뀌어야 할 부분이 너무나 많습니다. 혁신학교는 아직까지 유치원과 초·중·고등학교 교육에만 한정

되어 있습니다. 결국 대학 교육까지 바뀌지 않는다면 입시 교육과 주지 교과 위주의 교육, 암기식 교육, 그리고 최종적으로는 학벌 위주의 사회까지 그대로 유지될 확률이 큽니다. 학벌 위주 사회의 병폐 속에서 학생, 그리고 청년들에게 희생만을 강요하였고, 그동안 많은 것을 잃어왔습니다. 한편으로는 당연하게 여기고 외면해 왔던 문제들이 이제는 한계상황에 이르렀다고 생각됩니다. 이러한 것들이 바뀌려면 결국 국민의 의식이 변화되어야 합니다. 그 변화의 시작이 혁신학교이며, 지속적인 발전 가능성과 가치를 지니고 있다고 생각합니다. 새로운 시대의 변화를 이끌고 바꿀 수 있도록 교육이 앞장서면 좋겠습니다. 그리고 의식을 가진 이들이 많이 나타났으면 하는 바람입니다. 혁신 교육은 시작한 이상 형태가 어떻게 바뀌든 그 가치와 정신은 앞으로 꾸준히 지속되리라 생각합니다.

　끝으로 함께 고민하고 집필한 김성천, 서용선 선생님과 언제나 든든한 버팀목이 되어 주는 가족, 그리고 이 책이 나오기까지 많은 고민과 도움을 주신 맘에드림 출판사 편집부에게 고맙다는 말을 전하고 싶습니다.

저자들을 대표하여

홍섭근

혁신학교를 바라보는 시선은 다양하다. 그중에는 혁신학교가 그동안 학교의 변화를 추구하는 여러 활동과 특별히 다른 점을 찾지 못하겠다는 사람들도 있다. 충분히 그럴 수 있다고 본다. 혁신학교를 문서로만 본다면 창의적인 교육과정 운영, 민주적인 학교 운영 체제, 전문적 학습공동체 구축, 자율 운영 체제 등이 과제로 되어 있다. 이 과제들은 그동안 우리 교육에서 너무 익숙한 것들이라 혁신학교는 새로운 이론의 학교가 아니라 우리 학교교육에서 부족한 것을 보완하는, 공교육을 정상화하는 데 필요한 과제들을 수행하는 모델 학교로서 의미를 갖는다고 봐야 한다.

문서로는 쉽게 보이지 않는 혁신학교의 몇 가지 의미를 살펴본다면 먼저 아래로부터의 혁신 운동이라는 점이다. 우리 교육 역사에서 교사들의 자발성을 바탕으로 한 학교 개혁은 아마도 1990년대 초 열린교육이 처음일 것이다. 열린교육 초기 교사들의 자발적인 노력으로 비록 초등학교에 국한되기는 했지만 전국적으로 확산됐다. 약 10년 뒤 열린 교육은 관 주도로 자발성을 잃고 수업 방법으로 형식화돼 그 힘을 잃어버렸다. 혁신학교는 열린교육 때보다 교원의 자발성이 더 확대되고 내용적으로도 많은 변화를 가져왔다. 혁신학교 과제는 교육과정과 학교운영의 혁신을 바탕으로 초등학교를 넘어 중등학교까지 확산된 자발적인 운동이 된 것이다.

우리가 혁신학교의 일반화를 이야기할 때도 혁신학교의 양적

일반화가 아니라 교원의 자발성의 일반화를 추구한다. 다시 말해 운동으로서 혁신학교인 것이다.

　다음으로 중요한 의미는 우리 교육의 변화를 위한 관점의 전환을 들 수 있다. 많은 혁신학교에서 교사, 학생, 학부모의 변화는 여기에서 비롯된다고도 볼 수 있다. 곧 경쟁에서 협력으로, 타율에서 자율로, 권위와 강압에서 '민주'로 관점이 변한 것이다. 하지만 이런 것들은 사실 선진국의 많은 학교들에서는 일반적인 모습에 지나지 않는다. 그만큼 우리 학교의 모습은 뒤떨어져 있고, 혁신학교가 가야 할 길도 멀다는 것을 의미한다.

　이 책은 혁신학교에 대해 잘 보이지 않는 많은 부분을 요령 있게 보여주며 혁신학교를 바라보는 시각을 풍부하게 해준다. 혁신학교에 대한 100문 100답이자 그동안 전국에서 이루어진 학교 혁신의 핵심 내용을 간단명료하게 정리한 책이다. 혁신학교에 대한 교사, 학부모, 학생들의 궁금증을 풀어주는 내용이며, 입문서로서도 손색이 없다. 이 책에 없는 마지막 101번째 질문, 혁신학교 입문서로 소개할 만한 책이 있다면? '바로 이 책'이라고 답하겠다.

조안초등학교 교장

이중현

차 례

1장. 혁신학교
입학과 선발

혁신학교에 입학하기 위한
자격 요건이 별도로 있나요?

혁신학교에 입학하기 위한 별도의 자격 요건은 없습니다. 혁신학교에 입학하려면 먼저 해당 통학구역에 거주해야 합니다. 이 요건을 제외하고는 초등학교도 그렇고 중·고등학교도 특별한 입학 요건은 없습니다. 다만, 경기도 내 일부 혁신학교는 사립학교이기 때문에 별도 과정을 거쳐 선발하고 있습니다. 대표적으로 이우학교가 그렇습니다. 이우학교는 대안학교의 성격을 지니고 있기 때문입니다. 그러나 이우학교 역시 성적을 위주로 학생을 선발하지는 않습니다.

혁신학교 대부분은 일반 학교와 마찬가지로 통학구역 주소지를 기준으로 학생을 배정합니다. 평준화 지역의 중·고등학교는 일반 학교와 같이 희망서를 받아 배치합니다. 전학을 가고 싶다면 중·고등학생의 경우에는 해당 시·군·구에서 전입학 가능 여부를 별도로 확인하셔야 합니다. 이처럼 혁신학교는 기존의 특수목적고등학교(특목고)나 자율형 사립학교(자사고)와 달리 성적을 고려하지 않습니다. 혁신학교는 들어온 학생의 성적을 중시하기보다 입학 후 다양한 측면에서 성장하기를 바라고, 그것이 진정한 교육이라는 철학을 가지고 있습니다.

초등학교 학부모님들께서 혁신학교 입학 절차에 대해 많이 질문을 하시는데, 아래 일반 학교 입학 관련 내용과 동일하다고 보면 됩니다.

취학 예정 아동의 초등학교 입학 절차

- 초등학교 신입생 입학 배정 시기는 어떻게 되나요?
  - ▶ 2012년 3월 입학부터 취학연령 기준이 변경되어 같은 연도에 태어난 아이들이 같은 학년에 입학하도록 조정되었습니다. (예시 : 2015년 3월 입학 경우 취학 대상은 2008년 1월 1일 ~ 12월 31일 사이 출생 아동)

- 초등학교 신입생 입학 학교는 어떻게 배정되나요?
  - ▶ 취학연령 조정에 따라 취학 아동 명부 작성 기준일이 10월 1일로 변경되었으며,
  - ▶ 통학 구역 주소지 기준으로 정해지며,
  - ▶ 확인 방법은 주소지 해당 읍·면·동 주민센터나 지역의 교육지원청에 문의하시면 알 수 있습니다.

- 조기 입학과 입학 연기는 어떻게 신청하나요?
  - ▶ 초·중등교육법 제13조 및 같은 법 시행령 제15조에 의거해 매년 10월 1일부터 12월 31일까지 아동의 보호자가 해당 읍·면·동 주민센터의 장에게 조기입학신청서 또는 입학연기신청서를 제출하시면 됩니다.
  - ▶ 조기 입학의 경우 1년 조기 입학만 가능하며 종전의 만 5세 아동의 조기 취학 계획 규정은 조기 입학 선택권 부여로 폐지되어 학교장의 판단 절차를 거치지 않으므로 신중히 판단해 결정하셔야 합니다. 또한 조기 입학 신청 기한이 지나면 조기 입학을 할 수 없습니다.
  - ▶ 입학 연기의 경우 신청 기한 이후에는 해당 읍·면·동 주민센터에서 접수를 받지 않으므로 신청 기한 이후에는 관련 서류를 구비해 해당 초등학교에 입학 유예 신청을 하셔야 합니다.

관련 법령 : 초·중등교육법 제13조(취학 의무)

공부를 못하거나 문제가 있는
아이들은 뽑지 않나요?

혁신학교의 고민 가운데 큰 부분이 학교 현장에서 감당하기 어려운 아이들이 적잖게 들어온다는 점입니다. 그만큼 혁신학교 교사들의 심적 부담이 커질 수밖에 없습니다. 최근 학생이 대거 유입되는 과정에서 수업을 제대로 따라오지 못하거나 학교생활에 적응하지 못하는 아이들이 많아진 것도 사실입니다.

이런 학생들을 잘 이끌고 나가야 하지만 혁신학교라고 마냥 쉽지는 않습니다. 그래서 혁신학교는 일종의 딜레마를 겪고 있습니다. 이러한 현상은 반대로 아이를 보낼 만한 학교, 믿을 만한 학교가 우리 주변에 생각처럼 많지 않다는 사실을 보여줍니다.

모든 학생이 다 공부를 잘하거나 모범생일 수는 없습니다. 일반적인 학교는 대부분 성적을 기준으로 하면 정상분포를 보입니다. 다중지능이론의 관점을 지지하는 혁신학교는 모든 학생의 잠재 가능성을 믿습니다. 수학을 잘하는 아이가 체육은 못할 수도 있지요. 혁신학교에서 아이들을 바라보는 관점을 먼저 성찰하는 이유가 여기에 있습니다.

혁신학교는 나름대로 그런 아이들을 어떻게 감당할 것인가를 진지하게 고민합니다. 그러한 고민이 진화하면 학교 문화와 시스템의 발전으로 이어지게 되는 거죠. 혁신학교의 학급당 인원수를 조금이라도 줄이고, 얼마 간의 예산을 지원하는 정책을 펴는 이유도 여기에 있습니다.

경기도 고양시 서정초등학교의 경우, 학습이 늦는 배움찬찬이들을 위해 학습 보조 선생님을 배치해 수업 시간에 담임 선생님과 함께 아이들의 학습을 돕도록 합니다. 의정부시의 의정부여자중학교는 협력 교사제를 통해 배움이 느린 학생들을 지원하는 시스템을 운영하고 있습니다.

교사들의 힘만으로 학생의 내면 깊숙한 곳에 감추어진 문제를 해결하기 어렵다면 전문가의 도움이나 지역사회에 협력을 요청하게 됩니다. 아울러 학생의 변화를 관찰하고, 무엇이 이 학생을 바람직하게 변화시키는지 추적하게 됩니다. 의사가 환자를 가리지 않듯 교사들 역시 학생을 가리지 않아야 합니다. 이게 쉬운 일은 아닙니다만 학교 안에 공동체의 힘이 존재한다면 결코 불가능한 문제는 아닐 거라고 봅니다.

교육은 학생 내면의 의미 있는 변화를 추구하는 과정입니다. 그러한 과정은 당연히 단시간에 이루어지지 않지요. 대부분 학교는 학생에게 발생한 문제를 교사 개인의 능력과 열정에 맡기는 경향이 있습니다. 하지만 혁신학교는 공동체의 논의와 연구와 학습을 통해 문제를 집단적으로 해결한다는 특색을 가지고 있습니다.

혁신학교에서는 학부모 교육을 중시합니다. 실제 많은 학부모는 시간이 지날수록 자녀와의 관계를 어려워합니다. 부모와 자녀 간에 대화가 단절되고, 심리적 장벽이 커지는 경우를 주위에서 종종 보게 됩니다. 학교 폭력이나 학습 부진아 등의 문제를 보면 가정에서 비롯된 경우가 적잖습니다. 담배를 끊지 못하는 학생의 경우, 학교에서 처벌만 한다고 문제가 해결되지 않습니다.

이제 학교와 가정이 함께 협력해야 합니다. 교사들이 모든 문제를 해결할 수는 없습니다. 그래서 교사와 학부모의 상호 신뢰가 매우 중요합니다. 학교의 철학과 비전을 교사와 학부모가 공유하고 이를 토대로 상호 협력해야 합니다. 이를 위해서는 학부모 교육이 활성화돼야 합니다. 혁신학교가 매력적인 이유는 교사와 학부모, 학생의 성장이 함께 이루어지기 때문입니다. 교사와 학부모의 성장 없이 자녀의 성장도 없기 때문입니다. 자녀를 통해 학부모도 성장해야 합니다.

쉽지 않은 각종 문제 상황이 학교와 교실에서 끊임없이 발생하지만, 그것을 교사나 학부모만의 몫으로 두지 않고 협력 시스템으로 풀어간다는 점이 혁신학교가 가지고 있는 큰 매력이 아닐까 생각해 봅니다.

사회적 배려 대상자나
부적응 학생은 어떻게 교육하나요?

앞의 질문에서도 말씀드렸듯이 대부분의 학교에서는 학생들 특징이 정상적인 분포를 그립니다. 어떤 영역이든 잘하는 학생과 중간 정도 하는 학생, 못하는 학생이 있게 마련입니다. 다중지능 이론의 관점에서 보더라도, 우리 인간은 강한 지능과 약한 지능을 가지고 있습니다.

지금까지 학교에서 이루어진 성취도 평가는 대부분 언어와 논리, 수학 지능을 중시했습니다. 수학능력시험을 보세요. 국어와 영어, 수학이 차지하는 비중이 얼마나 큽니까. 마치 오리에게 하늘을 나는 법을 가르치고 얼마나 잘 나는지 시험을 치는 것과 다르지 않습니다. 오리 나름의 특성을 주의 깊게 봐야 하는데 획일적인 잣대를 들이대며 왜 날지 못하냐고 구박하는 셈이죠.

학교에는 오직 하나의 정상분포만 존재하는 것이 아닙니다. 학생들에게는 각자의 정상분포 인생이 기다리고 있습니다. 이러한 의미를 발전시켜야만 개별화 교육으로 나아갈 수 있습니다. 특수교육에서는 학생이 5명이면 각자의 특성과 요구가 제각각 다르기 때문에 5개 교육과정을 설계합니다. 공교육 역시 예외는 아닐 겁니다.

혁신학교의 본질은 관계입니다. 사람과 사람이 만나는 겁니다. 정(情)과 정(情)이 만나는 장소가 학교이고 교실입니다. 경쟁이 아닌 협력의 가치가 학교 일상에서 살아날 때 수업과 학급 분위기가 편안해집니다.

혁신학교의 본질은 공유입니다. 한 학생이 지닌 문제를 특정 반의 담임 선생님이 혼자 해결할 수는 없습니다. 모든 선생님이 함께 문제를 인식하고 해법을 찾아야 합니다. A교사가 수업할 때는 잠을 자는 아이가 왜 B교사가 수업할 때는 눈빛이 살아날까요. B교사가 그 학생과 어떤 관계 맺음을 하고 있는지 모든 교사가 함께 살펴봐야 합니다.

혁신학교의 본질은 지원 시스템입니다. 공부를 못하는 학생에게 모든 책임을 돌릴 수 없습니다. 학생의 학습 부진을 해결할 수 있는 체계적인 시스템이 필요합니다. 선배가 가르치든, 선생님이 가르치든, 대학생이 와서 가르치든 문제를 해결하기 위한 시스템을 모색해야 합니다.

최근 들어 친구가 친구를 가르치는 학교가 늘어나고 있습니다. 일종의 품앗이 활동입니다. 학생들은 이를 '두레'라고도 부릅니다. 어떤 학급이든 특정 과목에서 두각을 나타내는 학생이 있습니다. 시험을 앞두고 친구들을 대상으로 특강을 해 주기도 합니다. 전문적인 상담 선생님과 사회복지사를 채용하는 혁신학교도 있습니다. 이는 학생 지원 시스템의 중요성을 인식한 결과입니다.

혁신학교의 본질은 네트워크입니다. 지역에는 학교를 돕고 싶어 하는 선의를 지닌 단체와 사람이 많습니다. 이들을 잘 파악하고 활용한다면 학교의 교육과정과 프로그램이 풍성해집니다. 경기도 고양시의 덕양중학교는 '씨드스쿨'과 '아름다운배움' 등의 단체들과 함께하고 있습니다. 전문성과 열정을 가지고 멘토 프로그램, 리더십 프로그램, 진로 프로그램 등을 운영하면서 학생들의 꿈을 키워 주고 있습니다. 이를 경험했던 단체 대표의 말을 들어 보죠.

> "제가 교사는 아니지만, 제가 가진 재능과 네트워크를 잘 활용하고, 제대로 된 모델을 만든다면 한국의 교육 문제 해결에 약간이라도 기여할 수 있지 않겠습니까? 중요하지만 아무도 선뜻 나서지 않는 일이라면, 더욱 해볼 만한 가치가 있겠다고 생각했습니다."
>
> 아름다운배움 고원형 대표(월간 『좋은교사』, 2010년 7월호 인터뷰 인용)

혁신학교의 여러 특성을 설명하는 가운데, 질문에 대한 답변도 자연스럽게 이루어진 것 같습니다. 혁신학교의 시스템은 진도라는 이름으로, 공부 잘하는 몇몇 아이의 발달을 촉진하는 과정에서 놓치고 묻힐 수밖에 없었던 교육의 근본 목적을 다시 살려내고자 고안된 교육 방식입니다. 그러한 노력은 무엇보다 개별 학생의 상황에 보다 주목하고, 남보다 뒤처진 아이를 다른 친구들과 함께 갈 수 있도록 격려하고 고무하는 것에서부터 시작합니다.

학생들의
학력이 낮다고 하던데요?

혁신학교 학생들이 학력이 낮지 않느냐는 질문을 많이 받습니다. 혁신학교 초창기에 지정을 위해 몇몇 후보 학교 선생님과 학부모님들을 만난 적이 있습니다. 그때마다 듣는 질문 중 하나가 "우리 아이는 좋은 대학에 가야 하는데 혁신학교가 아이들 성적을 떨어뜨리는 것은 아닌가요?"라는 것이었습니다.

우리나라에서 학력 문제는 사실 간단하지 않습니다. 무엇을 학력으로 바라볼 것인가에 따라 다양한 이야기가 나오니까요. 혁신학교는 우리 사회에 만연한 학력 지상주의에 빠지지 않고 새로운 길을 찾고 있기 때문에, 지금까지 생각해 왔던 일반적인 인식대로 학력의 잣대로만 혁신학교를 바라보는 데는 무리가 있습니다.

우리는 종종 숫자의 함정에 빠집니다. 학생들의 학력 수준과 가정환경을 고려하지 않은 상태에서 단순히 학교 간 성적을 비교하는 방식은 사실 대단히 위험합니다. 잘 알다시피 학력에 영향을 미치는 변수는 다양합니다. 공부를 잘하는 학생의 특성을 보면 수업 태도, 학습 방법, 학습 전략, 학습 동기 등에서 공부를 못하는 학생과 차이를 보입니다. 이러한 변수들을 우리는 '개인 변수'라고 말할 수 있습니다. 하지만 개인 변수 외에 경제적 배경, 문화적 환경, 부모의 양육 태도 등은 학력에 영향을 미치는 주요한 변수입니다. 이를 '가정 변수'라고 할 수 있습니다. 여기에 어떤 학교를 다니는가와 같은 '학교 변수', 어느 지역에서 거주하느냐와 같은 '지역 변수'도 성적에 영향을 미칩니다. 이러한 변수들을 종합적으로 고려하지 않은 상태에서 A학교와 B학교를 단순 비교하다 보면 치명적인 오류가 발생할 수도 있고 나아가 학생이나 학부모에게도 대단히 위험할 수 있습니다.

대표적인 오류가 서울대학교에 몇 명 합격했는가로 학교 간 비교를 하는 경우입니다. 서울대학교에 들어간 학생 수를 비교하면서 특수목적고등학교나 자율형 사립학교에 비해 일반계 고등학교는 문제가 있다는 식으로 보도를 하는 언론들도 있습니다. 이는 출발선 자체가 공정하지 않은 보도입니다. 입학할 때의 수준을 동일하게 맞추지 않은 상태에서 마치 동일한 출발선인 양 가정하고 비교하기 때문입니다.

우리가 관심을 기울여야 할 지점은 혁신학교에 입학한 학생들이 졸업할 때는 어떤 모습으로 변모했느냐일 것입니다. 애초부터 우수한 학생들을 선발하여 좋은 성과를 내는 학교보다 학생의 수준과 상관없이 자신의 실력을 끌어 올리게 만드는 학교가 좋은 학교입니다. 전자를 '선발 효과', 후자를 '학교 효과'라고 말합니다. 혁신학교는 선발 효과가 아니라 학교 효과를 지향합니다. 이런 점에서 혁신학교는 특목고나 자사고와는 철학적인 배경 자체가 다르다고 볼 수 있습니다.

혁신학교의 학력은 일반 학교에 비해 높으면 높았지 낮지 않습니다. 최근 대학 입학 전형을 보면 수시 비중이 높아지고 정시 비중은 낮아지고 있습니다. 혁신학교의 교육과정 특성화 전략은 대학 입시에 유리하게 작동합니다. 대학수학능력시험(수능)의 영향력이 여전히 높은 현실을 부인할 수는 없지만 수능만으로 대학을 가는 학생들의 비율이 낮아지고 있는 현실도 고려해야 합니다. 수시 전형의 한 방식인 학생부 종합 전형은 결국 학교 안에서 이루어진 교육의 과정과 질을 중시합니다. 학교 밖에서 쌓은 스펙이 아닌 학교 안에서 다양한 교육 활동을 통해 성장한 학생의 스토리를 중시합니다. 다음에 제시한 내용은 서울 삼각산고등학교의 수능 모의고사 평균과 대학 입학 결과를 보여 주고 있습니다. 수능 모의고사 평균이 점점 상승하고 있지요? 입시 결과도 대단히 좋았습니다.

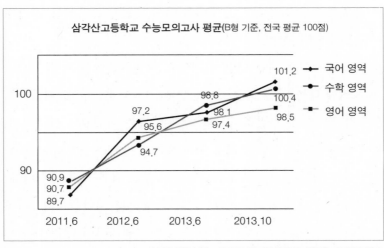

MBC 〈PD수첩〉, 1011회 '위기의 공교육, 희망은 어디에?' 참고.

2014학년도 삼각산고등학교 대학 입시 결과(졸업생 305명)

구분	수시	정시	합계(건수)
전체 4년제	116	16	132
(서울 4년제)	(73)	(5)	(78)
전문대	125	23	148
합계	241	39	280

MBC 〈PD수첩〉, 1011회 '위기의 공교육, 희망은 어디에?' 참고.

다음 자료는 역시 혁신 고등학교인 서울 인헌고등학교의 2013 학년도 대학 입학 현황입니다. 이러한 결과를 드러내는 것이 조심스럽기는 합니다만 적어도 혁신학교가 대학 입학에서 불리하지 않다는 교훈을 얻을 수 있습니다.

2013학년도 인헌고등학교 4년제 대학 입학 현황 (계 : 154명)

대학교	합격자 수	대학교	합격자 수	대학교	합격자 수
연세대	3	서울여대	2	공주대	1
고려대	2	성신여대	1	충남대	1
서강대	1	서경대	1	한국전통문화대	1
한양대	2	성공회대	1	관동대	4
성균관대	1	가톨릭대	3	한라대	1
경희대	5	을지대	3	호남대	1
서울시립대	2	경기대	2	중부대	1
중앙대	8	아주대	1	건양대	1
한국외국어대	1	단국대	3	목원대	1
건국대	4	인천대	1	한밭대	1
동국대	4	인하대	4	한서대	1
숙명여대	3	한세대	2	순천향대	3
홍익대	2	가천대	2	나사렛대	1
광운대	1	한국산업기술대	3	남서울대	5

세종대	3	안양대	3	백석대	3
숭실대	2	한신대	2	청운대	1
울산과기대	1	강남대	1	중원대	1
포항공대	1	평택대	2	세명대	1
공주교대	1	수원대	3	미네소타주립대(미)	2
카이스트	1	신경대	1	베이징과기대(중)	1
청주교대	1	협성대	1	옌벤대(중)	1
국민대	2	한림대	9	캘리포니아주립대(미)	1
명지대	6	부산대	3	유타스대(호주)	1
상명대	2	계명대	1		
서울과기대	4	한동대	1		

김인호 · 오안근(2014) 『일반고 리모델링 혁신고가 정답이다』, 맘에드림, p. 83.

경기도 용인에 있는 혁신학교인 흥덕고등학교는 비평준화 지역의 신설 학교였습니다. 이 경우 학생들의 학업 성취도는 낮을 수밖에 없습니다. 하지만 학교는 학생들의 자존감을 살리고, 학생 자치회를 활성화하며, 학력이 떨어지는 학생들을 고려한 다양한 프로그램과 교육과정을 진행했습니다. 그 결과 적잖은 학생이 대학에 진학할 수 있었습니다. 이미 많은 언론에서도 흥덕고등학교를 주목하고 그 성공의 이면을 보도한 바 있습니다.

혁신학교는 대학 입학을 목표로 하지 않습니다. 학생이 주인이 되는 학교를 만들면서 내면의 주체성과 자율성을 키우는 데 주력합니다. 진로교육을 통해 자신의 정체성을 깨닫고 자신의 꿈을 실현하기 위한 구체적인 실천으로 이어지게 합니다. 삶을 가꾸는 교육을 통해 배움을 즐기게 되고 그 과정에서 자연스럽게 학력도 향상됩니다. 많은 이가 혁신학교를 주목하는 이유가 여기에 있습니다.

혁신 초등학교를 졸업하면,
중학교도 혁신학교로 배정받게 되나요?

안타깝게도 혁신 초등학교를 졸업한다고 해서 혁신 중학교나 혁신 고등학교를 가게 되는 것은 아닙니다. 초등학교 때부터 토론 수업과 문예체 중심의 교육과정 등 일반 학교와는 약간 다른 교육 과정으로 공부하고, 다른 분위기에서 성장한 학생들이 일반 중·고등학교에 가게 되면 적응하기 쉽지 않은 측면이 분명히 있습니다. 일반 학교 교사들 역시 혁신학교에서 온 학생들을 겪어 보고 평범하지 않다는 걸 느끼기도 합니다. 이런 사례들은 학교급 간 갈등, 또는 교육청에 대한 학부모 민원으로 이어지기도 합니다.

이와 같은 현상을 막고자 경기도교육청에서는 혁신학교의 확대 정책 외에 유치원과 초·중·고등학교를 혁신학교 벨트로 묶는 사업을 하고 있습니다. 경기도에서 2009년부터 13개 교로 시작한 혁신학교가 현재 380여 개가 넘게 된 이유도 연계성을 강화해야 한다는 요구에서 비롯되었습니다. 앞으로 많은 지역에서 혁신학교 벨트화가 진행되겠지만, 서울이나 경기도를 제외한 곳에서는 엄두를 내기 쉽지 않은 것이 사실입니다. 혁신학교 숫자가

100개 이상 돼야 벨트화가 가능하기 때문입니다. 하지만 대부분 시도 교육청에서는 혁신학교를 지정할 때 초·중·고등학교급별이나 지역적 특성을 최대한 고려하려고 노력하고 있습니다.

그 외에도 지역 내 많은 학생이 혜택을 받지 못하는 것을 감안해 혁신교육지구 사업을 확대하고 있습니다. 혁신교육지구 사업 운영은 2015년 현재 전국 13개 진보 교육감 지역의 많은 교육청에서 시도하고 있으며, 경기도교육청의 경우는 마을 교육 공동체로 전환해서 경기도 내 전 지방자치단체와 교육 협력 사업을 추진하도록 계획 중에 있습니다. 혁신교육지구 사업의 핵심 목표는 혁신학교의 혜택을 받지 못하는 일반 학교들에게 혁신의 가치와 철학을 공유하게 하기 위함입니다. 단순히 지자체의 예산을 교육청이 이용하는 것이 아니라, 혁신학교의 철학을 혁신교육지구 사업에 녹여내는 작업이 선제적으로 이루어집니다. 혁신학교와 마찬가지로 학교 혁신의 철학을 단위 학교만이 아닌 해당 지역과 함께 공유한다고 볼 수 있습니다. 경기도교육청에서 새롭게 시작한 마을 교육 공동체는 이 혁신교육지구의 연장선상에 있는 것입니다.

혁신교육지구나 마을 교육 공동체는 결국 혁신학교의 가치 확산을 지향합니다. 예전에는 지자체가 명문 고등학교나 특수목적 고등학교, 자율형 사립학교 유치에 힘을 쏟았습니다. 지금 지자체들은 혁신학교 지정과 확산에 신경을 씁니다. 문제는 모든 학교를 혁신학교로 지정할 수 없다는 데 있습니다. 혁신학교를 출발점으로 삼아 공교육 혁신을 꿈꾸어야 하는 이유입니다. 교육청과 지자체가 협력을 한다면 최소한 예산 부족 때문에 학교를 혁신할 수 없다는 이야기는 나올 수 없습니다.

혁신학교에서는 지자체에서 지원하는 적잖은 예산으로 상담이나 사서, 행정실무사 등의 인력을 채용하거나 교육과정 특성화 프로그램을 지원합니다. 하지만 예산은 좋은 학교를 만드는 필요조건이지 충분조건은 아닙니다. 학교의 철학과 문화, 소통 방식. 교사들의 역량과 전문성이 뒷받침되지 않으면 수억 원을 줘도 바뀌지 않습니다. 오히려 예산을 쓰느라 교사와 학생들이 지치는 상황이 오기도 합니다.

결국 혁신학교를 통해서 지역의 모든 학교를 어떻게 바꿀 것인가는 대단히 중요한 문제입니다. 중학교에서 혁신 교육을 잘 받은 학생이 고등학교에 들어가 대학 입학 시험과 경쟁 교육에 함몰된다면 교육의 효과는 크게 반감될 수밖에 없지요. 이런 맥락에서 혁신 초·중·고등학교를 연결하는 작업을 교육청에서는 세심히 해야 합니다.

혁신학교는 궁극적으로 사라져야 할 운명을 지니고 있습니다. 모든 일반 학교를 혁신학교처럼 만들어야 하기 때문입니다. 지자체와 교육지원청의 구실이 중요한 이유가 여기에 있습니다. 혁신학교가 정착되기 시작하면 교육청에서는 많은 고민을 시작합니다. 결국 학교 혁신(혁신학교)으로 끝이 아니라 지자체(지역사회)의 역할 강화와 교육제도와 정책의 혁신으로 이어져야 한다는 것을 깨닫기 시작하는 것입니다. 결국 학교 혁신이 끝이 아니라 시작이 되는 것입니다. 더 나아가 교육청과 교육기관, 교육정책과 제도까지 모두 건드려야 대한민국 교육이 바로 설 수 있게 되는 것입니다.

최근 지방자치단체와 교육청의 혁신 교육 협력 사례

지역	협력 사례
서울시	혁신지구형(강북구, 관악구, 구로구, 금천구, 노원구, 도봉구, 은평구) ■ 필수 사업 　ー 학급당 학생 수 25명 이하 감축 사업(중학교) 　ー 학교·마을 연계 방과 후 사업 　ー 일반 고등학교 진로·직업교육 지원 사업 　ー 민관 거버넌스(지역 교육 공동체) 구축 사업 ■ 자치구 특화 사업 ■ 사업비 지원 : 20억 원 　ー 교육청, 서울시 각 7억5000만 원, 자치구 5억 원 ■ 행정 지원 　ー 민·관 거버넌스 구축·운영 지원 　ー 사업 관계자 역량 제고 지원 　ー 컨설팅, 중간·종합 평가 지원 등
	우선지구형(강동구, 동작구, 서대문구, 종로구) ■ 필수 사업 　ー 민관 거버넌스(지역 교육 공동체) 구축 사업 　ー 학생의 자기 주도적 프로젝트 지원 사업 ■ 자치구 특화 사업 ■ 사업비 지원 : 3억 원 　ー 서울시 3억 원
경기도	광명시, 구리시, 시흥시, 안양시, 오산시, 의정부시
	지방자치단체와 교육청이 분담금을 내 예산 지원
	2016년부터 마을 교육 공동체와 연계해 미래형 혁신 도시로 변경
인천시	ー 인천광역시 남구 초·중학교 34개 교를 대상으로 '가고 싶은 학교, 살고 싶은 마을 만들기'라는 비전으로 공교육 혁신 사업 진행 ー 17억 원의 예산을 편성하여 공교육 혁신 모델 구축, 미래 역량 인재 육성, 교육 협력 선진 모델 구축, 지역 특성화 사업 등 4개 영역 7개 사업에 지원할 예정, 사업 평가 등을 거쳐 향후 5년간 계속 투자할 계획 ー 시 교육청은 남부교육지원청에 전담 인력을 추가 배치, 프로그램 설계 및 질 관리 시스템을 구축하고, 지구 내 학교에 계약직 사서 및 전문 상담사를 먼저 배치하는 등 행정적 지원을 적극적으로 추진

서울특별시교육청 보도자료 참고(2015년 1월).
경기도교육청 보도자료 참고(2015년 1월).
인천광역시교육청 보도자료 참고(2015년 1월).

혁신학교로
전학이 가능한가요?

혁신학교도 일반 학교와 동일하게 전학은 가능합니다. 학생이 이사를 가게 되면, 그 주소지에 있는 관내 학교로 전학을 갈 수 있습니다. 물론 사정상 관내 혁신학교로의 전학이 어렵다면 인근 학교로 갈 가능성은 있지만, 혁신학교로 전학을 절대 불허하지는 않습니다.

그런데 혁신학교 인기가 높아지자 불법적인 방법으로 혁신학교에 가려고 하는 사람들이 생겨나서 교육청 정책에 큰 혼란을 주기도 합니다. 다음은 이와 관련한 사례가 실린 신문 기사입니다.

원하는 학교로 전학 가려고 실제 이사하지 않고 주소만 바꾸거나 일시적으로 이사하는 등의 '위장 전입'이 경기도 혁신학교에서 심각한 수준인 것으로 나타났다. 28일 경기도교육청은 혁신학교로 지정된 초등학교 96곳 중 7곳에서 위장 전입이 심각해 권고 또는 시정 조치를 내렸으며, 혁신 초교 절반가량이 같은 문제를 겪는 것으로 보인다고 밝혔다.

도 교육청이 조치를 취한 혁신초 7곳 대부분은 혁신학교 지정

이후 전입생이 급증해 학급당 학생이 34명이 넘는 곳도 있는 것으로 조사됐다. 광명의 한 혁신 초교는 위장 전입으로 학급당 학생 수가 인근 일반 학교보다도 많아지는 등 과밀 현상이 나타나자 학교 건물을 증축하기도 했다.

또 위장 전입을 통한 전학생이 끊이지 않자 보다 못한 학부모들이 직접 편법 행위를 감시하고 나섰다. 도 교육청의 올해 초등학교 학급 편성 기준에 따르면 일반 학교는 학급당 31~33명이며 혁신학교는 25~33명이다. 올해 초등학교 평균 학급당 학생수는 27.2명이다. 더 쾌적한 교육 환경을 자처한 혁신학교가 실제로는 일반 학교 교육 여건보다도 열악한 셈이다. 도 교육청은 이들 학교 학생 수가 증가하는 이유를 위장 전입으로 꼽으면서도 그 규모를 파악하거나 사실 관계를 입증하는 건 쉽지 않다는 태도를 보이고 있다. 또 학생이 위장 전입을 했더라도 학교에 다니고 있다면 강제로 전학시킬 수도 없어 사실상 위장 전입 적발 후 해결 방법이 없다고 난색을 표했다. 다만 동사무소와 학교가 전학하려는 학생 주소만 옮긴 것인지 여부를 현장 조사로 확인하는 등 위장 전입 예방 활동을 벌이고 있다는 것이다.

도 교육청 학교혁신과 관계자는 "파악된 곳만 7곳이지 많은 곳에서 나타나는 현상"이라며 "구역 내 학생이 적은 학교에 전학생을 배정하는 중·고교와 달리 초등학교는 거주지에서 가까운 곳으로 배정하다 보니 위장 전입에 취약하다"고 설명했다. 이 관계자는 "올해부터 혁신학교를 일반화하는 만큼 일반 학교에서도 혁신교육을 한다면 혁신학교 쏠림 현상은 누그러들 것"이라고 말했다.

'경기 혁신학교 위장 전입 심각'(「세계일보」 2013년 4월 28일) 기사 중 발췌

이처럼 혁신학교에 가고 싶어 위장 전입이라는 극단적인 방법까지 쓰는 학부모들이 의외로 많이 있습니다. 그렇게라도 해서

좋은 학교에 보내고 싶은 것이 부모 마음 아닐까 생각합니다. 마치 현대판 '맹모삼천지교'를 보는 것 같습니다. 그러나 너도나도 부정적인 방법으로 혁신학교에 가게 되면 혁신학교는 결국 과밀 학급이 되어서 애초의 취지를 실현하기가 어려워집니다.

현재 경기도의 남한산초등학교와 조현초등학교처럼 유명한 혁신학교는 모두 과밀 학급이 되어 어려움을 겪고 있습니다. 혁신학교가 추구하는 가치가 흔들리는 것은 물론이고, 학생들이 너무 많아 교사가 학생 한 명 한 명을 신경 쓰기 어려운 처지에 이르게 되는 것입니다. 학교를 증축하거나 신설하는 데는 많은 기간이 걸립니다. 일부 학부모의 욕심으로 컨테이너 박스에서 수업하는 학생이 생기지 않기를 바랍니다.

동시에 혁신학교를 넘어 학교 혁신 내지 혁신학교 일반화를 통해 우리 동네의 평범한 학교들을 가고 싶은 학교로 만들어야 합니다. 이를 위해서는 혁신 교육의 가치를 지지하는 학부모들과 교사들의 연대가 필요합니다.

혁신학교의
성과는 무엇인가요?

2009년 혁신학교가 출범한 지 6년 정도 경과한 지금, 혁신학교의 성과를 다각도로 분석하는 움직임이 최근 진행되고 있습니다만, 이미 수행한 정량적인 연구 결과가 있어 소개해 보겠습니다.

경기도교육연구원 백병부 박사가 2013년도에 수행한 「경기도 혁신 고등학교 성과 분석」 연구 보고서에 흥미로운 연구 결과가 제시되어 있습니다. 이 연구는 혁신 고등학교로 지정되어 운영 3년이 지난 11개 고등학교와 인근의 일반계 11개 고등학교 교사와 학생을 대상으로 어떤 차이가 있는가를 분석해 본 것입니다.

혁신 고등학교 11개 학교 교사 299명과 일반 고등학교 10개 학교 308명을 대상으로 학교 조직 문화, 교육 계획, 수업, 평가, 수업 외 교육 활동, 생활지도, 학교 만족도 값을 비교 분석했습니다. 전 영역에서 혁신 고등학교 교사들이 일반 고등학교 교사들보다 높은 평균값을 보였습니다.

통계적으로 유의미한 요인들만 비교 분석해 본다면 학교 조직 문화(혁신고 3.28 〉 일반고 2.88), 학교 교육 계획(혁신고

3.25 〉 일반고 3.01), 수업(혁신고 3.15 〉 일반고 3.04), 학교 만족도(혁신고 3.22 〉 일반고 3.03)로 나타났습니다(30~31쪽).

혁신 고등학교 11개 학교 3학년 학생 679명과 일반 고등학교 11개 교 3학년 학생 642명을 대상으로 수업, 평가, 수업 외 교육활동, 생활지도, 학생에 대한 인식, 교사에 대한 인식, 학교 만족도 값을 비교 분석했는데, 전 영역에서 혁신 고등학교 학생들이 일반 고등학교 학생들보다 높은 평균값을 보였습니다.

통계적으로 유의미한 요인들만 비교 분석해 본다면 수업(혁신고 2.94 〉 일반고 2.51), 평가(혁신고 2.76 〉 일반고 2.56), 수업 외 활동(혁신고 2.92 〉 일반고 2.54), 생활지도(혁신고 2.92 〉 일반고 2.70), 학생에 대한 인식(혁신고 2.78 〉 일반고 2.61), 교사에 대한 인식(혁신고 3.07 〉 일반고 2.92), 학교 만족도(혁신고 2.97 〉 일반고 2.71)로 나타났습니다(63~64쪽).

전북교육정책연구소에서도 「혁신학교의 학교 효과성 분석」(2013)이라는 보고서를 발표했습니다. 일반 학교와 혁신학교를 각각 15개씩 정해서 교원 486명, 학생 1908명, 학부모 1537명을 대상으로 비교 분석했습니다.

혁신학교와 일반 학교 학생 간 비교 분석

영역	변인	초등학교		중등학교		농어촌 지역		도시 지역	
		혁신	일반	혁신	일반	혁신	일반	혁신	일반
수업 활동	1. 미래 핵심 역량	3.49	3.31	3.01	2.85	3.42	3.16	3.26	3.08
	2. 수업 공동체	3.66	3.44	3.04	2.86	3.44	3.25	3.42	3.15

교육 만족도	3. 학생의 학교생활 만족도	3.57	3.30	2.95	2.78	3.42	3.05	3.30	3.07
	4. 학생의 학교생활 행복도	4.06	3.80	3.32	3.25	3.79	3.46	3.78	3.61
측정 요인별 평균		3.70	3.46	3.08	2.94	3.52	3.23	3.44	3.23

각 비교 영역에서 혁신학교가 일반 학교에 비해서 높은 평균값을 보이고 있습니다. 초등학교, 중등학교, 농어촌 지역, 도시 지역을 비교해 봐도 같은 결과가 나타납니다. 혁신학교의 최대 성과는 아이들이 행복해한다는 점입니다. 행복하게 수업에 참여하고 학교를 다닙니다. 무엇이 이 아이들을 행복하게 만들었을까요. 학생들을 행복하게 만든 혁신학교의 원리를 잘 분석해 본다면 대한민국 교육에서도 분명 희망을 볼 수 있습니다.

2장. 혁신학교
교육과정

교육청에서 정한
교육과정을 따르지 않으면 문제가 되나요?

혁신학교는 대안학교가 아닙니다. 즉 국가 교육과정을 준수해야 합니다. 그러나 혁신학교는 자율학교로도 지정받습니다. 국가 교육과정의 틀 안에서 자율적으로 교육과정을 운영할 수 있습니다. 혁신학교는 교육과정 시수를 20% 증감할 수 있는 자율학교로도 지정되기 때문에 약간의 자율성을 가지고 있습니다. 특히 창의적 체험활동이나 학교행사에서 혁신학교 나름의 자율성을 발휘합니다.

하지만 수업 시수나 교과목 수업은 학교 내에 얽혀 있는 것이 많아 쉽게 변화를 주지는 못합니다. 아무리 혁신학교라고 하더라도 우리나라가 가지고 있는 강력한 국가 교육과정 흐름 속에 처해 있는 한계가 있습니다. 다음은 한 혁신 중학교의 교육과정 편성표입니다. 국가 교육과정으로 정한 수업 시수 총계인 3366시간을 지키고 있습니다. 예를 들어, 다음의 2009 중학교 교육과정에 따른 한 혁신학교의 편제표를 보면 이를 잘 알 수 있습니다.

구분			기준시수	이수시수	1학년		2학년		3학년	
					1학기	2학기	1학기	2학기	1학기	2학기
교과(군)	국어		442	408	68	68	68	68	68	68
	사회	사회	510	476	51	51			34	34
		역사					34	34	51	51
		도덕			34	34	34	34		
	수학		374	374	68	68	68	68	51	51
	과학/기술·가정	과학	646	612	51	51	68	68	68	68
		기술·가정			34	34	34	34	51	51
	체육		272	272	51	51	51	51	34	34
	예술	음악	272	272	17	17	17	17	34	34
		미술	272	272	34	34	34	34		
	영어		340	374	51	51	68	68	68	68
	선택	진로와 직업	204	238	34	34				
		한문							51	51
		일본어								
		철학					34	34		
	학교 스포츠 클럽 활동			34	17	17				
교과(군) 소계			3060	3060	510	510	510	510	510	510
창의적 체험 활동	자율 활동		238	238	51	51	34	34	34	34
	동아리 활동									
	봉사 활동									
	진로 활동									
	학교 스포츠 클럽 활동		68	68			17	17	17	17
창의적 체험 활동 소계			306	306	51	51	51	51	68	68
학교 스포츠 클럽 활동 (창의적 체험 활동 순증)				34					17	17
학교 스포츠 클럽 활동 소계			136	102	17	17	17	17	34	34
수업 시수 총계			3366	3366	561	561	561	561	578	578
학기당 과목 수					11	11	11	11	10	10
체육, 예술 과목 수					3	3	3	3	2	2
학기별 체육+스포츠 클럽 시수 합계					68	68	68	68	68	68

「2014학년도 입학생 교육과정 편성표」(의정부여자중학교, 2014)

이러한 국가 교육과정의 틀은 유지하면서도 지역의 혁신 교육 흐름을 강화하기 위해 교육청 단위에서 특색 있는 교육과정을 만들기 위해 노력하고 있습니다. 경기도의 경우 '경기도 교육과정'을 적용하고 있습니다. 전국 최초로 광역 수준에서 지역 교육과정을 만든 것인데, 교육청에서 추진하는 지역의 교육 흐름을 강화하는 한편, 혁신학교와 혁신 교육의 흐름을 강화하고자 하는 취지를 담고 있습니다. 경기도 교육과정에서 제시한 구성 방침은 다음과 같습니다.

경기 교육 비전 및 정책 방향을 바탕으로 제시한 도 교육청 수준의 교육과정으로서 그 구성 방침은 다음과 같다.

  가. 인성, 지성, 감성, 건강이 조화로운 창의적인 민주 시민을 기를 수 있도록 교육과정을 구성한다.

  나. 초등학교 1학년부터 중학교 3학년까지의 공통 교육과정과 고등학교 1학년부터 3학년까지의 선택 교육과정으로 편성한다.

  다. 교육과정 편성·운영의 유연성을 부여하기 위하여 학년군을 설정한다.

  라. 공통 교육과정의 교육 목적상의 근접성, 학문 탐구 대상 또는 방법상의 인접성, 생활양식에서의 연관성 등을 고려하여 교과군으로 재분류한다.

  마. 선택 교육과정에서는 학생들의 기초 영역 학습 강화와 진로 및 적성 등을 감안한 적정 학습이 가능하도록 4개의 교과 영역으로 구분하고, 필수 이수 단위를 제시한다. 특성화 고등학교와 산업 수요 맞춤형 고등학교는 보통 교과의 4개 교과 영역과 전문 교과로 구분하고 필수 이수 단위를 제시

한다.

바. 학기당 이수 교과목 수의 축소를 통한 학습 부담의 적정화
와 의미 있는 학습활동이 전개될 수 있도록 집중이수를 확
대한다.

사. 배려와 나눔의 실천을 위한 창의적 체험활동을 운영한다.

아. 교원, 교육 행정가, 교육과정 전문가, 학생, 학부모 및 지역
사회의 다양한 의견을 최대한 반영한다.

자. 국가 수준의 교육과정 범위 안에서 지역 특성과 학교별 여
건에 맞는 다양하고 특색 있는 교육과정 운영이 가능하도
록 단위 학교의 자율성을 확대한다.

차. 학교 교육의 질 제고를 위하여 교육과정 평가 체제를 확립
하고, 자율성 확대에 따른 학교의 책무성을 제고한다.

카. 모든 교육 활동을 통해 인성 교육을 실천할 수 있도록 교
육과정을 구성한다.

타. 모든 교육 활동을 통해 자신과 타인의 삶을 소중하게 생각
하는 인간 존중의 교육을 실천하고, 사회 구성원들과 함께
안전하고 행복한 삶을 영위할 수 있도록 운영한다.[1]

일반 학교와 다른 혁신학교의 가장 큰 변화는 수업 방식에서 나
타납니다. 단순한 대학 입학 시험이나 진도 나가기 수업에서 벗
어나려는 흐름이 강하게 보입니다. 배움의 공동체 수업, 협동학
습, 프로젝트 수업, 토론·토의식 수업 등 다양한 도전이 혁신학
교 안에서 일어나고 있습니다. 학생들을 성장시키고자 교사들의
협의하에 이루어지는 수업 방식의 변화는 혁신학교를 이해하는

---

1. 경기도교육청(2015), 「경기도 초·중·고등학교 교육과정 총론」, pp. 23~24.

가장 중요한 길입니다.

　다시 말해 혁신학교 교사들은 큰 틀의 국가 교육과정을 재구성하여 수업 내용은 물론 방식에서도 새로운 도전을 하고 있다고 볼 수 있습니다. 경직된 국가 교육과정과 입시 문화의 틀 안에서도 수업 자체에 대해서는 교사의 자율성이 어느 정도 부여되어 있다는 말입니다. 이는 일반 학교가 혁신학교로 갈 수 있는 가장 중요한 길이기도 합니다.

　혁신학교의 궁극적인 목적은 좋은 교육과정을 구현하는 것입니다. 교육과정은 수업으로 구현되며 학생의 성장은 평가로 확인할 수 있습니다. 대체적으로 혁신학교의 초기 성장 단계에서는 수업에 집중합니다. 이를 위해 학습 공동체와 수업 나눔을 중시합니다. 수업이 풍성해지면 평가를 고민하게 되지요. 개별 수업을 넘어 동 교과와 동 학년의 수업을 동시에 고민하고 나아가 학생의 성장 로드맵을 체계적으로 그리게 됩니다. 교사들의 소통과 학습 공동체를 통해 그린 학생들의 성장 로드맵은 좋은 교육과정이라고 말할 수 있습니다. 국가 교육과정이 일종의 기성복이라면 학교 교육과정은 맞춤복과 비슷합니다. 동일한 원단을 가지고 재단사의 실력에 따라 옷의 맵시가 달라지듯이 동일한 교육과정을 가지고도 교사들의 실력에 따라 학생들의 성장 폭이 달라집니다. 교육과정을 고민하고 기획하고 토론하며 실천하는 과정에서 학생도, 교사도 함께 성장합니다.

대안학교 교육과정과
유사하다고 하던데요?

이 부분에 대해서는 많은 논란이 있는데, 독자 여러분께 도움이 될까 하여 제 개인적인 생각을 써 보려고 합니다. 혁신학교가 어떻게 시작됐는지 많은 사람의 의견이 갈립니다. '미국의 차터스쿨에서 나왔다', '대안학교인 이우학교의 이념을 담았다', '남한산초등학교의 영향이다' 등등 해석이 제각각입니다.

실제로 혁신학교는 대안학교와 유사한 교육과정과 수업 방식으로 운영됩니다. 생태학적 관점에서의 접근, 체험 프로그램, 토론 위주의 수업, 교육과정 재구성, 교과서 없는 수업, 학생과 교사가 함께 학교를 만들어 가는 것, 학부모의 적극적인 참여, 지역(마을)과 함께하는 프로그램 등이 대표적이라고 할 수 있습니다. 그 외에도 많은 사례가 있습니다. 유사한 점을 찾다 보면 결국 혁신학교와 대안학교의 이미지가 상당 부분 겹치게 마련입니다.

대안학교처럼 혁신학교 역시 정형화된 틀이 있지는 않습니다. 물론 학교 혁신의 보편적인 원리가 존재합니다. 혁신학교에 관해 많은 책이 나왔지만, 해석은 제각각입니다. 사실 혁신학교를 해석하고 정의하는 것 자체가 무의미하다고 생각합니다. 경기도 내에만 2300여 개, 전국적으로 만여 개의 학교가 있고 그 학교마다 규모와 지역 배경, 구성원이 다른데 어찌 동일한 학교가 만들어질 수 있을까요. 더군다나 아이들의 삶과 수업의 현장은 '혁신학교'라고 이름 붙인 사람이 만든 틀로도 규정되지 않습니다. 이러한 측면에서 봤을 때 혁신학교에 대하여 특별한 정의를 내리기보다 있는 그대로 받아들이는 것이 좋다고 생각합니다.

그동안 많은 혁신학교 사례를 보다 보니 한 가지 귀결되는 지점이 있었습니다. 바로 아이들을 각기 다른 인격체로 본다는 것입니다. 모든 아이를 하나의 통일된 관점이 아닌, 각기 다른 인격체로 인정하면서 수업이나 교육과정에서도 다양성을 추구합니다.

사회에서 자녀를 대안학교에 보내는 학부모들을 어떻게 생각하고 있을까요. 그리고 그 학부모들은 어떤 생각을 가지고 자녀를 대안학교에 보내는 걸까요. 결국 획일적인 현재의 공교육 틀과 제도 안에 내 아이를 보낼 수 없다는 두려움 때문에 이런 현상이 발생하고 있다고 봅니다. 혁신학교가 과밀 학급이 될 정도로 인기가 있는 이유는 기존 공교육과 달리 모든 학생의 인격과 태도를 존중하기 때문입니다. 그러한 혁신학교의 학생관은 좋은 대안학교가 추구하는 철학과 다르지 않습니다. 다만 제도권에서 그 가치와 철학을 구현할 것인가, 아니면 제도권 밖에서 더욱 과감하게 구현할 것인가의 차이가 존재합니다.

일부 학자는 혁신학교를 공립형 대안학교가 아니냐고 말하기도 합니다. 이름이야 어찌 되었든, 혁신학교와 대안학교를 비교하기는 쉽지 않습니다. 혁신학교는 공교육 체제 속에 있고 대안학교는 비인가가 많기 때문에 공교육의 체제로 분류하는 것은 힘들기 때문입니다. 그러나 대안학교의 흐름이 일정하게 혁신학교에 영향력을 미쳤다고 볼 수 있습니다. 대안학교에서 적용하는 내용이 혁신학교의 일부 교육과정과 프로그램에서 나타나기도 합니다. 다만, 두 학교의 조건이 다르기 때문에 혁신학교는 제도권 틀 안에서 변용을 하거나 재구성하여 적용할 수밖에 없습니다. 역으로 혁신학교가 대안학교에 영향력을 미치기도 합니다. 혁신학교의 만족도가 높아지면 대안학교에 대한 수요가 줄 수 있습니다. 대안학교도 끊임없는 혁신을 추진하지 않을 수 없습니다.

최근 들어 학부모님들이 대안학교를 찾는 비율이 증가하고 있는 까닭은 여러 가지가 있겠지만 공교육에 대한 불신이 극에 달한 것이 큰 이유라고 봅니다. 혁신학교의 다양한 성공 사례는 대한민국 공교육에도 희망이 있다는 것을 보여 주고 있습니다. 좋은 사례들이 많이 공유되어 일반화되기를 간절히 바랍니다.

문예체 교육과 마을과 함께하는
교육을 많이 시킨다고 하던데요?

　혁신학교는 학교 안에만 관심을 기울이지 않고 지역에 관심을 기울입니다. 지역에 의한, 지역을 위한, 지역을 통한 교육과정을 운영합니다. 이때 많이 적용하는 프로그램 가운데 하나가 문예체 교육입니다. 문예체 교육의 중요성에 대해서는 많은 이가 공감합니다만 교사들만의 힘으로 문예체 교육을 학교에서 적용하기는 어렵습니다.

　학생들이 국어, 영어, 수학, 과학에만 집중적으로 공부하다 보면 인성이 메말라 갑니다. 혁신학교에서는 이를 극복하기 위한 노력을 기울이고 있는데 대표적인 사례가 문예체 교육입니다. 우리 문화 알기, 예술 이해하기 등 다양한 프로그램을 수업 중에 접하고 있습니다. 이는 교육과정에 반영되어 있기 때문인데요. 정규 교과 시간 이외에도 많은 시간을 할애해 학생들의 문예체 교육에 신경 쓰고 있습니다. 교사들이 할 수 없는 부분은 교육 기부(재능 기부)를 받아, 지역 내 문화 예술인들이 수업을 해 주기도 합니다.

지역사회에서는 문예체에 정통한 분들이 적잖습니다. 다양한 악기와 스포츠, 고전 등 여러 분야의 달인들을 학교 선생님으로 모셔 보면 어떨까요. 달인들이 학교로 찾아올 수도 있고, 달인들을 찾아갈 수도 있겠지요.

경기도 안양시의 부안중학교는 뮤지컬을 전공한 대학생들을 초빙하여 교사, 학생, 학부모와 함께 뮤지컬을 지도받고 몇 달 뒤에 공연을 하기도 합니다. 인생을 살면서 한 가지 정도 악기를 다루고 좋아하는 스포츠 종목을 가지고 있다면 얼마나 좋을까요. 이를 사교육 시장에서 익히지 않고 학교를 통해서 배울 수 있는 점은 혁신학교의 장점입니다.

경기도교육청 정책연구 「마을 교육 공동체 개념 정립과 정책 방안 수립 연구」(서용선 외, 경기도교육연구원, 2015)에 나온 세월초등학교 사례는 이를 잘 보여줍니다. 혁신학교인 세월초등학교는 마을에서 지푸라기 공예, 판화, 동물 키우기 등의 달인을 발굴하여 학생들과 연결시킵니다. 학생들은 마을의 달인이라는 인증 문패를 직접 달아 줍니다. 이 학교는 학생들에게 마을의 정미소 벽에 벽화를 그리도록 했습니다. 아울러 마을 시장을 열기도 합니다.

생각해 보면 마을은 풍성한 교육과정을 제공합니다. 수학, 지리, 사회, 국어, 과학 등의 과목이 마을에서 구현될 수 있지요. 박물관은 입체적인 역사 교과서이고, 과학 교과서입니다. 이러한 기관을 잘 활용한다면 교실 수업이 더욱 풍성해질 것입니다. 시의회와 도의회, 선거관리위원회는 우리에게 충분히 민주주의의 가치와 절차를 제공하는 살아 있는 교과서가 될 수 있습니다.

　국가 수준의 교육과정이 갖는 한계를 마을 교육과정으로 얼마든지 극복할 수 있습니다. 그 가능성을 혁신학교가 보여 주고 있습니다.

수학여행이나 체험학습은
어떻게 진행되나요?

혁신학교의 수학여행이나 체험학습은 일반 학교와 달리 소규모 테마 여행으로 가는 경우가 많습니다. '세월호 참사' 이후 교육부나 시도 교육청에서는 대규모 수학여행을 금지시키고, 소규모 테마 여행을 권장하고 있습니다. 대형 사고가 날 것을 우려해서이기도 하지만, 혁신학교의 영향이 적잖은 것도 사실입니다. 이미 혁신학교에서는 학급별 소규모 테마 여행이 보편화되었습니다.

일반적으로 전통적인 방식인 수학여행은 이렇게 진행됩니다. 일단 수학여행을 가는 학년의 교사들이 교장·교감과 장소 및 업체를 선정하고, 학교운영위원회를 통과하는 방식입니다. 이 과정에서 학생과 학부모에게 설문 조사를 하기도 합니다만, 대부분 원안이 통과됩니다. 그렇기 때문에 작년에 갔던 장소를 올해 또 가는 관행이 이어지기도 합니다.

5년째 경주로 수학여행을 가는 학교도 있습니다. 매년 거의 같은 코스, 같은 장소로 가는 것입니다. 운이 나쁘면 초·중·고등학교 모두 같은 장소로 수학여행을 가게 되기도 합니다. 그것도 특정 시기, 주로 4~5월에 몰아서 가는 경우가 많습니다.

이렇게 특정 시기, 특정 장소에만 수학여행이나 체험학습이 집중되다 보니 많은 문제가 발생하고 있습니다. 4~5월이 되면 빈 방이 없어 원하는 곳에 예약을 못 하는 경우도 많고, 요금은 비싸지고 서비스 역시 엉망이 되는 경우가 빈번합니다. 학생과 학부모들의 만족도가 떨어지는 것은 어찌 보면 당연하다고 할 수 있습니다.

반면 혁신학교는 수학여행이나 체험학습을 학생들이 희망하는 곳으로, 희망하는 시기에 나눠서 갑니다. 경기도 안산시의 광덕고등학교나 의정부시의 의정부여자중학교, 전라북도의 회현중학교는 이런 모든 기획을 학생들에게 맡기기도 하지요. 교과 테마, 진로 테마, 역사 탐방 등 주제를 정하고 학생들을 일정 규모로 묶습니다. 그리고 여행 코스를 학생들이 기획하게 하지요. 다음은 구리시의 구리인창고등학교 적용 사례입니다.

구분	주요 내용	내용 및 운영 주체
역사 통합 기행	역사 유적지 및 지역의 비정부기구(NGO) 등 색다른 곳을 찾아 배움의 장을 넓히는 기행	― 그 지역의 역사와 문화를 알아보고, 지역에서 활동하는 NGO를 통해 해당 지역 사회를 체험 ― 교과 및 학년부와 학생들이 기획 추진
성찰 기행	템플스테이, 피정, 침묵 기행, 도보 기행 등을 통한 지난 시간을 돌아보는 성찰 기행	― 자기 성장 돌아보기 ― 사회 진출의 의미 나누기 ― 학년부와 학생들이 기획 추진
농촌 생태 체험 기행	농촌 봉사 활동, 축산 농가 체험, 습지 체험, 숲 체험을 통해 먹거리의 중요성 및 도시와 농촌, 생산과 소비의 관계를 탐구하고 자연 생태의 소중함을 돌아보는 기행	― 숲과 습지를 통한 생태 체험 ― 생활협동조합을 통한 농산어촌 연대 ― 학년부와 학생들이 기획하고 추진

인창고등학교(2014), 「2014 학교교육계획서」, p. 40.

학생들 스스로 가고 싶은 곳과 시기를 의논하여 정하기 때문에 만족도가 높은 편입니다. 학생들의 만족도가 높으니 학부모들도 좋아합니다. 교사들의 생각도 많이 바뀌게 되었습니다. 일반 학교에서는 수학여행이나 체험학습을 가게 되면 교사가 인솔 및 통솔하기보다 업체 관계자인 조교나 교관이라고 불리는 사람들이 학생 인솔을 총괄하게 됩니다. 이들 대부분은 학교에서 아이들을 가르쳐 본 적이 없습니다. 그래서인지 군대식으로 학생을 훈육하는 경우가 종종 목격됩니다. 학생들은 들뜬 마음으로 왔다 기합만 실컷 받고 가는 경우가 많았지요. 교사나 학부모 모두 수학여행이나 체험학습을 이렇게 학생들의 극기 훈련으로 생각하는 경우가 간혹 있습니다. 해병대 캠프를 체험학습 장소로 선택하는 것도 그런 이유 같습니다. 2013년에는 해병대 캠프에 참석한 고등학생 5명이 익사하는 끔찍한 사고가 발생했지요. 수학여행이나 체험학습이 학생들의 추억을 만드는 행복한 여행이 아니라, 강인한 체력과 인내심을 길러 준다는 명목하에 희생을 강요하고 그들의 자율성을 억압하고 있는 것입니다. 이러한 방식은 일제강점기의 잔재 내지 군사정권의 잔재라고 볼 수 있습니다. 한편, 수학여행이나 체험학습을 가서 업체 관계자에게 학생들 지도를 맡기고 한 발짝 물러서 있는 교사들도 볼 수 있는데, 혁신학교에서는 그러한 태도를 지양하고 학생과 교사가 계획부터 마무리까지 의미 있는 시간을 보낼 수 있도록 함께 노력하려고 합니다.

장애 아동에 대한 특수교육,
특수교사 지원은 어떻게 이루어지나요?

혁신학교에서는 특별히 일반 학교와 대비해 장애아동에 대한 교육이 특화되어 있지는 않습니다. 하지만 협력과 관계와 소통을 중시하는 흐름 때문에 학교생활과 수업 속에서 일반 학생과 장애 아동의 통합이 자연스럽게 이루어지는 특수교육의 흐름이 강합니다. 다시 말해 혁신학교는 아이들 개개인의 특수성을 더 고려하고, 존중과 배려의 학교문화를 통해 장애 아동에게 더 친화적입니다.

실제 혁신학교 현장에서 보면, 수업 중에 함께 협의하고 고민하며 발표를 나누는 분위기 속에서 일반 학생이 장애 학생을 배려하고 일정한 역할을 나누며 함께하려는 모습이 눈에 띕니다. 이러한 흐름은 쉬는 시간이나 점심시간 등에도 고스란히 몸으로 배어나기도 합니다. 일반 학교에서 나타나는 흐름과 비교하면 그 정도에서 차이가 보입니다.

한 혁신학교에서 있었던 사례입니다. 이 학교에서 모둠 수업을 진행했습니다. 흔히 모둠 수업의 경우에는 누구든 제구실을 못하고 모둠 성적에도 기여를 못 하면 기피하는 경향이 있습니다. 그러다 보니 장애 아동은 더 회피하게 마련이지요. 그런데 이 학교에서 이루어진 모둠 수업은 달랐습니다. 장애 아동 친구를 위한 역할을 고민하고 찾아 주었습니다. 발표할 때 장애 아동에게 스케치북을 들고 넘기는 역할을 주었던 것이지요. 발표가 끝나자 아이들이 함께 기뻐하는 모습이 아직도 눈앞에 선합니다.

『행복한 나는 혁신학교 학부모입니다』(서울형혁신학교 학부모 네트워크, 맘에드림, 2014)에서 제시한 사례는 혁신학교가 장애 아동에게 주는 교육 감동을 그대로 전해 줍니다.

> 휠체어 타는 우리 아이가 가장 좋아하는 시간은 체육 시간이다. 학교에서든 놀이터에서든 '몸 놀이'에서 소외될 수밖에 없었기에, 아이의 이런 얘기가 놀랍기도 하고 감격스럽기도 하다. 고무줄놀이를 할 때 휠체어 탄 아이는 고무줄을 손으로 잡을 수 있고, 달리기를 할 때는 몇 미터 앞에서 출발한다는 규칙을 친구들과 함께 만들었단다. 학교 체육대회에서도 계주 선수로 휠체어를 밀고 출전했다. 휠체어 탄 아이는 참여하게끔 배려 받지만, 이기게끔 배려 받지는 않는다.(201~202쪽)

이런 흐름 때문에 특수학교와 교사들이 혁신학교에 많은 관심을 가지고 있는 것도 사실입니다. 기존의 특수교육을 혁신학교의 정신과 교육과정의 재구성 관점에서 다시 바라보고 재조정해 나간다거나 혁신학교 관련 연수에 많이 참여하는 흐름이 나오는 이유도 여기에 있습니다. 어찌 보면 혁신학교는 소외받거나 약자일 수 있는 학생을 포함한 '모든 학생을 위한 공교육'의 정신을 가장 충실하게 구현하고자 하는 흐름입니다.

통합교과나 통합교육과정을
교사들끼리 협의해서 만들게 되나요?

　혁신학교가 던져 준 교육학적 메시지 가운데 매우 의미 있는 과정이 바로 통합교과와 통합교육과정을 학교 수준이나 학년 수준에 맞추어 만들어 간다는 점입니다. 통합하는 방법에서 이를 단지 기술적으로 접근하는 것이 아니라 우리 학교 학생들의 삶의 성장에 초점을 맞춘다는 점이 눈여겨볼 지점입니다.

　이러한 수업을 진행하려면 교사들끼리 협력이 필수적입니다. 대부분 학교에서는 교과협의회가 형식적으로 운영됩니다. 서로의 수업을 함께 공유할 수 있는 시간과 공간이 부족합니다. 수업을 개인의 성역으로 보기 때문입니다. 수업이 고립되면 교사도 고립됩니다. 이런 상황에서는 통합교육과정이 불가능합니다. 같은 교과 간 협력도 안 되는 상황에서 다른 교과 간 협력을 이끌어낼 수 있겠습니까. 학교 안에서의 학습공동체를 강조하는 이유가 여기에 있습니다. 각자가 어떤 수업을 하고 있는지 공유해야 합니다. 교육과정을 서로 들여다보면 교과 간 통합을 시도할 만한 영역이 어디에 있는지 합의할 수 있습니다. 학교의 교과교육연구회, 교육과정운영평가회, 스몰스쿨제가 중요한 이유가 여기에 있습니다. 스몰스쿨제는 학년 간 자율성을 보장하고 의사결정을 학년 단위에서 할 수 있는 권한을 부여하는 시스템입니다.

　교육과정을 통합적으로 재구성해 나가야 하는 데는 다음과 같은 몇 가지 이유가 있을 수 있습니다. 첫째, 얕고 넓게 배우는 것이 진정한 배움이 아니라 좁고 깊게 배우는 교육이 중요하다는 점입니다. 둘째, 교과의 내용을 죽은 지식에서 살아 있는 학습자의 경험으로 결합하기 위해서입니다. 셋째, 학교에서 숙의한 학교의 교육목표와 결합하기 위해서입니다. 넷째, 수업 방식이 책상에서만 앉아서 암기하고 강의를 듣는 방식이 아니라 활동 위주의 수업을 하기 때문입니다. 마지막으로 협력하는 학습을 위해서입니다.

　통합교과나 통합적 교육과정을 만드는 방식은 다양하지만 다음과 같은 단계를 제시해 볼 수 있습니다.

(1) 1단계 : 진도(목차)의 순서 재구성

　학생의 발달, 시의성, 타 교과의 통합 등을 고려해 교과의 진도(목차) 순서를 바꿀 수 있다.

　(예) 사회과의 경우, 4월 총선 등을 준비하며 선거법 등 정치에 대한 수업을 위해 9, 10단원의 법을 3월에 배치할 수 있다.

(2) 2단계 : 교과 내용 첨삭 가능

　단원 내용 안에 소주제를 빼거나 필요시 새로운 소주제 구성 가능. 이 작업을 위해 마인드맵 등을 통해 각 단원에서 교사가 가르치고자 (학생이 배우고자) 하는 내용을 펼쳐 보자.
이 과정을 통해 단원의 큰 내용은 변하지 않지만 그 단원 안
의 소주제는 완전히 달라질 수도 있다. 큰 단원 자체를 제외
할 수도 있다.

(3) 3단계 : 교사가 대단원 주제를 직접 구성해 교과 내용을 재
배치한다.

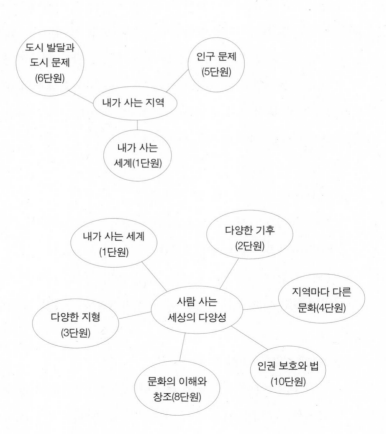

교과 편성이나 시수를
어느 정도까지 조정할 수 있나요?

혁신학교는 교육과정을 최대한 자율적으로 보장하는 학교라는 수식어가 뒤따릅니다. 공식적으로 혁신학교는 자율학교로 지정되기 때문에, 초등학교와 중학교는 교과군별 수업 시수를 20% 안에서 증감하여 운영할 수 있고, 고등학교도 과목별 수업 시간을 자유롭게 배정하여 특수목적고등학교와 비슷한 교과 시간을 편성 운영할 수도 있습니다. 어떤 혁신학교에서는 수업 시수를 조정하거나 학생들의 의견을 받아들여 혁신학교 철학에 맞게 철학이나 생태, 민주 시민 교육 등을 선택하기도 하고, 창의적 체험활동을 의미 있게 구성하여 운영하기도 합니다.

하지만 경직된 국가 교육과정과 학교 안에 복잡하게 얽혀 있는 이해관계 때문에 교과 편성이나 시수를 혁신학교 철학에 맞게 마음껏 조정하는 것은 쉬운 일이 아닙니다. 그럼에도 혁신학교는 교육과정 재구성과 소규모 테마형 체험학습처럼 학교행사를 교육적으로 전환하거나 선택 교과나 창의적 체험활동에서 두드러진 특징을 보입니다.

국어 · 영어 · 수학 교과가 주요 교과가 되고 예체능은 기타 과목이 되는 일반 학교와는 다르게 교과 편성에서 한 발짝 더 자유로워지는 모습이 혁신학교에서 나타납니다. 가시적으로 학생들의 동아리 활동과 체험학습이 활발하게 나타날 수 있는 이유도 여기에 있습니다. 다음은 서울의 혁신학교인 휘봉고등학교에서 진로 역량과 관련한 개방 선택 교육과정 운영 사례입니다.

Ⅰ. 진로 역량 개방 선택 교육과정 운영 사례

1. 목적
 - 개개인의 다양한 소질과 적성 및 진로 설계를 교육과정에 반영
 - 모든 학생의 배움과 성장을 위한 책임 교육 구현
 - 진로 선택형 교육과정 운영으로 학생의 선택권을 보장
 - 급변하고 복잡한 미래 사회를 살아갈 학습자들의 미래 능력 육성과 학습자들의 삶과 직결되는 진로 역량 교육과정을 기획 · 운영

2. 방침 및 추진 내용
 가. 본교 재학생들의 학력 격차 및 적성, 진로 등 개인적인 성향을 반영한 교육과정 편성 운영의 필요성 절감
 나. 크게 '일반 계열 대학 진학 목표 그룹, 예술 · 체육 계열 대학 진학 목표 그룹, 기초 직업 계열 진로 희망 그룹'의 셋으로 나누어 차별화된 교육과정 및 프로그램 투입 필요
  - 대학 진학 목표 그룹은 극심한 수준 차를 고려한 교육과정 편성 필요
  - 기초 직업 계열 진로 희망 그룹에게는 조리, 미용 등의 전문 교과 개설 필요
  - 교과별 전문 강사 섭외
 다. 학생들의 진로 역량을 강화하기 위하여 2013학년도 2학년 6단위, 3학년 6단위, 2014학년도 2학년 6단위, 3학년 4단위로 진로 역량 개방 선택 교과를 편성 · 운영함.
  - 학생들의 소질과 적성을 고려한 보통 교과와 전문 교과로 구성하며 2013학년도 2학년은 매주 화요일 5~7교시, 2014학년도 2학년은 매주 화요일 5~7교시, 3학년은 매주 목요일 · 화요일 5~6교시에 운영
  - 일부 교과 시간 강사 채용(연극의 이해, 컴퓨터그래픽, 피부 관리, 한국 조리)하여 운영

라. 진로 활동 영역의 편성·운영과 관련하여, 학교는 학생이 자신의 흥미, 특기, 적성에 적합한 자기 계발 활동을 통하여 진로를 탐색하고 설계할 수 있도록 지원하고, 학생들의 진로 활동을 위한 다양한 정보를 제공하기 위해 노력함.

3. 운영상 문제점 및 제안
  가. 운영상의 문제
    - 시간 강사 수당 예산 문제
    - 실습 과목 담당 인력풀 부족으로 인한 진로 역량 과목 담당 강사들의 교육과정 이해 부족(인력풀 지원 요구됨)
    - 예산 부족으로 인한 실습 중심 과목들의 수업 기반 부분적 구축
    - 이론 수업일 경우에는 주 3시간 집중 이수로 인한 학생들의 수업 집중력 감소

  나. 평가상의 문제
    - 진로 역량 개방 선택 교과의 실습 과목은 100% 수행 평가가 요구됨.
    - 지필고사 시, 고사 시간표 운영 및 이동 시험으로 인한 성적 처리 어려움.

4. 기대 효과(또는 성과)
    - 개개인의 다양한 소질과 적성 및 진로 설계를 교육과정에 반영하여 모든 학생들의 배움과 성장에 기여
    - 진로 의욕을 높이고 교육과정 내에서 체계적으로 경험할 수 있는 기회 제공
    - 실습 위주의 교과 운영은 자격증 취득, 각종 관련 대회 출전 등을 통해 실제적인 직업 능력 함양 및 진로 개척 활성화
    - 교사와 학생 간의 긴밀한 협의를 거쳐 교육과정의 내실을 다지고 학생의 진로 희망 및 계획, 실행에 대한 정보 공유
    - 학생 선택형 특성화 교육과정 사례로 다양한 성향의 학생들이 있는 일반계 고등학교의 교육과정으로 일반화할 가치

휘봉고등학교(2014), 「2014 학교교육계획서」, pp. 51~52.

혁신학교에서는
교과교실제와 자유학기제가 어떻게 운영되나요?

　혁신학교에서는 우등반과 열등반 방식으로 교실과 수업을 나누는 것을 지양합니다. 혁신학교는 자체적으로 교과교실제를 추진하는 경우가 적습니다. 하지만 교과교실제를 하고 있던 학교가 혁신학교로 지정된 경우는 성적에 상관없이 소집단으로 그룹을 나누어 공부하는 경우가 많습니다. 예를 들면, 학생이 30명 있다면 15명-15명으로 나눠 교과교실제 교사와 함께 교과교사가 보다 집중적인 학습에 몰입하도록 구조적인 변화를 주고 있습니다.

　하지만 현재는 교과교실제 자체가 많이 후퇴한 모양새입니다. 그동안 교과교실제에서 추구했던 심화반과 보충반이 사실은 우열반으로 작동하는 경우가 많았기 때문입니다. 이런 이유를 포함해서 학교 현장에서 교과교실제가 제대로 자리 잡지 못했다는 평가가 많습니다.

　많은 이가 교과교실제를 수학 교실, 과학 교실 등으로 이해하고 있습니다. 교과교실제를 위한 하드웨어 구축에 많은 예산을 투자했지만 교실 수업이 실제로 바뀌었는가에 대해서는 의문을 제기하는 사람이 많습니다. 대학처럼 고등학교도 학점형 체제로 바뀌면 교과교실제의 의미가 살아나겠지만 현실은 그렇지 않습니다. 자칫 기존의 수준별 이동 수업으로 변질될 수 있습니다. 수업과 교육과정, 평가에 관한 교사들의 논의 문화와 소통 구조가 일상에서 활발히 이루어지지 않는다면 교과교실제는 현장에서 큰 의미가 없습니다. 혁신학교는 교사들의 학습공동체를 강조합니다. 교사들의 협업 구조가 전제될 때 교과교실제의 의미가 살아납니다. 혁신학교의 소프트웨어와 교과교실제의 하드웨어가 함께 만날 때 시너지 효과가 나타날 수 있습니다.

중학교의 화두는 자유학기제입니다. 한 학기 동안 학생들을 시험으로부터 자유롭게 하여, 오전에는 다양한 교과 활동을 진행하고 오후에는 동아리, 진로 체험활동 등을 진행하는 자유학기제는 그 의미가 매우 큽니다. 기존의 경직된 학교 틀을 이렇게 깨 보는 것은 우리 교육의 도약을 위해 바람직합니다. 통상 자유학기제를 오후에 이런저런 체험활동을 하는 것으로 인식하고 있는데 곰곰이 따져 봐야 합니다. 예컨대 중학교 학생들이 바리스타를 체험해 보는 것은 흥미를 유발하는 차원에서 의미가 있지만 그것이 곧 자유학기제의 전부는 아닙니다. 일회성 체험 내지 다양한 체험은 학생들의 흥미를 유발하고 또 다른 지평을 열 수는 있지만 자유학기제의 의미를 오히려 축소할 수 있습니다. 진로 인프라가 여전히 취약한 점도 고려해야 합니다.

더 중요한 점은 일상의 교육과정과 수업, 평가입니다. 이 과정을 통해 자아를 탐색하고 진로를 모색하는 과정이 핵심이 되어야 하고, 보조적 수단으로서 체험활동을 결합해야 합니다. 물론, 일회성 체험이 아닌 교육과정과 연계된 연속성 있는 체험활동을 모색해야겠지요. 관심 분야에 대한 책을 읽고, 프로젝트 활동을 해보고, 관련 분야의 사람들을 만나보고, 보고서도 써 보고 발표도 해 보는 과정 없이 단순히 체험을 위한 체험활동에 머물러서는 안됩니다. 이런 관점에서 보면 자유학기제의 가치와 철학은 혁신학교의 그것과 큰 차이가 없습니다. 어찌 보면 혁신학교는 자유학기제를 넘어 자유 학교를 꿈꾸고 있는지 모르겠습니다. 자유학기제가 한 학기만의 실천에 그쳐서는 안 되고 다른 학기 또는 다른 학년과 연계해야만 하는 이유이기도 합니다.

3장. 혁신학교
수업

기초학력이 부족한
아이들이 많다면서요?

기초학력이 부족한 학생들을 요즈음에는 '학습 부진아'라고 말하지 않고 단지 배움이 느린 아이라는 의미로서 '배움찬찬이'라고 말합니다. 이러한 배움찬찬이는 대한민국 어느 학교든 풀어야 할 과제입니다. 다만, 학교별로 배움찬찬이 학생이 많은 학교와 적은 학교가 있을 뿐입니다. 대체적으로 부모의 양육 방식, 가구별 소득 수준, 부모의 학력 등이 기초학력 미달에 미치는 주요한 변수라는 점은 이미 과학적으로 충분히 입증된 사실입니다.

우리는 추세를 볼 필요가 있습니다. 경기도의 경우, 기초학력 미달 비율을 보면 초등 혁신학교의 경우 2010년 1.8%에서 2012년 0.6%대로 감소했음을 알 수 있습니다(경기도교육청 내부자료 참조).

그 반면에 보통 학력 이상 비율을 보면 혁신학교가 경기도 전체를 상회하고 있습니다.

혁신학교는 기본적으로 재미있는 수업과 참여하는 수업을 지향합니다. 학업 흥미도와 효능감 등을 자극하지요.

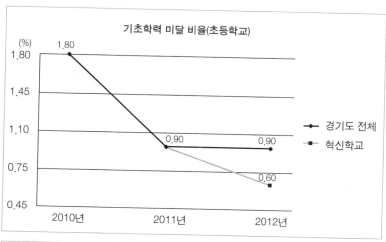

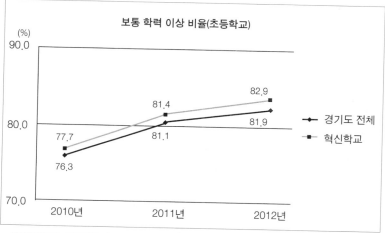

김성천(2012), 〈혁신학교의 성과와 과제〉, 『공교육의 새로운 표준을 향한 혁신학교의 가능성과 과제』,
국회 혁신학교 토론회 자료집, pp. 48~51.

　이러한 자극이 누적될 때 학생들은 누가 시켜서 하는 공부가 아
니라 스스로 공부를 하게 됩니다. 혁신학교는 학생들의 학업 성
적이 향상될 수 있는 기초를 잘 만들어 주고 있습니다. 모둠 중심
으로 수업을 진행하면서 학생들의 참여를 높이고 도서관에서 수

업을 진행하거나 마을과 연계한 프로젝트 수업을 운영합니다. 배움찬찬이들은 대체적으로 학습 의욕이 떨어지거나 학습 방법을 모르는 경향이 있습니다. 이들을 위한 캠프를 진행하거나 한 수업에 수업 협력 교사를 활용하여 두 명이 수업을 진행하기도 합니다. 수업을 따라오지 못하는 학생들을 위한 지원 시스템을 구축하지요. 이러한 세심한 과정이 배움찬찬이들을 줄이게 됩니다.

서울시 강동구의 선사고등학교는 신설 학교였지만 기대 이상으로 학력이 향상하는 효과를 보였습니다. 이 학교는 모둠 활동과 발표 수업을 많이 하고 있습니다. 1학년의 경우, 담임교사 1명이 학생 15명을 담당하고 있습니다. 학생들의 세밀한 특성을 교사들이 거의 다 파악하고 능동적으로 반응할 수 있습니다. 결국 학교의 관심이 중요합니다.

어떤 문제라도 구성원들이 머리를 맞대면 해결할 수 있습니다. 일각에서는 전 교사 담임제 도입을 언급하는 분도 있습니다. 여분의 교실이 존재하고, 나이스 처리든 담임교사 수당 등의 문제에 교육부와 교육청이 능동적으로 지원할 수만 있다면 전 교사 담임제가 불가능한 것도 아닙니다.

혁신 고등학교에도
야간 자율학습이 있나요?

　물론입니다. 혁신학교라고 해서 야간 자율학습을 안 하는 것은 아닙니다. 다만 강제로 시키지 않고 학생들의 선택권을 존중합니다. 학습의 기본은 복습과 예습입니다. 영어와 수학은 학교에서 배운 내용을 되새김질하면서 내 것으로 만들어야 합니다. 앞의 내용을 알지 못하면 학년이 올라갈수록 내용을 이해하지 못할 가능성이 큽니다. 심각한 경우 선생님의 설명이나 교과서를 전혀 이해하지 못하는 학생도 발생합니다. 이 학생들은 상당한 고통을 느끼게 됩니다. 개념과 원리에 대한 이해가 떨어진 상태에서 선생님의 수업을 듣는다고 생각해 보십시오. 정규 수업뿐 아니라 방과 후 수업에서도 그런 현상이 반복될 때 고등학교 생활에 적응하지 못하는 문제가 발생합니다.

　이런 점에서 야간 자율학습은 학생들에게 복습과 예습을 충분히 할 수 있는 시간을 확보해 줍니다. 컴퓨터와 휴대전화, 텔레비전 등 미디어의 유혹으로부터 자신이 없는 학생들은 야간 자율학습이 오히려 큰 도움을 줄 수 있지요. 학습을 할 수 있는 좋은 환경을 갖추지 못한 학생들도 야간 자율학습에 참여하는 것이 유리합니다. 다만 공부하기 싫은데 학교의 방침에 따라 억지로 참여시키는 방식은 지양할 필요가 있습니다. 학생들마다 다양한 사정이 있는데 100% 참여를 유도하는 방식은 또 다른 부작용을 낳을 수 있습니다.

최근에는 야간 자율학습 프로그램도 다양화를 추진하는 경향이 있습니다. 예전에는 공부 잘하는 학생들을 중심으로 심화반을 운영하기도 했습니다만, 그런 방식보다는 학생들의 학습 동아리를 보장해 주거나 도서관을 충분히 활용하는 방식이 적용되고 있습니다. 인문학 아카데미 운영은 어떨까요. 학생들이 책을 읽고 저자와 토론을 하는 프로그램도 기획할 수 있을 겁니다. 야간 자율학습은 대체로 선생님이 감독합니다. 이때 상담도 이루어집니다. 학생들이 떠들지 않도록 관리 감독하는 기능을 교사들이 합니다만, 학생들이 학습을 하다 모르거나 이해가 되지 않는 내용에 대해 질문을 던지고 같이 고민해 보는 시간이 더욱 중요합니다.

야간 자율학습도 앞으로는 프로그램의 다양화가 필요해 보입니다. 학생들의 진학과 진로 코스가 매우 다양하고, 학습 패턴도 상당히 다르다는 점을 인정한다면 야간 자율학습의 운영 방식에도 일정한 변화가 필요해 보입니다. 야간 자율학습에 제한 시간을 두고 있어 자율학습을 마치고 학원에 가는 경우는 거의 없습니다만 일부 지역은 야간 자율학습 이후에도 학원 프로그램이 운영되기도 합니다. 이러한 모습은 바람직하지 않습니다. 학생들의 학습 피로를 오히려 가중할 수 있기 때문입니다.

최근에는 독서의 중요성이 강화되고 있습니다. 그런 점에서 야간 자율학습은 시험 대비를 위한 학습뿐 아니라 다양한 독서를 할 수 있는 시간으로 활용할 수 있습니다. 학교의 도서관 여건이 뒷받침된다면 도서관에서 공부를 하는 모습이 가장 바람직해 보입니다.

　역동적인 야간 자율학습이 필요합니다. 학생들의 학습 리듬은 다양합니다. 음악을 들어야 공부가 잘되는 학생들도 있습니다. 새벽에 공부가 잘되는 학생들도 있고, 밤에 공부가 잘되는 학생들도 있지요. 최근 학습 동아리를 구성하여 스스로 관심 주제를 탐구하고 관련 프로젝트를 진행하며 심지어는 소논문을 써 보게 하는 학교도 늘고 있습니다. 정숙한 분위기에서 몽둥이를 들고 누가 떠드나 안 떠드나를 관리 감독하던 야간 자율학습에서 벗어나 도서관에서 공부하거나, 운동을 하거나, 동아리를 구성하거나, 인터넷 강좌를 듣는 등 다양한 패턴의 학습 방식을 인정하고 독려해야 합니다. 야간 자율학습 프로그램에도 혁신이 필요합니다. 더욱 중요한 것은 학습동기 유발입니다. 모든 학습은 의미를 느낄 때 그 효과가 늘어납니다. 멘토링 단체로 유명한 '아름다운 배움'은 학교생활에 무기력함을 느낀 학생들과 함께 3박 4일 캠프를 하며 학습동기를 불러일으킵니다. 자신을 먼저 발견하고, 자존감을 회복하며, 삶의 멘토를 통해 모델을 보게 만들기 때문입니다. 건물을 세울 때 기초공사가 필요하듯 학습도 삶의 토대를 세우는 작업을 먼저 선행해야 합니다.

혁신 고등학교에서도
대학 진학을 준비할 수 있나요?

혁신 고등학교에서도 대학 진학을 준비하는 학생들을 위해 노력하고 있습니다. 하지만 대학 진학뿐 아니라 다양한 진로교육을 모색하고 있습니다. 국어·영어·수학 위주의 교육과 문제집 풀이 중심의 대학 입학 시험 위주의 흐름을 극복하고자 노력하는 모습이 두드러진다는 것입니다. 그래서 대학 입학 시험을 준비하는 과정을 보면 다른 고등학교와 달리 차이가 있습니다. 경쟁, 암기 위주, 문제 풀이 중심의 입학 시험 교육이 아니라 협력과 문제해결 능력을 배양함으로써 수시나 학생부 종합 전형 위주로 대학 진학이 이루어지고 있습니다.

서울 혁신학교인 인헌고등학교에서 활동한 두 선생님이 저술하신 책(『일반고 리모델링 혁신고가 정답이다』, 김인호·오안근, 맘에드림, 2014) 중 혁신 고등학교에서 대학 진학을 준비하면서 한 말들은 이런 모습을 잘 보여 줍니다. 이 학교는 비선호 학교였는데, 혁신 고등학교로 지정된 이후 선호 학교로 바뀌었습니다. 그 가운데 몇 가지 내용을 소개해 보겠습니다.

그간 공부할 기회를 얻지 못해 1학년 때 7등급에 머물러 있던 아이가 2학년 때 몇 개 등급에서 1등급을 받는 놀라운 일이 벌어졌다. 그것은 발표 수업에서 인정받고 '경제'와 '국어' 과목의 토론 수업에서 칭찬을 받은 뒤 자신감을 얻게 된 것이지만 사실상 수업 혁신을 통해서 한 불행한 영혼을 구한 결과가 되었다.(28쪽)

(학부모 연수와 입시 설명회)는 종합적인 연주였다. 학교를 살리고 아이들이 서로 협력하게 만들고 학부모들을 신바람 나게 했다. 그때까지 학부모 총회를 하면 1시간 넘게 학교에 대한 불만을 토로하던 학부모들이 한 사람도 없이 거짓말처럼 사라졌다. … 우리는 3학년 아이들에게 봉사 활동 수행 과제를 주고, 전공 관련 서적을 읽혔다. 그리고 그것을 학생부 '봉사'란과 '진로'란에 기록했다. 또 멘토링을 하게 해 그 내용을 '자율 활동'이나 '개인별 세부 능력'란에 기록했다. 그러자 성적이 우수한 아이들이 한 반에 학습이 부진한 아이 두어 명씩 붙잡고 멘토링을 시작했다. 일지에는 멘토 내용과 학습 목표, 그리고 멘토와 멘티, 담임교사의 소감을 적게 했다. 어느 아이는 거기에 사진을 붙여 자료의 신뢰성을 높였다.(31쪽)

아래 표는 인헌고등학교의 2014년 4년제 대학교 합격률 현황입니다.

번호	대학	인헌고	일반고1	일반고1
1	서울대		2	
1	연세대	3	1	
1	고려대	2	3	1
	소계	5	6	1
2	서강대	1		
2	이화여대		2	
2	한양대	2	2	

번호	대학교	인헌고	일반고1	일반고2
2	성균관대	1	1	1
	소계	4	5	2
3	경희대	5	2	
3	서울시립대	2	2	
3	중앙대	8	2	2
3	한국외대	1		3
	소계	16	6	5
4	건국대	4	6	5
4	동국대	4	1	2
4	숙명여대	3	3	1
4	홍익대	2	2	3
	소계	13	12	11
5	광운대	1	1	
5	세종대	3		
5	숭실대	2	3	1
	소계	6	4	1
6	한국예술종합학교			1
6	울산과기대	1		
6	포항공대	1		
6	공주교대	1		
6	한국과학기술원	1		1
6	청주교대	1		1
	소계	5		3
7	국민대	2	3	1
7	덕성여대		4	1
7	동덕여대		2	1
7	명지대	6	1	1
7	삼육대			3
7	상명대	2		1
7	서울과기대	4		
7	서울여대	2	2	
7	성신여대	1	8	1
7	한성대			2
	소계	17	23	11
합격자 총수		154	110	104
졸업생 인원 수		298	410	302
합격률		52%	27%	34%

한만중(2014), 〈일반고 활성화 정책의 대안으로서의 혁신고등학교의 역할〉, 『왜 다시 혁신학교인가?』, 새로운학교네트워크 지원센터 스쿨디자인21 개소식 기념 교육정책포럼, p. 26.

인헌고등학교의 사례에서도 볼 수 있듯이 혁신 고등학교에서도 대학 입학시험을 준비하며, 수시 입학 체제 내에서 좋은 성과를 거두기도 합니다. 특히 토론과 논술 등에서는 강점이 많다고 볼 수 있습니다. 경기도에서 성공한 혁신 고등학교라고 평가받는 이우학교나 흥덕고등학교에서도 수시 입학으로 많은 학생이 상위권으로 불리는 대학에 진학합니다. 그러나 고등학교가 마치 대학에 들어가기 위한 수단으로 전락해 버리는 것 같아 우려되는 면은 있습니다. 흔히 말하는 SKY(서울대, 고려대, 연세대)를 나와도 취업이 어렵다는 현 시점에서 과연 우리가 대학을 왜 가야 하는지, 대학 타이틀이 왜 중요한지 고려해 봐야 할 것 같습니다. 특히 학생들의 적성과 무관한 진로를 대학 입학이라는 이름으로 학부모가 강요하고 있지는 않은지 꼭 생각해 봐야 할 문제입니다.

현재 경기도의 혁신 고등학교는 50여 개입니다. 이들 혁신 고등학교에서 다양한 성과가 나오고 있지만, 많은 분이 그 성과를 대학 진학률로만 판단하는 것 같아 안타까울 때가 있습니다. 대학은 깊이 있는 학문을 다루고 배움을 얻는 곳이어야 합니다. 중·고등학교는 입시를 준비하는 기관, 대학교는 직업을 얻기 위한 수단으로 생각하는 현실이 개선되어야 대한민국 교육이 발전할 수 있고, 학생이 입시에 대한 부담 없이 자신의 소질에 맞는 진로를 찾아갈 수 있을 것입니다. 그것이 결국 학생과 학부모 모두가 행복해지는 길이라고 봅니다.

같은 모둠에
공부 못하는 학생이 있으면 손해 아닌가요?

우리는 그동안 경쟁의 관점에서 학습을 바라봤습니다. 그러나 최근 이에 대한 반성이 많이 나타나고 있고 더불어 살아가는 능력을 중시하기 시작했습니다. 대부분 조직은 협업의 과정을 통해 성과를 냅니다. 혁신학교 학생들은 협업과 협동 과정을 거쳐 하나의 결과물을 내는 과정에 익숙해져 있습니다.

혁신학교는 기본적으로 모둠별 토의 · 토론 수업을 중시합니다. 일정한 과제를 모둠별로 주고 이를 협업의 과정을 통해 해결하는 수업을 많이 실시합니다. 이럴 때 공부를 잘하는 학생은 결국 손해를 보게 된다고 우려하는 분도 적잖습니다. 경기도 시흥시의 장곡중학교에 가서 학생들의 수업과 상호작용을 관찰했습니다. 공부를 잘하는 학생에게 질문을 던졌습니다.

"학생은 공부를 잘하는 것 같은데, 친구들한테 이렇게 가르쳐 주다 보면 자기 공부할 시간이 부족해져서 손해를 보지 않을까?"

학생은 다음과 같이 답했습니다. "처음에는 불안했는데 막상 제가 알고 있는 개념을 친구들에게 설명을 하면 복습이 되고, 배운 내용을 더욱 잘 정리할 수 있게 되었어요."

이러한 모습은 초등학교나 중학교에 국한되지 않습니다. 서울의 삼각산고등학교와 선사고등학교, 경기도의 흥덕고등학교처럼 유명한 혁신학교를 보면 학생들이 모둠 활동을 통해 도움을 주고받는 과정을 중시합니다. 공부를 잘하는 학생들은 결코 자신에게 손해가 되지 않는다고 이구동성으로 말합니다.

학습 공동체의 힘은 대화와 토론에서 나옵니다. 선생님은 대부분 발표 경험을 많이 가지고 있습니다. 공부한 내용을 발표하다 보면 나도 모르게 개념이 정립되지요. 발표를 하면서 내가 무엇을 이해하고 있고, 무엇을 이해하지 못하는지 알게 됩니다. 배운 내용을 누군가에게 설명하면서 지식을 정교화합니다. 학습은 사실 상호작용의 과정입니다. 교과서, 학생, 교사와의 상호작용을 통해 얼마나 의미 있는 배움을 경험했느냐가 수업의 핵심이지요. 또래 학생 간 상호작용은 눈높이 교육을 가능케 합니다. 자신들의 언어로 배움의 높이를 조정하게 됩니다. 선생님들에게 배울 때는 이해하지 못했는데 친구들에게 배우면서 이해를 하는 경우가 적잖습니다. 상호작용을 통해서 학습에 도약이 일어날 수 있지요. 다만 학생들끼리 학습하게 될 때 자칫 잘못된 개념을 습득할 수 있기 때문에 교사의 적절한 질문과 정리, 개입이 중요합니다. 모둠별 학습 이후 교사의 개념 정리라든지 확인이 필요한 이유가 여기에 있습니다.

공부를 잘하는 학생은 특정 분야에서 리더가 될 가능성이 있습니다. 리더는 독불장군으로 살 수 없지요. 자신의 스타일에 맞지

경기도 시흥시 장곡동에 있는 장곡중학교 학생들이 도서관에서 토론 대회 준비를 하고 있다.

않는 친구들과 대화하면서 무엇인가를 조정하고 그들을 움직이게 만들어야 합니다. 그런 과정을 익혔다면 그는 1~2점 이상의 점수 향상을 넘는 놀라운 삶의 기술을 익혔다고 볼 수 있습니다.

혁신학교 학생들은 모둠별로 다양한 형태의 과제를 해결합니다. 동료들과 협동을 통해 문제를 해결하는 과정은 미래 사회에서 길러야 할 핵심 역량입니다. 학생회장이나 반장 등 임원이 되어야만 리더십을 익힐 수 있을까요. 수업의 일상에서 다른 친구의 생각을 경청하고, 질문을 던지고 답하며, 협력을 통해 공동 과제를 수행해 보는 능력이야말로 일상에서 리더를 길러 내는 가장 좋은 방법입니다.

문20.

교과서 없이
수업을 한다고 하던데요?

　잘못된 정보입니다. 혁신학교도 공교육 체계 안에 있기 때문에 국가 수준의 교육과정을 무시할 수 없습니다. 정확히 말하면 혁신학교에서는 교과서만 가르치는 수업을 하는 것이 아니라, 교과서 외 다양한 자료를 활용한다고 보시면 됩니다. 교과서만 가르치지 않다 보니 교과서 없이 수업을 한다는 오해가 생길 수도 있지요.

　교사는 교과서를 가르치는 사람일까요, 교육과정을 가르치는 사람일까요. 둘 다 맞는 말입니다만 교과서가 존재하려면 먼저 교육과정을 구성해야 합니다. 그런 점에서 교사는 교육과정을 가르치는 사람이고 교과서는 교육과정을 충실히 표현한 텍스트라고 볼 수 있습니다.

　우리나라는 국정교과서 전통이 강했습니다. 국정교과서는 국가 수준에서 제시한 교육과정을 잘 반영한 텍스트이지만 학생들의 생각을 획일화할 수 있고, 자칫 학생들의 사고 형성에 국가가 지나치게 개입한다는 비판을 받을 수 있습니다. 그런 점에서 심의를 거쳐 다양한 형식의 교과서를 인정하고 있는데 이를 검정 교과서라고 합니다. 교육부 수준에서 검정 교과서를 발행한다면 교육청 수준에서는 인정 교과서를 발행합니다.

사실 교사들의 연구 모임은 국정교과서가 주는 한계를 극복해 보자는 취지에서 시작됐습니다. 학생들의 필요와 시대의 흐름에 비추어 볼 때 교실에서 가르치기에 적합성이 매우 떨어졌다는 것이지요. 그러다 보니 국정교과서를 재구성해 보기 시작했고, 이 과정에서 자료집을 개발하게 됩니다. 개발한 자료집은 연수를 통해 확산시키기도 했지요. 교과서 외에 신문 기사, 시사 자료, 전공 서적, 관련 서적 등을 적절히 가미하면서 학생들의 흥미를 유도하고 깊이 있는 학습을 시도했습니다.

저 역시도 신규 교사 때부터 교과서를 기본으로 하면서도 교과서 외 자료를 활용한 프린트 자료를 만들면서 그 내용을 중심으로 수업을 이끌었습니다. 토론 자료라든지 질문을 포함하고 학생들의 조별 활동을 유도했습니다. 이처럼 교과서 내지 교육과정을 재구성하여 가르치는 모습은 교사들에게 특별한 것은 아닙니다. 오히려 교과서를 기계적으로 전달하는 교사는 교육 전문가로서 인정받기 어렵습니다. 교과서는 일종의 기성품입니다. 기성품은 표준화의 장점은 있지만 개성과 특성을 살리는 데는 한계가 있습니다. 결국 원단을 가지고 나름대로 가공을 해야 합니다. 이러한 가공 능력을 어느 정도 갖추었고, 인정하느냐에 따라 교사를 전문가로 말할 수 있느냐가 결정됩니다.

프랜차이즈 빵집 사장님들의 고민 가운데 하나는 제빵 기술이 늘지 않는다는 점입니다. 왜 제빵 기술이 늘지 않을까요. 본사에서 레시피를 주거나 반제품 상태로 온 것을 단순히 구워서 팔기 때문에 제빵 기술이 향상될 수 없습니다. 이런 점에서 교사들은 프랜차이즈 빵집 사장님과는 달라야 합니다. '본사'(교육부)에서 제시한 '레시피'(교육과정)대로, '교과서'를 살짝 데워서 아이들에게 제공할 수는 없습니다. 학생들 각각의 흥미와 수준이 너무나도 다르기 때문입니다. 이런 점에서 교사는 교육과정을 적극적으로 해석하고, 이를 재가공할 필요가 있습니다.

문제는 그것을 교사의 개인기에 의존해서는 안 된다는 겁니다. 동교과 내지 학교의 학습공동체가 중요한 이유가 여기에 있습니다. 학교의 교육철학이 무엇인가를 논의하고, 무엇을 어떻게 왜 가르치는가를 고민해야 합니다. 이 과정에서 교과서는 의미 있는 텍스트이지만 그것이 전부는 아니게 됩니다.

여기서 중요한 것은 학생들의 삶입니다. 학생들의 삶에 주목하고, 그 삶에 교육과정이 어떻게 기여할 수 있는가를, 혹은 무엇을 말하고 있는가를 살펴야 합니다. 그렇게 보면 학교 폭력, 진로, 미디어, 인간관계 등은 대단히 좋은 교육과정의 소재입니다. 그러한 소재들을 원단 삼아 얼마든지 가공할 수 있어야 합니다.

학습공동체를 통한 교육과정 재구성 내지 재구현의 모델을 혁신학교는 의미 있게 제시합니다. 경기도 양주시의 효촌초등학교에서는 소설 『나니아 연대기』를 국어 시간에 활용합니다. 교육과정을 분석하고, 그 요소를 가르치지만 텍스트를 교과서가 아닌 『나니아 연대기』로 대체하는 겁니다. 불평등 문제를 사회 시간

경기도 의정부시의 의정부여자중학교 1학년 학생들이 시내 한 광장에서 여성의 성을 차별
하지 말라는 내용의 플래시몹을 하고 있다.

에 배웠다면 이를 극복하기 위한 캠페인으로 연결할 수 있습니
다. 의정부시의 의정부여자중학교 학생들은 사람들이 많이 모여
있는 곳에 나가서 플래시몹(많은 사람이 정해진 시간과 장소에
모여 주어진 행동을 하고 흩어지는 것)을 하기도 했습니다. 앎을
실천으로 연결하는 것입니다.

문 21.

교실 책상을
모두 'ㄷ'자 형태로 배치하나요?

　일부 혁신학교에서 학생들의 책상을 'ㄷ'자로 배치한 모습을 볼 수 있습니다. 'ㄷ'자로 책상을 배치하는 것은 사토 마나부 일본 가큐슈인대학 교육학과 교수가 주창한 '배움의 공동체 운동'의 영향을 받았기 때문입니다.

　사토 마나부 교수는 가르침이 있었다고 해서 배움이 일어나는 것은 아니라는 문제의식을 바탕으로 배움이 일어나는 수업을 많이 연구했습니다.

　예전에는 교사들이 연구 수업을 하면 해당 교사들의 수업 스킬을 많이 관찰했습니다. 그러나 사토 마나부 교수는 학생들을 관찰했습니다. 배움이 어디에서 나타났고 어디에서 멈추었는가를 봤던 것이죠. 그러한 과정은 학습 공동체를 통한 교사들의 수업 관찰과 성찰, 논의를 필요로 합니다. 이 과정에서 교사들의 수업 방식이 바뀌고 학생들의 삶과 학교의 문화도 바뀌게 됩니다. 교사가 많은 것을 주입해서 알려 주는 방식이 아니라 학생들의 상호작용을 바탕으로 여백 있는 수업을 지향합니다. 여백 있는 수업은 곧 학생들의 논의를 바탕으로 그 내용을 채워 가는 과정을 의미합니다. 이를 위해서 학생들의 참여를 이끌기 위한 형식으로 'ㄷ'자 수업을 진행하는 학교들이 있습니다.

그러나 혁신학교를 '배움의 공동체' 철학을 구현하는 학교로 규정짓기는 어렵습니다. 어떤 학교를 가 보면 배움의 공동체를 표방하고는 있지만 수업은 여전히 강의식 혹은 주입식으로 진행합니다. 철학이 없는 상태에서 모방만으로는 수업에 변화가 나타나지 않습니다. 배움의 공동체 운동은 주입식 교육이 강한 동아시아권 교육에서 일정한 변화를 만들어 내는 데 의미 있는 기여를 했습니다만 일본의 문화적 상황에 적합할 수는 있어도 한국의 그것과 일치한다고 보기 어렵습니다. 결국 기계적인 적용보다는 한국의 문화적 상황 내지 학교의 특수한 교실 상황에 맞게 변용할 필요가 있습니다. 이른바 한국형 배움의 공동체 운동에 관한 고민이 필요하지요.

중요한 것은 철학과 가치, 지향점입니다. 기본적으로 학생들의 참여를 중시하고, 배움이 어디에서 일어났는가를 충분히 논의하는 흐름이 중요합니다. 학생 참여를 보장하는 수업과 학습 공동체의 중요성, 그리고 배움이 일어나는 수업의 특성이 무엇인가를 밝혀 내는 교사들의 성찰 과정은 혁신학교에서 가져야 할 본질적인 모습입니다.

모든 혁신학교가 배움의 공동체 운동을 적용하지는 않습니다. 학교마다 자신의 조건에 맞는 방법을 찾아서 적용합니다. 실제로 수업 비평, 협동학습, 프로젝트 학습, 열린 학습, 수업 코칭 등 다양한 방식으로 수업 방식을 바꾸려는 시도가 끊임없이 있었습니다. 혁신학교 운동이 10년 이상 지속되고 다양한 실천들이 축적된다면 수업 혁신을 위한 다양한 모델이 체계적으로 나타나고, 나아가 우리나라의 실천 사례를 전 세계에 제시할 수도 있다고 생각합니다.

모둠 수업이나 토론 수업을
꼭 해야 하나요?

혁신학교의 숫자는 많고, 수업 방식은 다양합니다. 모둠 수업이나 토론 수업을 많이 하긴 하지만 모든 수업이 그렇게 이루어진다고 할 수는 없습니다. 강의식 수업은 나쁘고 모둠 수업이나 토론 수업은 좋은 것이라고 단정할 수는 없지요. 도로 상황에 따라 자동차의 기어를 변속하듯 수업 내용에 따라 적절한 방법을 선택하면 됩니다. 기존에는 교사들이 수업 내용에만 관심을 기울였다면 이제는 수업 방법에도 관심을 기울입니다. 교사는 수업 목표에 도달할 수 있는 최적의 방법을 모색해야 합니다. 한마디로 수업 디자인 능력을 갖추어야 합니다.

혁신학교에서는 학생들의 참여를 강조합니다. 교사가 일방적으로 개념을 정리하여 떠먹여 주다 보면 학생들 스스로 공부하는 방법을 잃어버릴 위험이 큽니다. 예전에 우리가 수요와 공급 법칙을 배울 때는 추상적인 그래프를 그려 놓고 초과 수요, 초과 공급 시 가격과 거래량이 어떻게 변화하는가를 배웠습니다. 최근에는 시뮬레이션 수업이라고 해서 학생들이 직접 가상의 거래를 해

혁신학교에서는 일상적으로 모둠 수업이 이루어진다.

보게 합니다. 균형 가격이 형성되는 과정을 몸으로 체험합니다.

최근에는 배움 중심 수업이라는 용어를 많이 사용합니다. 교사가 모든 개념을 미리 알려 주기보다는 호기심과 창의성, 문제 해결 능력을 이끌어 낼 수 있는 미완성된 몇 가지 질문을 학생들에게 제시합니다. 학생들은 마치 퍼즐을 맞추듯 활발한 논의를 하지요. 모둠 활동 결과를 타 모둠에게 알려 주기도 합니다. 토의와 토론 내용을 공유하면서 생각의 힘을 키워 나갑니다. 모둠 수업이나 토론 수업은 학생들의 생각을 나누고 공유하는 데 유익합니다. 교사에게 일방적으로 배우는 것이 아니라 아이들이 아이들에게 배우는 과정이 강화됩니다.

수업 방법은 담임이나 학교의 재량에 따라 얼마든지 바꿀 수 있습니다. 혁신학교의 수업을 한마디로 정의하는 것이 쉽지 않은 이유가 이 때문입니다. 모둠 수업이나 토론 수업이 혁신학교의 수업 방식을 대표하는 것임은 분명하지만 모든 혁신학교 선생님의 수업 방식도 아니고, 매 시간 활용하는 것도 아닙니다.

관건은 아이들의 창의력과 개별적인 능력을 최대한 존중하면서 각자가 성장할 수 있는 계기를 마련해 주는 것입니다. 노벨상수상자를 많이 배출한 이스라엘에서는 유아기 때부터 교사가 모든 학급 내 구성원들에게 "너는 어떻게 생각하니?" 하고 물어 본다고 합니다. 일제식 전달 수업 방식이 아니라, 구성원 각각의 생각이 다를 수밖에 없다는 것을 인정하고 수업을 한다는 것입니다.

여러분이 겪은 초·중·고등학교는 어떠셨나요. 아마도 담임 선생님이 학급 구성원들의 생각을 일일이 물어 본 기억은 별로 없지 않나요. 과거에는 그런 환경이 조성되지도 않았겠지만, 그런 시도조차 할 수 없던 시기였습니다. 하지만 혁신학교에서는 학급 당 25명 이하의 학생 수를 맞추며 학생들의 생각을 들어볼 수 있는 다양한 방식의 토론 수업이나 모둠 수업을 진행하고 있습니다.

배움 중심 수업은 결국 자기 생각을 근거와 논리에 바탕을 두고 말하거나 쓸 수 있게 만들기 위한 전략을 모색하고 있습니다.

문23.

모둠은 선생님이 정하나요,
아니면 학생들끼리 만드나요?

　혁신학교의 가장 큰 특징 가운데 하나는 모둠별 집단 학습이 많다는 점입니다. 개개인의 역량도 중요하지만, 소규모 집단 안에서의 소통과 관계 향상, 그리고 집단지성의 발휘를 추구하기 때문입니다. 많은 시간 앉아서 듣고 외우던 기존의 수업 방식과 다른 새롭게 변화된 흐름이기도 합니다. 이는 지식관, 학생관, 수업관의 적잖은 변화를 반영하고 있습니다. 혁신학교에서 모둠을 구성해서 함께 고민하고 대화하고 토론하고 활동하는 흐름은 현대 교육에서 중요하게 대두되고 있는 구성주의, 집단 역량, 창조적 지식 생성이라는 흐름과도 잘 맞아떨어집니다.

　실제로 혁신학교에서는 교사마다, 학생마다 모둠 형태와 바꾸는 시기가 다양하게 나타납니다. 학습 상황에서 모둠 활동을 어떻게 하느냐는 수업 디자인과 관련되는데, 그 수업 디자인을 학교 전체가 하느냐, 교사가 하느냐, 학생들이 하느냐에 따라 달라지기 때문입니다. 협동학습 수업이냐, 토론 수업이냐, 체험활동이냐에 따라서도 다양한 형태를 보입니다.

교사가 결정하느냐, 학생들이 결정하느냐도 수업이 살아나는 흐름에서 중요한 판단입니다. 혁신학교에서는 학생들의 수업 참여에서 한발 더 나아가 공동 디자인이라는 관점에서 학생들이 결정할 때가 많습니다. 가장 바람직한 모둠의 형태를 학생들이 스스로 고민하며 결정하면서 교육에 대한 효능감을 높여 나가기도 합니다. 다만 학생들이 결정할 때는 단순히 결정 권한 부여 차원이 아닌 수업에 대한 책무성을 함께한다는 관점과 수업을 통한 성장이라는 철학을 충분히 공유해야 한다는 관점이 전제되고 있습니다.

모든 교사가
수업을 의무적으로 공개해야 하나요?

　많은 학교에서 수업 공개의 날을 정해 학부모를 모시고 수업을 진행합니다. 통상 일 년에 한두 번 정도 공개수업을 하지요. 이런 방식은 한계가 분명합니다. 이날 수업을 위해 교사는 평소보다 준비를 더 많이 합니다. 심지어는 예행연습도 하지요. 어떤 교사가 공개수업 중에 한 학생에게 질문을 했더니 "이번 순서는 저 아니고 ○○인데요."라고 답변했다는 웃지 못할 일도 발생합니다.

　그동안 수업은 일종의 성역이었습니다. 교사 개인의 고유한 영역으로 누구도 간섭할 수 없는 성역으로 인식했습니다. 이처럼 수업을 폐쇄적으로 진행하면 교사 개인으로서도 수업에 발전이 없게 됩니다. 또한 학교가 지향하는 수업에 관한 비전이 공유될 수 없습니다. 어떤 선생님은 협동 수업을 하는데 어떤 선생님은 경쟁 수업을 진행합니다.

　일회성 공개수업은 교사들에게 많은 불편함을 주기도 했습니다. 한 시간 수업을 위해 기존의 연구수업 틀에 맞춘 온갖 제출 서류를 만드느라 에너지를 쏟았습니다. 귀찮고 힘든 일이 될 수밖에 없었지요. 결국, 학부모들에게 한 번 보여주는 일회성 수업 공개가 아닌 일상에서 동료 교사들에게 수업을 지속적으로 보여 줄수 있는 문화와 시스템이 더욱 중요합니다. 동료 교사들에게 일상적으로 수업을 공개한다면 학부모들에게 공개하는 것도 어렵지 않습니다.

혁신학교는 수업의 개방과 공유, 협의를 매우 중시합니다. 혁신학교는 수업이 다른 학교여야 합니다. 그것은 방법의 차원에 그치지 않습니다. 수업을 바라보는 관점과 태도, 시각을 먼저 논의합니다. 이를 위해서는 학습도 필요하고 사례 공유도 필요합니다. 기존의 공개 수업은 교사가 핵심 내용을 얼마나 잘 가르쳤는가에 관심을 두었습니다. 그러다 보니 대화 중에 비판과 방어가 오갔습니다. 이런 과정을 거치다 보면 아무래도 공개수업을 꺼리게 됩니다.

혁신학교는 보여 주기식 특별 요리 같은 수업에 관심을 보이기보다는 일상의 된장국 같은 수업에 주목합니다. 수업 관찰은 일차적으로 교사가 아닌 학생입니다. 선생님의 어떤 모습과 특성에 아이들이 어떻게 반응을 하고, 어디에서 아이들의 배움이 나타났는가를 살핍니다. 우리의 학창 시절을 돌이켜보면 어떤 선생님의 수업에는 상당히 집중했고, 또 어떤 선생님의 수업에는 흐트러졌습니다. 그 메커니즘을 선생님들은 연구해야 합니다. 아이들을 무조건 혼내고 윽박질러 집중시켰다기보다는 선생님이 아이들과 관계를 맺는 어떤 방식이 있는 겁니다. 그 모습을 공유하고 논의하는 과정은 교사들에게도 적잖은 성장 요소가 됩니다.

혁신학교에서는 일상적으로 공개수업이 진행되고, 수업 참관 후 학습공동체를 통해 수업 평가회를 한다.

따라서 혁신학교에서는 수업의 일상적인 개방을 매우 중시합니다. 언제, 누가 와서 봐도 당당하게 수업을 공개할 수 있다는 자신감이 넘쳐납니다. 너무 많은 이가 수업을 보러 와서 고민인 혁신학교도 적지 않습니다. 이처럼 혁신학교를 중심으로 형식적으로 준비된 수업 공개를 거부하고, 언제나 학생들을 위한 수업을 하고 있다는 의미에서 자신의 수업을 누구에게나 연중 개방하는 교사가 늘어나고 있습니다. 또한 본인이 진행하는 수업의 약점과 강점을 진지하게 토론하는 문화가 형성되면서 수업 전문가로서의 구실도 해내는 분들이 늘어나고 있습니다. 이렇듯 혁신학교에서는 의무가 아닌, 교사들의 자발적인 노력에 의한 공개수업이 많아지고 있습니다.

블록 수업이
무엇인가요?

혁신학교는 학생들의 삶에 초점을 두고 수업 혁신에 많은 노력을 기울입니다. 그래서 수업에 대한 심도 깊은 철학은 물론 다양한 수업 방식을 도입하는데, 블록 수업도 그 일환입니다.

블록 수업은 말 그대로 2~3개 차시의 단위 수업을 붙여서 쉬는 시간 없이 연속해서 진행하는 수업을 말합니다. 블록 수업을 자연스럽게 시행하는 외국 학교들을 살펴보면 블록 타임을 70~100분 정도 진행하고, 적당히 이동하는 시간과 1블록과 2블록 사이 브레이크 타임(20~30분)이 존재합니다. 자연스럽게 쉬는 시간도 늘어나기 때문에 충분한 휴식도 가능해집니다.

혁신학교에서 블록 수업이 자주 활용되는 이유는 체험과 활동, 사고와 대화로 몰입할 수 있는 수업이 많기 때문에 충분한 시간을 확보하기 위해서입니다. 최근에는 프로젝트 수업이나 교육과정 재구성이 점점 확대되어 가면서 블록 수업이 늘어나는 추세입니다.

인천의 한 혁신학교에서 블록 수업을 했을 때 학생들의 반응은 다양했는데, 그때의 목소리를 들어보면 다음과 같습니다.

"일본어 블록 수업을 통해 책으로만 배우는 일본어가 아닌 낫또를 먹어보고 우리나라 청국장과 비교하여 느낌을 나누는 활동이 무엇보다 흥미롭고 인상적이었어요."

"초등학교 때 경험하지 못했던 다양한 수업 활동이 너무도 즐겁고 2시간이 지루하지 않아요."

블록 수업에도 장단점이 있습니다. 장점은 학생 중심이면서 활동 중심 수업에 적합하고, 학생들의 이동 횟수가 줄어드는 효과도 있습니다. 교사 처지에서 역할이 안내자로 바뀌기 때문에 수업 준비에 대한 부담이 줄어드는 것도 사실입니다.

반면에 블록 수업의 단점은 기존의 강의 방식으로 수업을 진행하면 최악의 수업이 되어 버린다는 것입니다. 수업 진도에 연연하면 실행하기 어려운 측면도 있습니다. 학교에서는 시간표 구성이 어려운 점도 존재합니다. 시간표를 1회 변경하려고 해도 다른 수업(시간, 교사, 공간 등)과 충돌하기 쉽습니다.

블록 수업은 자유학기제나 교과교실제와 맞물리며 교육부에서도 적극적으로 추진하는 수업 정책입니다. 혁신학교에서 이 수업이 강화되는 이유는 수업 혁신을 강하게 추진할 수 있기 때문이지요. 다시 말하면, 다른 일반 학교에서도 충분히 도입 가능한 수업 방식이라는 점입니다. 문제는 교사의 자발성과 학교의 교육과정 변화가 맞물려야 의미가 있다는 것입니다. 그냥 3~4교시를 한 주 내내 형식적으로 묶는다고 해서 수업이 개선되는 것은 아니라는 겁니다. 블록 수업을 하는 이유 역시 수업 속에서 우리 아이들의 삶의 성장을 전제로 해야 합니다.

수업 시간에
학생들이 자주 발표하나요?

모둠별 참여 수업은 반드시 생각할 질문을 제시하고, 구성원들 끼리 생각하고 논의할 시간을 확보합니다. 서로의 생각을 나누게 하는 다양한 수업 기법을 활용합니다. 학생들에게 제공하는 학습 지에는 핵심 내용을 교사가 정리해 주는 방식에서 벗어나 몇 가지 탐구할 만한 과제를 제시합니다. 과제를 해결하기 위하여 학생들 은 생각을 해야 하고, 친구들과 생각을 나누어야 합니다. 정리된 내용은 누군가가 발표합니다.

그런데 발표 이전에 더욱 중요한 자세가 있습니다. 상대방의 이 야기를 잘 듣는 자세입니다. 이른바 경청이라고 하지요. 이러한 경청의 자세가 없다면 사실 발표는 의미가 없습니다. 서로가 자 신의 이야기만 할 뿐 모둠 구성원과 타 모둠의 이야기를 듣지 않 는다면 어떤 일이 벌어질까요. 지금까지 많은 교사가 모둠별 나 눔과 토론을 시도했습니다만 강의식 수업보다 집중력이 떨어져 서 결국 포기한 사례도 적잖습니다.

사토 마나부 교수 역시 경청의 중요성을 매우 강조하고 있습니다. "저요, 저요." 하면서 손을 들기 이전에 타인의 이야기를 경청하고 반응하려는 태도가 없다면 그것은 위장된 적극성이라고 볼 수 있겠지요. 물론 우리나라의 경우 비교적 초등학교 저학년은 손을 들고 적극적인 반응을 보이지만 고학년이 될수록 반응을 보이지 않는 경우가 많습니다. 학습은 집중하고 반응하는 듣기의 과정에서 출발하고, 타인의 이야기에 대한 공감에서 그 의미가 배가된다는 점에서 경청의 중요성은 아무리 강조해도 지나치지 않습니다. 이러한 경청의 자세를 바탕으로 반응하고, 공감해야 토론이 가능해집니다.

활발한 모둠별 수업 이전에 더욱 중요한 자세가 있습니다. 바로 사회적 기술입니다. 모둠별 수업을 하면서 타인의 이야기를 경청하고, 협력하려는 마음을 갖게 하는 자세가 중요합니다. 타인을 배려하려는 마음이 없다면 잘 통제된 강의식 수업보다 모둠별 참여 수업이 갖는 장점은 약화됩니다. 5분 안에 토론을 끝내라고 했는데 어떤 모둠은 5분 안에 마무리한 반면 어떤 모둠은 전혀 소통을 하지 않습니다. 어떤 모둠은 타인의 발표 내용에 대해 공감하는데 어떤 모둠은 비난의 목소리를 냅니다. 어떤 모둠은 모두가 협력하는데 어떤 모둠은 일벌레와 무임승차가 나타납니다.

누구는 열심히 하고 누구는 다른 친구들의 노력을 공짜로 얻으려고 합니다. 서로가 왜 경청해야 하는지, 왜 상대방을 비난해서는 안 되는지, 타인을 왜 존중해야 하는지 등 사람이 살아가는 데 필요한 사회적 기술을 몸과 마음으로 익혀야 합니다. 이러한 모습이 내면화될 때에 비로소 모둠 수업의 의미가 살아날 수 있습니다.

수업은 결국 관계입니다. 교사의 화려한 수업 기술이 아닌 삶의 방식과 가치를 학생들이 내면화해야 합니다. 경쟁과 협력의 가치 중 무엇을 교사가 강조하는가에 따라서 학생들의 모습은 달라집니다. 경쟁을 강조하면 타인의 모둠을 깎아 내려야 합니다. 다른 모둠보다 성과를 잘 내야 하기 때문입니다.

교사와 학생, 학생과 학생 사이 관계를 어떻게 끌고 갈 것인가가 좋은 수업의 핵심입니다. 이러한 고민을 교사가 한다면 학생들의 발표는 지식을 더하는 과정이요, 집단지성의 향연이 될 수 있습니다. 어릴 때 그토록 발표를 잘하던 아이들이 학년이 높아질수록 침묵하는 이유는 무엇일까요. 질문을 던지면서 자신이 무지하다는 소리를 듣는 것에 대한 두려움이 작동하거나 잘난 척한다는 친구들의 비난을 피하고 싶어서입니다. 이러한 두려움은 모둠 활동을 통해 사라질 수 있습니다. 작은 단위의 대화가 모둠 활동의 결과로 이어지고, 그 결과가 학급 전체의 성과로 이어질 수 있기 때문입니다. 이러한 과정이 오랫동안 축적되면 학생들은 발표를 두려워하지 않게 됩니다. 혁신학교 학생들의 효능감이 높은 이유도 이런 데서 비롯된다고 생각합니다.

문27.

학생들이
공부는 안 하고 놀기만 한다던데요?

　혁신학교는 수업과 교육과정과 평가를 제대로 하는 학교입니다. 그런 점에서 혁신학교에서는 양적인 학습을 질적인 학습으로 전환하려는 모습이 나타납니다. 혁신학교는 놀이를 배척하지 않습니다. 학생 자치회를 활성화해 학생들이 잘 놀 수 있도록 지원하지요. 어른들이 만들어 준 놀이가 아니라 학생들 스스로 만드는 놀이를 통해 학생들은 성장합니다. 그래서 혁신학교들은 블록수업을 통해 수업 시간을 통합하고 쉬는 시간과 점심시간을 늘려주기도 합니다. 놀이를 하면서 학생들은 관계성과 친밀성이 좋아집니다. 학생들이 놀이와 관계의 욕구를 마음껏 풀어 내도록 돕는다면 학교 폭력이나 왕따 같은 문제도 자연스럽게 해결될 수 있습니다.

　혁신학교는 놀이와 교육, 삶을 분리하지 않습니다. 이 세 가지가 어우러지면서 상승효과를 일으킨다는 것을 알고 있습니다. 많은 혁신학교에서 교과 통합 프로젝트를 진행합니다. 연극제나 그림자극 등을 통합교과 수업을 통해 진행합니다. 국어 수업 시간에 시나리오를 쓰고, 사회 시간에 자료를 조사하고, 예체능 시간에 무대장치와 배경음악을 만듭니다. 이는 연극과 예술의 요소를 수업과 교육과정에 끌어들인 것으로 볼 수 있습니다. 놀이와 교육, 삶이 분리되지 않고 통합될 수 있음을 시사합니다. 최근에는 마을과 연계한 학교 축제를 많이 진행합니다. 지역사회는 학생들에게 하나의 놀이요, 학습이요, 삶의 터전인 셈입니다. 결국 교육은 교육과정을 통해 자기 삶을 찾는 과정입니다. 이러한 교육과정은 학생들로 하여금 제대로 된 공부를 하게 만듭니다.

프로젝트 학습은 이런 점에서 대단히 의미가 큽니다. 교과서의 내용을 요약해서 배우는 방식이 아니라 그 내용을 직접 실현해 보는 겁니다. 마을은 교육과정을 배우고 실현할 수 있는 확장된 의미의 학교가 됩니다. 많은 연구가 학생들이 갖는 흥미도와 효능감이 학업성취에 미치는 영향이 대단히 크다고 설명합니다. 이러한 정의적 영역은 학습에 영향력을 미치는 대단히 중요한 변수입니다.

혁신학교에서는 혼자서 공부하는 방식보다 동료와 함께 대화하고, 토론하고, 참여하면서 보다 많은 것을 배우게 됩니다. 구소련의 심리학자인 레프 비고츠키는 '근접발달영역(zone of proximal development)'이라는 용어를 사용했습니다. 쉽게 말하면 혼자 공부해서 도달할 수 있는 학습 수준이 있는데, 이를 성인이나 유능한 동료의 도움을 받아서 더욱 높이 끌어 올릴 수 있다는 겁니다. 학습 공동체나 배움의 공동체의 힘은 바로 여기서 나옵니다. 학습과 놀이가 분리되어 있지 않지요. 예전에는 학기 초만 되면 선생님들이 인상을 쓰고 수업을 했습니다. 3월에 아이들을 꽉 잡지 않으면 수업 분위기가 흐트러질 것이라는 두려움 때문에 그런 수업 전략을 사용하는 것이지요. 협동학습은 학기 초에 친밀감 향상을 위한 다양한 프로그램을 적용합니다. '동료 간 관계 만들기'를 놀이를 통해 만들어 냅니다. 이는 곧 학습을 위한 상호작용에 큰 도움을 줍니다.

혁신학교의 어떤 학생들은 방학이 싫다고 말합니다. 어떤 학생들은 학교 가지 말라는 말을 제일 싫어합니다. 그것이 가능한 이유는 무엇일까요. 무엇보다 학생과 학생, 학생과 교사, 부모와 교사, 관리자와 교사, 관리자와 학생의 관계가 매우 좋기 때문입니다. 맞습니다. 혁신학교는 잘 노는 학교입니다. 잘 놀기 때문에 관계성이 좋습니다. 이로 인해 학습 흥미도와 효율성을 높일 수 있습니다. 잘 놀기 때문에 공부를 좋아하는 아이들이 많아지는 선순환이 이루어집니다.

4장. 혁신학교
    시험과 평가

시험을
보지 않는다면서요?

혁신학교는 법적으로 자율학교에 속하지만 공교육의 체제를 무시할 수 없습니다. 그런 점에서 혁신학교가 임의대로 평가(시험)를 이행하지 않을 수는 없지요. 다만 평가에 대한 고민은 매우 깊습니다.

기존의 평가는 서열화나 점수를 내는 데 목적을 둔 측면이 있습니다. 상급 학교에 진학하기 위한 자료로서 평가가 의미 있게 작용하기 때문입니다. 그러나 진학에 종속된 평가는 여러 가지 부작용을 동반합니다. 예컨대 동점자가 많거나 평균 점수가 높고 표준편차가 작게 나타나면 아무래도 우수한 학생들의 상급 학교 진학이 불리해질 수 있습니다. 이러한 문제를 극복하기 위해 문제를 어렵게 내기도 합니다. 변별력을 높이고자 시험 문제를 어렵게 내는 셈이지요. 이러한 평가의 목적은 서열화입니다. 상위권의 일부 학생에게는 도움이 될지 모르겠지만 대다수 학생은 들러리로 전락합니다.

이런 점에서 혁신학교는 일회성 평가보다 상시 평가를 지향합니다. 중간고사와 기말고사에 의존한 평가가 아닌 상시 내지 수시 평가를 봅니다. 혁신학교에서는 수행평가 비중이 높습니다. 초등학교의 경우 일제고사식 평가는 지양합니다. 중고등학교에서는 현실적으로 중간고사와 기말고사를 완전히 무시하기는 어렵지요. 그렇지만 교과에 따라 중간고사와 기말고사를 모두 보지 않고 한 번만 보기도 합니다. 그 대신 수행평가에서 보고자 하는 평가 요소를 반영합니다.

이는 결과에서 과정 중심의 평가로, 개인 중심에서 팀 중심의 평가를 중시하려는 평가 철학을 읽을 수 있습니다. 엄밀히 말하면 교육과정이 선행하고 수업이 이루어지고 그 다음에 평가가 이루어집니다. 그런데 현실적으로 평가가 수업과 교육과정을 역으로 규정짓기도 합니다. 대학수학능력시험에 거의 나오지 않는 단원은 가르치지 않는다든지 무시를 하는 경우가 여기에 해당합니다. 또는 5지 선다식 출제를 가정하고 가르치는 내용을 주입식으로 반복하기도 합니다. 이런 경우 교육과정에서 제시한 내용을 수업에서 제대로 다루지 않을 가능성이 큽니다. 진도 중심의 수업은 결국 평가에 종속된 수업과 교육과정의 한 단면을 보여 준다고 말할 수 있지요.

혁신학교에서 중시하는 평가 방식은 다음과 같습니다.

	기존 방식	혁신학교
평가 목적	서열화	피드백
평가 단위	개인	개인과 모둠
평가 방식	지필고사 위주	상시 평가, 수행평가
관심 영역	결과	과정

결국 혁신학교는 평가를 위한 평가에 머무르지 않습니다. 오히려 평가하기 위한 평가로 인해 교육과정과 수업이 제약되었던 모습을 반성하면서 교육과정을 통해 기르고자 하는 목표에 학생이 이르렀는지 확인할 수 있도록 평가 방법의 다양성을 목표로 합니다. 학교 폭력 예방을 위한 통합 교과 프로젝트를 수행한다면 한 편의 연극 공연이 평가의 결과물이 될 수 있습니다. 이 결과물에는 자료 조사 과정(사회), 시나리오 작성(국어), 무대장치(기술·음악·미술), 집단 안무(체육) 등 다양한 교과의 교육 요소가 결합할 수 있습니다. 이러한 과정 하나하나가 교육과정과 연계된다면 과정 중심, 팀 중심 평가를 구현할 수 있습니다. 이때 필요한 실행 요소를 우리는 역량이라고 말할 수 있습니다. 혁신학교의 학생들은 오히려 더욱 바빠질 수 있습니다. 중간고사와 기말고사보다 수행평가와 상시 평가의 비중이 높기 때문입니다.

그런 점에서 교과 통합 프로젝트의 시행이나 평가 방식에 대한 교사들 간의 공유가 중요합니다. 무엇보다 교사 개인에 의존한 평가 방식이 아닌 학습 공동체에 의한 평가 방식이 중요한 이유가 여기에 있습니다. 아울러 평가 방식에 관해서 학생과 학부모와 충분히 소통함으로써 여러 가지 오해를 사전에 막을 필요가 있습니다. 평가 혁신을 잘한다고 소문난 혁신학교(경기도 의정부시 의정부여자중학교와 서울 강명초등학교 등)에서는 평가 방식에 대해 학생과 학부모에게 사전에 충분히 공지하고, 수업에 나온 내용 중 학생의 생각을 토론형이나 논술형으로 평가하기도 합니다. 암기식 평가가 아니라, 학생의 창의력과 독창성을 평가하는 것이지요.

혁신 고등학교 내신 성적도
상대평가로 정해지나요?

현재의 내신 성적은 상대평가로 정해집니다. 상대평가는 개인의 능력이 집단에서 차지하는 수준을 중시합니다. 절대평가는 집단에 따라 수준이 정해지기보다 교육목표에서 요구하는 기준에 도달했는가의 여부를 따지게 됩니다. 상대평가는 순위나 등급 산출에는 유리하지만 경쟁을 가속화함으로써 여러 가지 부작용을 만들기도 합니다. 상대평가는 집단에, 절대평가는 목표에 관심을 둡니다. 현재 우리나라 대학 입학 시험 제도는 내신 성적을 상대평가로 합니다. 과목별로 9등급제를 적용하고 있지요. 대학 또는 학과별로 내신 성적을 적용하는 과목에 차이가 있습니다. 이수 단위와 동석차 등을 따져 내신 종합 등급을 산출합니다.

내신 성적 등급의 경우 1등급은 4%, 2등급은 11% 내에 들어야 하는데 학생 수가 적은 경우 1등급이 나오지 않을 수 있습니다. 이 때문에 대학 입학 시험에서 성과를 많이 내려는 학교는 선택교과를 지나치게 세분화해 상위권 학생들이 내신 등급에서 불리해지지 않도록 고심하기도 합니다. 이러한 모습은 바람직하지 않습니다. 심지어 과거에는 13명 이하로 수강하는 과목은 1등급이 나오지 않는다는 이유로 소수 교과를 개설하지 않는 부작용도 나타났습니다. 이러한 부작용을 줄이기 위해 pass/fail로 교과목을 개설할 수도 있지만 여전히 단위 학교 현장에서는 부담을 느끼는 것이 사실입니다.

교육부에서 한때 고교 성취 평가제를 도입하려는 계획을 수립한 적이 있습니다. 이는 절대평가제의 일종으로 A-B-C-D-E, 혹은 A-B-C로 학업성취를 애초에 제시한 기준에 따라 평가한다는 개념입니다. 하지만 현실적으로 완전한 의미의 절대평가제를 도입할 가능성은 낮습니다. 자칫 내신 부풀리기가 작동할 가능성이 크기 때문입니다. 따라서 내신 성적에 대한 추가 정보를 제시할 가능성이 높습니다. 원점수, 과목 평균, 표준편차 등의 정보를 제공함으로써 부풀리기 여부를 판단하게 하겠다는 겁니다. 이 경우 고교 성취 평가제는 사실상 무늬만 절대평가이거나 상대평가 요소를 많이 가미한 절대평가로 전락할 가능성이 있습니다.

최근에는 내신 성적의 절대평가뿐 아니라 대학수학능력시험도 절대평가로 하자고 주장하는 이들도 나타나고 있습니다. 하지만 변별력을 중시하는 대학에서 수능이든 내신 성적이든 절대평가 요소가 강화될 때 이를 제대로 활용하겠는가의 문제가 발생합니다. 논술 등 별도의 자체 고사를 작동시키거나 보이지 않는 고등학교 등급제를 적용시킬 가능성이 있지요. 이상과 현실의 괴리가 상당히 큰 상황입니다. 결국은 평가의 질이 중요합니다. 수치화, 서열화 방식의 정량 요소가 아닌 다양한 정성 요소, 즉 내신 성적이 질적인 차이를 보여야 하고 그 과정에서 드러난 학생의 특성을 상세히 적고, 대학은 학생들을 선발하는 과정에서 이를 의미 있게 반영해야 합니다.

예전에는 내신과 수능 점수를 대학 입학처 직원이 프로그램을 통해 합산하고 이를 서열화해 선발하는 관행이 강했으나 최근에는 이러한 평가 방식에 변화가 나타나고 있습니다. 학생부 종합 전형은 정성 요소를 강조한다는 점에서 학생들을 선발하는 철학의 변화를 촉진했습니다. 혁신학교는 우리나라 평가의 패러다임을 바꾸는 촉매제로 작용할 가능성이 큽니다.

혁신 고등학교
학생들도 수능을 보나요?

　혁신 고등학교 학생들도 대학수학능력시험을 봅니다. 혁신학교가 대학 입학 시험 위주의 교육에서 벗어나고자 시작된 학교이지만, 대학 입시라는 큰 틀에서 자유로울 수는 없습니다. 물론 대학을 수시로 들어갈 것인가, 정시로 들어갈 것인가는 학생들의 선택 사항입니다.

　학생들의 자유로운 개성 존중과 다양한 체험이라는 혁신학교의 주된 활동을 대학 입시와 연결하는 것은 어려운 일일 수밖에 없습니다. 그렇다고 수능에만 몰입해 버리면 기존의 고등학교와 혁신 고등학교가 다른 점을 찾기도 어려울 것입니다. 혁신 고등학교에서는 결과 중심의 교육과정을 최대한 배제하고 과정 중심의 교육과정을 지향합니다. 학생들 개개인에 대한 상시적인 진로 진학 상담은 개별 학생들에 대한 맞춤형 과정을 제안하고 이를 통하여 학생들 본인이 진정으로 하고 싶은 공부를 하도록 유도합니다. 이러한 것이 당연히 입시에도 도움이 됩니다.

　다음은 서울형 혁신 고등학교인 삼각산고등학교의 2014년 대학 진학 결과입니다.

2014학년도 삼각산고등학교 대학 입시 결과(졸업생 305명)			
구분	수시	정시	합계(건수)
전체 4년제	116	16	132
(서울 4년제)	(73)	(5)	(78)
전문대	125	23	148
합계	241	39	280

MBC 〈PD수첩〉, 1011회 '위기의 공교육, 희망은 어디에?' 참고.

서울 인헌고등학교와 같은 경우, 처음부터 제대로 된 진학에 초점을 맞춘 혁신 고등학교입니다. 혁신학교가 대안학교가 아닌 이상, 혁신 고등학교로서 어떤 길을 갈 것인지 고민하지 않을 수 없었던 것입니다. 특수목적고등학교나 자율형 사립고등학교가 성적이 좋은 학생들을 먼저 선발해서 데려가 버리기 때문에 일반 고등학교 나름대로 찾은 대안이 혁신학교라는 말도 있습니다. 고등학교에 입학하고 나서부터 차이가 나는 성적을 수능으로 뒤집기 어려운 현실에서 혁신 고등학교는 수시 모집에 집중하게 됩니다. 그래서 혁신 고등학교에서는 보다 다양한 프로그램을 운영하려는 흐름이 보입니다.

선다형 문제가 아닌 서술형 문제만 출제하나요?

아닙니다. 혁신학교에서도 선다형 문제와 서술형 문제 모두 출제합니다. 논술형 문제도 많이 내는 편입니다.

중요한 것은 혁신학교에서는 학생들을 평가하는 여러 방식을 혁신하기 위한 일련의 흐름이 존재한다는 것입니다.

혁신학교에서는 학생들의 참다운 성장에 맞춰서 평가를 하려고 끊임없이 노력합니다. 그런 흐름 속에서 선다형 문제가 줄어들고, 서술형이나 논술형 문제가 늘어나는 편입니다. 이와 더불어 학생들이 실제 학급 과제를 '수행'하는 과정이나 결과를 보고 교사가 학생의 지식, 기능, 태도 등을 평가하는 '수행평가(performance assessment)'의 흐름도 강하게 나타납니다.

선다형 문제가 줄어드는 이유는 혁신학교의 수업이 암기나 주입식 방식보다 주로 대화·토의·토론이나 활동·작업·표현 방식에 따라 이루어지기 때문입니다. 4~5개의 보기가 주어진 선택지에서 정답을 고르는 방식이 아니라 정답이 없는 상태에서 자신의 생각을 써 보는 방식을 취합니다. 암기를 통해 자신의 기억을 더듬어 보는 방식보다 좋은 질문을 많이 하고, 다른 친구들의 의견을 들어 보고, 함께 작업해 보고, 이것을 글로 남기는 활동이 혁신학교에서는 월등히 많습니다.

활동 중심의 수업이나 체험 학습이 많아지면서 이를 글로 옮기는 작업도 많이 합니다. 실제 수업 시간에 했던 다양한 대화나 표현을 학생 스스로 생각해 보고 글로 써 보는 거죠. 실제로 해 본 것들을 언어로 표현하는 경험은 깊고 넓은 사고를 일으키고, 실질적인 교육적 성장으로 이어집니다.

객관식 문항으로 평가하는 것이 절대 나쁘다는 얘기는 아닙니다. 혁신학교에서는 모든 평가가 정해진 지식을 외우고 이를 점수화하여 줄 세우기 하는 흐름에 대한 교육적 고민과 노력이 크기 때문에 서술형·논술형 문제가 많아지는 것입니다.

이런 '평가 철학'이 공유되는 과정에서 혁신학교에서는 평가 항목에 대한 일정한 비중이 만들어지고 있습니다. 배운 지식 확인하기 3분의 1 정도, 실제로 표현하기 3분의 1 정도, 표현한 바를 자기 생각으로 써보기 3분의 1가량으로 말이죠.

다음은 경기도 의정부시의 의정부여자중학교에서 한 학생이 역사와 사회 시간의 교육 활동을 융합해 글로 썼던 사례와 시흥시 장곡중학교 국어 시간에 교습 자료로 활용한 서술형 수업 활동지입니다. 수업 시간에 배운 내용을 학생 스스로 소화해 자기 글을 쓰는 과정을 확인할 수 있습니다.

경기도 의정부시 의정부여자중학교 3학년 학생이 쓴 '사회 개방형 글쓰기'.

국어 수업 활동지

국어 2학년 2학기	반	번호	이름		활동지37
함께 보는 풍경		포토 에세이 계획안 작성하기			

'포토에세이'란... 사진과 이야기(에세이)가 함께 있는 것으로, 사진을 찍고 그 사진에 적절한 이야기를 작성하는 것입니다. 어떤 주제로 이야기를 만들 것인지를 먼저 정하고 늠내길에서 찍을 사진을 구상해 봅시다.

1. 주제 정하기

2. 사진 구상하기
- 자연 풍경을 찍어도 되고, 인물이 포함되어도 상관없습니다. 필요에 따라서는 설정 사진을 찍어도 됩니다. 어떤 사진을 찍을 것인지 구상하여 그림이나 글로 표현해 봅시다.

경기도 시흥시 장곡중학교 2학년 2학기 '국어 수업 활동지'.

수행평가를 주로 실시하고,
중간고사나 기말고사는 치르지 않나요?

현재 공식적인 국가 교육과정 체제에서는 중간고사나 기말고 사라는 말이 없습니다. 그 대신 지필고사라고 하는데, '1차 지필 고사', '2차 지필고사'라는 말처럼 시험을 본 횟수에 따라 차수가 붙습니다. 소풍이나 수학여행 대신 '체험학습'이라고 쓰는 것처럼 말이죠.

혁신학교에서 수행평가를 많이 하긴 하지만 중간고사나 기말 고사, 즉 지필고사를 안 보는 건 아닙니다. 다만, 학생들 스스로 표현하게 하고 작업하는 과정을 면밀히 관찰하는 방법으로 자연 스럽게 수행평가 비중이 커지게 됩니다. 반면에 교과서나 학습지 를 달달 외워 정답을 선택하는 기존의 중간고사나 기말고사의 비 중은 줄어들게 되죠.

이는 중간고사나 기말고사 등 시험을 앞두고 '몰아서 밤샘 벼락 치기 공부'하는 풍토를 바꾸기 위한 것이기도 합니다. 그러면 자 연스럽게 수행평가의 비중이 늘어날 수밖에 없는데, 혁신학교는 이런 변화의 흐름을 주도하고 있습니다. 평상시 수업에서 학생들이 어떻게 배웠는지 관찰하고, 그 과정에서 어떤 성장이 있었는지 다양한 방식으로 평가하는 거죠. 평가라는 말이 본래 영어로 단순한 test(시험)가 아니라 assesment(축적된 다양한 측정 결과를 바탕으로 평가하는 것)나 evaluation(어떤 목적을 갖고 대상에 대해 가치를 평가하는 것)인 이유도 여기에 있습니다.

실제로 중간고사(1차 지필평가)를 보지 않는 과목 수가 점점 많아지고 있습니다. 시험을 볼지 안 볼지 결정하는 것은 수업을 한 교사들이고, 혁신학교에서는 동교과 교사들이나 학년부에서 논의하면서 결정하게 됩니다. 아래 사례는 한 혁신학교에서 서술형과 논술형으로 중간고사를 보았던 실제 문항지입니다.

경기도 의정부시 의정부여자중학교 3학년 1학기 지필평가 문항지'.

지필고사(지필평가)에서 100점을 맞았다고 해도 사실상 100점은 아닙니다. 수행평가와 지필평가는 수업하는 교사마다 반영 비중을 다르게 하기 때문입니다. 교사들이 수행평가 비율과 지필평가 비율을 결정하기 때문에 지필평가는 평가의 일부에 해당하는 거죠. 다시 말해 중간고사와 기말고사만을 위해 공부하는 시대는 저물었습니다. 예전 1970년대부터 있었던 월말고사가 없어진 것처럼 말이죠. 학생들이 꾸준히 수업에 몰입하면서 창의적이고 협력적으로 교육 활동을 하는 것이 중요한 흐름입니다.

경기도교육청에서는 아래와 같은 방향으로 평가 혁신을 추진하고 있습니다. 이 역시 혁신학교에서 추진했던 평가 혁신의 흐름을 받아 '학업 성적 관리지침' 등 다양한 형태로 교육청이 일반 학교에서도 적용하려는 노력이기도 합니다. 여기서 나온 정책들이 교사별 평가, 상시 평가, 성장 참조형 통지표 작성 등입니다. 2014년 경기도교육청에서 표방한 평가 혁신의 방향은 아래와 같습니다.

경기도교육청 평가 혁신 방향

1. 논술형 평가의 확대 실시
   - 학교급별 · 교과별 특성을 고려하여 논술형 평가 비율을 단계적으로 확대
     - 2014학년도 논술형 평가는 지필평가, 수행평가에 반영
   - 초 · 중 · 고 모든 학교, 전 교과에서 논술형 평가 실시
     - 논술형 평가 실시 방법 및 배점(반영) 비율 등은 급별, 학교별 여건에 따라 자율 운영
     - 학기당 2회 지필평가 실시 경우, 1회는 논술형 평가 중심으로 할 수 있음 (100점 만점으로 하지 않고, 실제 반영 점수를 만점으로 출제해도 됨)

2. 정의적 능력(정서, 감성 능력) 평가 확대
- 정의적 능력 평가는 문항 출제, 구술, 보고서, 관찰, 면담 등으로 평가하되, 내신 점수(지필 및 수행평가)에는 미반영
- 학교생활기록부 교과학습 발달상황 항목의 '세부 능력 및 특기 사항'란에 평가 결과를 기록
- 정의적 능력 평가 적용 방법 및 시기 등은 학교의 실정에 맞게 교과협의회를 거쳐 결정 시행
- 정의적 능력 평가 결과는 인성 교육 및 학생 진로 자료로 활용

3. 교사별 평가의 단계적 확대 시행
- 초·중등 전 학교 대상으로 급별, 학교별 여건에 맞게 2014학년도 학교 교육과정에 반영하여 시행
- 교사별 평가의 대상 과목 및 평가 영역, 횟수는 학교 자율로 결정
- 초등학교 일제고사(중간, 기말고사) 폐지 시행

4. 수행평가의 질 제고
- 창의 지성 교육을 위한 다양한 방법으로 반영 비율 확대
  - 논술, 구술, 토의·토론, 포트폴리오, 보고서, 관찰, 사회적 실천 등
- 초등 경우 학업성적관리시행 규정에 의거 교과 특성에 따라 수행평가만으로 실시 가능
- 중등 경우 전문 교과 실기 과목 등 특수한 경우는 수행평가만으로 실시 가능

경기도교육청(2014), 「경기도 초·중·고등학교 교육과정 총론」, pp. 3~9.

일제고사(국가 수준 학업성취도 평가)는 치러야 하나요?

결론부터 말씀드리면 혁신학교는 '국가 수준 학업성취도 평가'를 거부하지 않는데, 만약 거부할 경우 교육부에서 징계를 내리는 등 많은 제재를 받게 됩니다. 그래서 현재 혁신학교도 국가 수준 학업성취도 평가를 실시하고 있습니다.

국가 수준 학업성취도 평가는 한국교육과정평가원에서 주관하는 전국 단위의 시험으로, 초등학교 6학년, 중학교 3학년, 고등학교 1학년을 대상으로 합니다. 학생이 교육과정에서 규정하는 교과 목표와 내용을 얼마나 성취하였는가를 평가하는 방식인데, 1998년 표집 평가로 바뀐 적이 있으나 2008년부터 다시 전국적으로 실시되고 있습니다.

이명박 정부 출범 후, 평가와 경쟁 위주의 교육 정책을 추진하면서 다시 해당 학년의 모든 학생이 치르는 시험으로 바뀌었는데, 2012년 대통령선거 과정에서 박근혜 대통령의 대선 공약으로 2014년도부터 초등학생의 국가 수준 학업성취도 평가는 폐지되었습니다. 다만, 초등학교 이외의 학년에서는 여전히 실시 중입니다. 초등학교에서도 부활을 검토 중이라는 내용이 나오기는 했으나, 아직 결정된 것은 없다고 합니다.

국가 수준 학업성취도 평가에 대해서는 학계에서도 긍정과 부정 의견으로 양분되고 있습니다. 교육부에서는 긍정적인 면을 강조하고 있지만 현실적으로 학교 서열화 문제가 나타났고, 국어·영어·수학·과학 등 주요 과목에만 초점을 맞춘 수업, 0교시 수업과 문제집 풀이로 인한 교육과정 파행 등의 일들이 벌어지기도 했습니다. 이와 관련된 교원단체와 교육부의 싸움이 현재까지도 진행되고 있다고 합니다.

가장 많이 꼽는 문제는 학교 서열화입니다. 국가 수준 학업 성취도 평가의 결과는 단위 학교, 지역 교육지원청, 해당 시도 교육청을 정량적으로 평가하는 잣대로 쓰입니다. 이 때문에 많은 시도 교육청에서는 과정과 상관없이 결과에만 집착하고 있습니다. 특수목적고등학교나 자율형 사립고등학교처럼 성적이 높은 학생들만 모여 있는 곳은 높게 평가받고, 열악한 지역의 학교는 공부 못하는 학교로 낙인찍히는 것입니다. 이 현상이 지속되면 교사들조차 기피하는 학교로 전락하는 악순환이 반복됩니다. 기초 학습 부진이나 성적이 낮은 학생들은 오히려 공부할 수 있는 기회를 얻어야 하는데, 성적이 우수한 학생들에게 혜택이 집중되는 기현상이 벌어지는 것입니다. 전 세계적으로도 전수 평가인 일제고사 방식은 거의 존재하지 않습니다. 표집 방식만으로 충분합니다만 이러한 것의 근본에는 성적을 끌어 올리겠다는 전시 행정, 교육부의 잘못된 판단이 자리 잡고 있다고 봅니다.

문 34.

혁신 고등학교의
대학 입학 시험 성적은 어떤가요?

전국적으로 혁신 고등학교가 운영되면서 받는 질문 가운데 가
장 흔한 질문이 "혁신 고등학교를 다녀도 대학에 잘 들어갈 수 있
나요?"라는 것입니다. 대학 진학이 최우선의 고등학교 교육목표가
되어 버린 우리나라 현실에서 대학 입학 시험은 혁신 고등학교도
피해 가기 어려운 문제입니다. 하지만 혁신학교의 정신과 취지로
운영되는 혁신 고등학교에 대학 진학 상황을 결과로 제출하라거
나 종용하는 일은 교육청 차원에서도 어려운 부분이 있습니다. 그
럼에도 기존의 일반 고등학교에 비해 교육적 원리에 충실하면서
대학 입학 전형에서 어떠한 결과를 보이는지는 체계적인 자료 수
집과 분석을 통해 규명해야 할 과제임은 분명해 보입니다.

다시 위의 질문으로 돌아가 대답한다면 다른 고등학교에 비해
월등하진 않지만 그렇다고 낮지도 않다는 겁니다. 서울의 인헌고
등학교와 삼각산고등학교를 보면 대학 입학 시험에서 수시 전형
에 대비한 학생 활동과 생활기록부 전형 등에 역점을 두어 주변의
일반 고등학교에 비해서도 일정한 성과를 거두고 있습니다. 인헌

고등학교에서는 전체 학생 298명 가운데 154명이 대학에 진학해 52%의 성과를 보였습니다. 이는 인근 지역 A고등학교 27%나 D고등학교 34%에 비해 월등히 높은 수치입니다. 연세대학교나 고려대학교 등에도 진학한 걸 보면 진학의 질도 괜찮아 보입니다. 인헌고등학교에서 내린 총평을 보면 그 이유를 알 수 있습니다.

4년 전 인헌고는 서울시 고교 중에서 비선호 학교 베스트 5에 들었으며 교육청의 폐교 예정 학교였다. 이에 대해 교사들이 중심이 되어 극복해 보자는 움직임이 있었고 2010년도 입학사정관제 중심의 수시 입시에로의 전환을 통해 학교를 바꿀 수 있다는 자신감을 갖게 되었다. 한걸음 더 나아가 수업을 변화시키기 위해서 선진형 교과교실제를 도입하였고, 교사의 자발성에 기초한 학교 만들기를 위해 서울형 혁신학교를 신청하였다. 수업 혁신이나 생활 혁신을 내건 신설 혁신학교와는 달리, 지역 사회의 냉대와 편견 속에서 학부모와 학생을 아우르기 위해 '진로·진학 중심의 혁신'을 내걸었다. 예비 혁신학교와 혁신학교 1년 차에는 '업무'를 중심으로 낡은 시스템을 버리고 새로운 시스템 도입에 치중하였으나, 교과교실제 운영의 미숙과 생활지도의 때늦은 변화로 홍역을 겪기도 하였다. 혁신학교 2년 차(2013년)에는 부족한 교실의 완비와 교과교실제의 성공적 운영 및 '업무 분장 3.0'으로 인해 새로운 학교 체제가 마련되었다.

이제는 버전업된 소프트웨어의 구축 단계이다. 수업을 혁신하고 학년의 운영 소프트웨어를 구축한다면 입시 중심의 대한민국 학교 교육을 대체할 모델을 서울 교육의 '등잔불 밑'에서 바로 볼 수 있을 것이다.

김인호·오안근, 《일반고 리모델링 혁신고가 정답이다》 중에서

    3학년 담임 선생님들이 학생들과 몇 차례 상담하면서 아이들을 잘 이끌고 합격할 만한 대학을 잘 정해 주셨기도 했지만, 사실상 1, 2학년 담임 선생님이나 학과, 동아리 선생님들이 학생부를 잘 적어 주셨기 때문에 가능해진 일입니다. 매 학년마다 자율, 동아리, 봉사, 진로 등에서 각각 한 쪽씩 4장을 적어 주고, 특색 수업이나 소규모 동아리 활동, 또는 독서 활동을 매 학년 20여 권씩 적어 준 학교는 드물 것입니다. 오픈스페이스나 학급별 리더십을 상세히 적어 주신 담임 선생님, 조별 발표 수업이나 토론 수업의 내용까지 상세히 적어준 교과 선생님들께 감사의 말씀을 드립니다. 관현악단이나 미술반 벽화 그리기, 농구부 활동 등 예체능을 적어주신 선생님 때문에 우리 학교의 위상이 올라가 이화여대, 한양대, 외국어대 등에서도 우리 아이들에게 관심을 갖기 시작했습니다. 선생님들이 해 주신 역할들 때문에 3년 전만 하더라도 대학에 가면, '너희 학교 비선호 학교이던걸' 하고 말하던 이야기가 쏙 들어가고, '교육과정이 잘 운용되는 학교'라는 평가로 바뀌었습니다.

김인호·오안근, 《일반고 리모델링 혁신고가 정답이다》 중에서

혁신 고등학교의 진학 방식을 자세히 보면 입학사정관 전형(최근에는 학생부 종합 전형으로 용어가 바뀌었습니다)이 많습니다. 삼각산고등학교의 2014년 대학 입시 결과를 보면, 서울 소재 4년제 대학 합격자 78명 중 35명이 입학사정관 전형으로 합격했습니다. 특히 입학사정관 전형의 1단계인 서류 전형 통과율이 37.7%에 달합니다. 이는 대학 평균 경쟁률과 비교했을 때 매우 높은 수치입니다. 이러한 결과는 혁신학교의 수업과 다양한 교육 프로그

램이 학생들의 자기 주도성과 전공 지향성으로 이어져 소기의 성과를 거둔 것으로 분석됩니다.

2014년 삼각산고등학교 대학 입학 시험 결과

구분	서울 4년제 대학	전국 4년제 대학	계
입학사정관형	35	39	74
학생부형	20	43	63
면접형	10	25	35
논술형,적성형	7	8	15
실기형	1	1	2
정시 전형	5	16	21
합계	78	132	210

한만중(2014), 〈일반고 활성화 정책의 대안으로서의 혁신고등학교의 역할〉, 『왜 다시 혁신학교인가?』, 새로운학교네트워크 지원센터 스쿨디자인21 개소식 기념 교육정책포럼, p. 23.

5장. 혁신학교
생활

학생 생활지도를
어떻게 하나요?

　학교에서는 이해할 수 없는 일들이 많이 일어났다. 이를테면 재킷을 입지 않으면 외투를 걸치지 못하게 한다거나, 크로스백을 메고 등교하면 안 된다거나, 명찰을 안 달면 벌점을 매긴다거나, 심지어는 하얀 양말만 신어야 한다는 규칙이, 벨트는 꼭 검은 벨트여야 하고 에나멜 구두를 신어야 한다는 규칙이 학교에는 있었다. 이해할 수 없었지만, 딱히 불만을 제기하지도 않았다. 교칙을 지키는 건 귀찮은 일이었지만, 교칙을 지키지 않으면 더 귀찮아졌다. 익숙해지는 게 편했다. 무감각해지고 순응하는 날들이 늘었다.

중산고등학교 3학년 양지혜[1]

　양지혜 학생의 글은 현재 우리나라 학교가 학생을 어떠한 존재로 바라보고 있는가를 시사합니다. 교문 지도를 하면서 학생의 복장과 두발을 단속하는 과정은 어찌 보면 교육의 본질과는 거리가 멀 수 있습니다.

---

1 . 경기도교육청이 발간한 『4 · 16교육 체제 수립을 위한 토론회 자료집』(2015)에서 고양시 중산고등학교 3학년 양지혜 학생의 글을 인용함.

어떤 학생이 부모님이 싸우는 모습을 본 후 매우 불안한 상태로 학교에 등교한다고 가정해 봅시다. 교문 지도를 하는 선생님은 아이의 복장 상태를 가지고 문제를 삼겠지요. 하지만 더욱 중요한 것은 내면의 목소리입니다. 교칙을 잣대 삼아 기계적으로 학생들을 통제하는 전통적인 생활지도에서 이제 벗어나야 합니다. 어찌 보면 교육의 본질이 아닌 비본질적인 일에 교사들이 매달리고, 그 과정에서 학생과 교사의 관계가 멀어지는 것은 아닌지 성찰할 필요가 있습니다. 어떤 선생님은 한 토론회에서 학생이라는 존재에 대해 우리가 다시 생각해야 한다면서 다음과 같이 말한 적이 있었습니다.

우선 학생을 '예비자' 혹은 '공부할 존재'로 규정하기보다는 '자기 삶을 사는 존재', '자신을 값있게 만들 수 있는 존재'로 정의할 필요가 있다. 이런 존재 규정은 학생들이 영적이고 정신적 존재라는 사실에 기초하는 것이다. 학생 존재에 대한 재규정이 없는 상황이라면 '가만히 있으라'는 명령은 지속될 것이다. 학생들에게 '가만히 있으라'는 명령은 예외적인 특별한 상황에서만 발동되는 것이 아니다. 이 명령은 일상적으로 반복되고 학생들은 이를 준거로 자신의 삶을 구성한다. 이런 맥락에서 볼 때, '가만히 있으라'는 은유다. 우리 머릿속에 깊숙이 자리 잡은 '학생은 순응자'라는 관점의 언어적 발현이다. 실제로 학생들은 일상에서 '가만히 있으라'는 말을 반복적으로 듣고 산다. 부모들로부터, 교사들로부터, 그리고 학교로부터도 그 말을 수시로 듣는다. 그리고 그 말의 버전도 다양하다. '안 된다', '해라', '해야 한다', '하지 말라', '참아라', '나중에 해라' 등등의 주문이 그 예다. 이러한 명령

과 주문이 학생들에게 반복된다.[2]

　이제 우리에게는 새로운 형태의 생활지도 패러다임이 필요합니다. 학생들의 주체성을 인정하고, 스스로 자신들의 문제를 해결할 수 있는 힘을 길러 주어야 합니다. 따라서 학교 안에 있는 학생부도 학생 통제가 아니라 학생 자치 문화가 활성화되고 자리 잡을 수 있도록 돕는 역할로 바뀌어야 합니다. 학생과 교사가 서로 동등한 위치에서 학교생활에 대해 의견을 나눌 수 있어야 합니다. 일반 학교 교사들은 "혁신학교 학생들은 일반 학교 학생들과 많이 다르다"는 이야기를 많이 합니다. 특히 혁신 초등학교를 졸업한 학생을 맡게 된 중학교 담임 선생님들이 이러한 얘기를 많이 합니다. 이유는 자명합니다. 그들에게는 자유로운 분위기 속에서 자신의 의견을 말할 수 있는 여건이 허락되어 왔기 때문입니다. 학부모님들께 꼭 말씀드리고 싶은 것은 학생은 부모의 소유물이 아니라는 것, 따라서 부모와 동등한 인격체로 대우하는 것이 학생 생활지도의 시작이라는 것입니다.

---

2. 이수광, 「세월호 참사가 던지는 교육적 질문과 조응 과제」(『4·16 교육 체제 수립을 위한 토론회 자료집』 경기도교육청·경기도교육연구원, 2015)

교칙이나 학칙을 학생들이
만드나요?

혁신학교에서는 학생들 스스로 교칙이나 학칙을 만드는 경우가 있습니다. 학생회가 주관이 되어 토론 수업이나 토론회를 거쳐 스스로 지킬 약속을 정하는 거죠. 물론 이 경우에도 학부모들의 의견을 반영하고, 교사들이 사전에 검토하며, 학교운영위원회의 심의도 거치게 됩니다.

이런 과정을 교사가 주도하여 학생들과 함께 만들기도 하고, 지역 교육지원청의 지원을 받아 만들어 내기도 합니다. 경기도교육청 같으면, 민주시민교육과에서 이를 지원합니다. 전라북도교육청이나 광주광역시교육청도 시도 의회와 함께 이를 지원하고 있습니다. 그러니까 일반 학교도 충분히 할 수 있는 일입니다. 이런 움직임을 혁신학교가 주도하고 있는 것은 사실입니다.

경기도 파주시의 해솔중학교 사례를 보면, 학생들이 먼저 나서 몇번의 대의원 총회와 학급 회의를 개최했습니다. 그리고 학생 대표 6인을 선출했죠. 학부모들은 이에 발맞춰 학부모협의회를 구성했습니다. 학교에서는 가정통신문을 발송하고 학부모협의회를 통해 협의할 대표진을 선출했습니다. 이어서 교사들도 협의회를 개최하고 협의 대표를 선출했습니다. 최종적으로는 학생, 학부모, 교사 협의를 통해 규정을 결정해 나갔습니다. 이러한 과정에서 각각의 주체는 자신들의 주장을 자유롭게 표현했습니다. 최근에는 혁신학교는 물론 적잖은 일반 학교들이 규정을 개정하기 위해 토론회와 협의회를 진행하고 있습니다.

실제 아이들이 만든 규정들을 살펴보면, 오히려 학생들도 학교의 이미지 등을 고려해 피어싱이나 파마 등을 금지하기도 합니다. 해솔중학교의 경우에도 학부모와 교사는 두발과 화장, 실내화의 자유화 등을 허용하자는 쪽이었으나 오히려 학생들이 반대해 제한 규정을 두는 등 신기한(?) 현상이 벌어지기도 했습니다. 해솔중학교 학생들이 만든 학교 규칙에 대한 원칙은 다음과 같습니다.

교육 주체 간 합의에 의한 학생 생활 규정 및 선도 규정을 만들어 스스로 만들고 스스로 지켜 가는 자율성 함양을 목적으로 한다.

가. 해솔중학생이 지켜 나갈 학생 생활 규정 및 선도 규정을 학생들의 토의와 협의를 통하여 시안을 만든다.
나. 학부모와 교사도 학생들의 학생 생활 규정 및 선도 규정 제정에 대한 협의체를 만들어 시안을 만든다.
다. 학생-학부모-교사 대표 간 시안을 가지고 토론과 협의로 최종안을 만든다.

여전히 많은 학교의 규정들은 학교장의 일방적인 인식이 반영되어 있거나 관습적으로 결정된 측면이 존재합니다. 이는 지역사회의 오래된 여론을 어느 정도 고려한 결과이기도 합니다. 외

모와 복장이 단정할수록 학교의 이미지가 좋아진다는 생각 때문이지요. 그러나 이로 인해 일부 학교에서는 선생님들과 학생들이 대립을 하고, 불필요한 일로 서로 감정을 자극하는 결과가 나타나기도 합니다.

교칙은 헌법이 아니기 때문에 개정할 가능성이 얼마든지 있습니다. 구성원들의 요구가 분출되고 이를 합리적으로 조정하고 논의하는 과정 자체가 학생들에게는 민주주의를 경험하는 중요한 교육적 과정입니다. 이제는 학생 자치회의 활성화를 넘어 궁극적으로는 학생 자치 문화의 활성화로 이어져야 하는 시대적 흐름에 와 있다고 볼 수 있습니다.

서울의 국사봉중학교는 교사와 학생, 학부모가 만든 공동체 생활협약으로 많은 언론의 주목을 받았습니다. 교육의 3주체인 교사와 학생, 학부모가 만든 자율 협약을 통하여 새로운 학교문화를 만들어 가는 모습이 신선하게 비친 것이지요.

서울 동작구에 있는 국사봉중학교의 공동체 생활협약 서약식 모습.

이제는 학생들이 스스로 수학여행 코스를 정하기도 하고, 학교 내부에서 발생한 여러 문제를 두고 대토론회를 진행하기도 합니다. 학생 자치 문화를 활성화하면 할수록 학생들의 자정 능력과 공동체 의식, 민주 시민의식은 살아나게 됩니다.

학생 자치 문화를 활성화하려면 학교 문제를 학생들이 스스로 해결하게 해야 합니다. 이젠 학생들이 민주주의를 학교의 일상 속에서 자연스럽게 터득해야 할 시기입니다. 잘 알다시피, 우리 역사 속에서 학생들이 주인공인 적이 적지 않습니다. 4.19 혁명의 대열에 중고등학교 학생들이 나섰던 것을 우리는 잘 알고 있습니다. 생각보다 우리 아이들은 어리지 않습니다. 어쩌면 그들이 공동체를 가꿀 수 있는 기회를 학교에서 제공하지 못한 측면이 크지 않을까 싶습니다.

문37.

무상 급식은
혁신학교에서만 이루어지나요?

2010년 지방선거에서 큰 이슈로 등장했던 무상 급식은 현재 혁
신학교뿐 아니라 일반 학교에서도 안정적으로 자리 잡아 가고 있
습니다. 그러니까 혁신학교에서만 무상 급식을 한다고 잘못 알고
있는 학부모들도 있지만 사실은 그렇지 않습니다. 다음 표에서
보듯이 지역별로 약간씩 차이가 있긴 하지만 전국의 많은 학교에
서 무상 급식을 실시하고 있습니다.

2014년 3월 기준 시도별 무상급식 실시 학교 현황(단위 : 학교 수, %)

| 시도 | 전체 학교 수 | | | | 무상 급식 학교 수 | | | | | | | | | | | | 비율 (B/A *100) |
| | 초 | 중 | 고 | 계 (A) | 초 | | | 중 | | | 고 | | | 합계(B) | | | |
					전체 학년	일부 학년	계	전체 학년	일부 학년	계	전체 학년	일부 학년	계	전체 학년	일부 학년	계	
서울	601	383	318	1,302	558	0	558	380	0	380	0	0	0	938	0	938	72.0
부산	305	171	152	628	298	0	298	4	0	4	0	0	0	302	0	302	48.1
대구	219	124	92	435	64	0	64	20	0	20	0	0	0	84	0	84	19.3
인천	242	133	122	497	242	0	242		0	0	0	0	0	242	0	242	48.7

광주	152	89	67	308	152	0	152	89	0	89	0	0	0	241	0	241	78.2
대전	144	88	62	294	144	0	144	0	0	0	0	0	0	144	0	144	49.0
울산	119	62	55	236	51	28	79	7	0	7	1	0	1	59	28	87	36.9
세종	26	13	8	47	26	0	26	13	0	13	0	0	0	39	0	39	83.0
경기	1195	604	451	2250	1195	0	1195	604	0	604	6	0	6	1805	0	1805	80.2
강원	351	162	116	629	351	0	351	162	0	162	46	0	46	559	0	559	88.9
충북	259	128	83	470	259	0	259	128	0	128	0	0	0	387	0	387	82.3
충남	421	189	117	727	421	0	421	189	0	189	0	0	0	610	0	610	83.9
전북	420	208	132	760	420	0	420	208	0	208	62	0	62	690	0	690	90.8
전남	424	249	148	821	424	0	424	249	0	249	103	0	103	776	0	776	94.5
경북	477	275	190	942	357	12	369	189	0	189	8	0	8	554	12	566	60.1
경남	494	268	190	952	494	0	494	147	0	147	85	0	85	726	0	726	76.3
제주	111	44	30	185	111	0	111	44	0	44	0	0	0	155	0	155	83.8
합계	5960	3190	2333	1만1483	5567	40	5607 (94.1%)	2433	0	2433 (76.3%)	311	0	311 (13.3%)	8311	40	8351	72.7

〈학교 73%가 무상급식, 4년새 세배로 급증〉, 김춘진 국회의원 보도 자료 참조(2014년 2월 26일)

무상 급식은 교육 분야의 쟁점이기도 하지만 사회적으로 보편적인 복지를 앞당기게 된 의미 있는 사건이 아니었나 생각합니다. 현재까지 별탈 없이 무상 급식이 이어지고 있지만, 안타깝게도 2015년 경상남도에서 도지사와 교육감의 갈등으로 다시 한 번 무상 급식이 도마 위에 오르고 있습니다.

복장, 화장, 염색, 두발도
학생들이 자율로 정하나요?

앞서 이야기한 대로, 혁신학교는 학생들의 인권 보장과 자율적인 의사 결정을 강조하며, 학생들의 생활과 관련된 규정을 자율적으로 정해 나가는 흐름이 큽니다. 하지만 혁신학교마다 신경 쓰는 부분이나 비중, 방식이 다르기 때문에 모두 자율로 정한다고 할 수는 없습니다. 학교문화를 일구는 혁신학교도 있지만, 수업 혁신에 집중하는 혁신학교도 있으니까요. 또한 일반 학교에서도 학생들의 개성과 인권을 존중하는 흐름이 점점 확대되어 가고 있습니다.

학생들의 복장 규정을 학생들 자율로 정하는 문제로 고민하거나 갈등을 겪는 혁신학교 교사들도 종종 있습니다. 어떤 교사들은 보다 강하게 학생들의 생활을 통제해서 질서 있는 학생 문화로 강력하게 잡아 나가려고 하기도 하지만, 학생들을 자율적으로 풀어 주어야 한다고 주장하는 교사들도 있습니다. 전자가 그동안 우리나라 학교의 주된 모습이었습니다.

이러한 흐름 속에서 학생들의 인권 문제가 제기되었고, 진보적인 교육감이 선출된 곳에서는 학생인권조례가 만들어지기도 했습니다. 경기도 학생인권조례의 주된 내용은 복장, 화장, 염색, 두발 등과 관련된 것 이외에도 아래와 같은 내용들이 포함되어 있습니다.

경기도 학생인권조례 내용

- 체벌 전면 금지
- 두발 자유화(파마 · 염색은 학교 자율 결정)
- 야간 자율 학습 강제 엄격 금지
- 특정 종교 행사 참여 및 대체 과목 없는 종교 수업 강요 금지
- 휴대전화 소지 자유화(수업 시간 등엔 자율 결정)
- 모든 학생 대상 일괄 소지품 검사 금지
- 학생 생활 규정 제 · 개정 시 학생 참여 의무화
- 재학 중 임신 · 출산 등의 이유로 퇴학 등 차별 금지

교사들이 함께 토론도 하고 수업도 하면서 학생들의 학교생활과 관련된 내용을 풀어 가는 경우도 있습니다. 의정부의 의정부여자중학교에서는 5개 교과(도덕, 국어, 사회, 미술, 음악)에서 통합으로 수업을 진행하고 나서 '학생 생활 문화 대토론회'를 열었습니다. 이는 학생들이 스스로 고민하고 토론을 통해 지켜 나갈 수 있도록 한 사례에 해당합니다.

도덕 시간에는 토론하는 방법을 익히고, 국어 시간에는 자신들의 복장 등에 대해 시를 써서 전시했습니다. 사회 시간에는 학교 규정을 분석하고, 음악과 미술 시간에는 UCC를 만들어 자신들의 학교 생활 문화를 즐겁게 되돌아보도록 했습니다. 그때 나온 홍

보지와 토론 논거는 다음과 같습니다.

학생 생활 문화 대토론회

이제, 우리 목소리로 우리의 문화를 논하자

토론 패널로 참가하고자 하는 학생은 각 학년부장 선생님께 신청 양식을 작성하여
제출(6월 15일(수) 점심시간까지)
찬반 의견이 담긴 글(A4용지 2매 정도)로 제출 - 목요일까지

◆ 토론 주제 - '염색과 파마, 하의 실종 교복'
◆ 언제 - 6월 18일(토) 1, 2교시
◆ 어디서 - 체육관
◆ 심사 기준 : 평가위원(70%) + 청중 평가단(30%)
◆ 평가 항목 : 논증력, 비판력, 언어 표현력, 토론 윤리 및 태도
◆ 어떻게 - 원탁 토론(찬반 패널과 청중)
◆ 시상 - 평가위원과 청중 평가단의 점수 합산으로 시상
　　　　대상 1명, 최우수 1명, 우수 1명, 참가상(상품과 상장)

― 의정부여자중학교 학생회 ―

논거 1. 방종 vs 자유
논거 2. 학교는 학생을 보호하는 것이다 vs 학교는 학생의 인권을 침해하고 억압한다
논거 3. 학생은 성인과는 다르다 vs 학생다움이란 무엇인가
논거 4. 염색, 파마 등은 건강에도 좋지 않다
　　　　 vs 염색, 파마 등은 건강에 큰 영향을 미치지 않는다

경기도 의정부시에 있는 의정부여자중학교 학생들의 '학생 생활 문화 대토론회' 모습.

학교 폭력이나 왕따가
일반 학교보다 덜한가요?

혁신학교의 정신과 취지에 맞게 수업을 하며 학생을 대하는 학교에서는 학교 폭력과 왕따 현상이 현저히 적게 나타납니다. 혁신학교에서 근무해 본 교사나 자녀를 보내 본 학부모라면 이를 피부로 느낄 수 있습니다.

그 이유는 혁신학교는 함께 배우고, 함께 참여하며, 배려하고 경청하는 흐름이 수업이나 학급 회의 등 학교생활 전반에서 강하게 나타나기 때문입니다. 다른 일반 학교에서 혁신학교를 높이 평가하는 이유 가운데 하나가 학교 폭력이나 왕따 현상이 현저히 낮다는 점이라는 사실은 이미 잘 알려져 있습니다. 이렇게 된 데에는 혁신학교의 교사나 학부모, 학생들이 학교 폭력이나 왕따를 대하는 태도가 달라진 데도 원인이 있지만, 이런 문제가 생겼을 때 교사와 학생들이 접근하는 방법이 이전과는 다르기 때문입니다.

이전에는 학교 학생부를 중심으로 한 처벌 위주의 처리가 주된 학교 폭력 처리 방식이었다면, 지금은 가해자와 피해자, 방관자가 학교 폭력이 이루어진 원인과 이후의 대응 방안을 함께 고민하는 '회복적 생활교육'이 중시되고 있습니다. 아울러 학교 구성원 간의 평화적 의사소통 능력을 키우기 위해 '비폭력 대화'를 중시하는 흐름과 함께, 수업 중에 생활지도가 연동되도록 학생들의 삶을 중심으로 교육과정을 재구성하는 움직임도 나타나고 있습니다.

정책적으로도 비폭력 대화나 회복적 생활교육이 강화되는 데에는 혁신학교의 이런 흐름이 한몫했다고 볼 수 있습니다. 한 혁신학교에서 학생들의 변화를 자체 평가한 내용을 보면 그런 흐름을 잘 알 수 있습니다.

혁신학교 학생의 변화

- 서로 칭찬하고 선생님과 학교, 부모님께 감사하는 자세가 생김
- 수업을 중심으로 협력하는 모습이 많아짐
- 어렵기만 했던 교사들과 관계가 조금 더 가깝게 다가올 수 있었던 것 같음
- 학교에 대한 주인 의식이 높아짐
- 학생들이 경쟁보다는 협력을 익히기 시작한 것 같음
- 모둠 위주의 협력 수업과 주제 통합과 교과 통합 기행을 통해 과제를 함께 해결해 가는 데 조금 더 익숙해짐
- 생기 있어지고 다른 사람의 말에 귀 기울이게 되며 자신을 표현할 줄 앎
- 모둠 내 자연스러운 대화와 경청의 습관이 길러짐

학생들이
예의가 없다던데요?

"왜 우리 학교는 검은색 머리핀만 해야 하나요? 다양한 색깔의 머리핀을 하면 안 되는 이유가 뭔지 궁금합니다. 선생님! 설명 좀 해주세요".

이 질문은 실제로 한 선생님이 학생으로부터 받았던 질문입니다. 한 혁신 중학교 출신 학생이 일반 고등학교에 가서 선생님에게 한 이 질문은 결국 이 고등학교의 학생 규칙을 바꾸게 한 계기가 되었다고 합니다. 일반적인 교사와 어른들의 시각으로 보면 이런 질문을 한 학생은 약간 당돌하고 예의 없어 보입니다. 하지만 찬찬히 살펴보면, 교육적으로 학생의 성장이 눈에 띕니다.

학생들이 예의가 없다는 말은 예나 지금이나 어른들이 주로 하는 말 가운데 하나입니다. 어른들은 어떤 학생들의 행동이나 말이 자신의 기준과 가치관의 범위에서 벗어났다고 판단되면 예의가 없다고 말하곤 합니다. 특히 유교 의식이 강한 우리나라에서는 더욱 그러합니다. 하지만 혁신학교에서는 학생들의 성장 흐름을 교육적 관점에서 바라봅니다.

혁신학교 학생들의 생활 태도나 의식을 살펴보면, 창의적 사고와 비판적 사고가 강하게 나타나고, 이와 더불어 관계와 협력 중심의 태도가 많이 보입니다. 그래서 어떤 면에서 보면 예의에 벗어나 보일 때가 있습니다. 보통의 순종적인 학생들의 모습과 달리 문제를 해결하기 위해서, 혹은 바람직한 방향을 찾아야 할 때 자신의 주장을 강하게 펼칠 때가 있으니까요. 그렇다면 반대로 일반 학교 학생들이 순종적인 이유가 무엇인지 살펴보아야 할 필요가 있습니다. 더불어 학교에서 무기력한 아이들, 학교를 이탈하는 아이들에게 자존감을 회복할 수 있는 기회나 대화의 시간을 우리가 충분히 주었는지 성찰해 볼 필요가 있습니다.

먼저 학생들의 인권 신장이라는 차원에서 볼 필요가 있습니다. 학생들도 엄연한 우리 사회의 구성원이고 학교 안에서는 교육 주체 가운데 일부입니다. 어떤 주체라도 권리와 의무가 있기 마련입니다. 교사도 학부모도 권리와 의무가 있듯 학생도 마찬가지로 권리와 의무가 있죠. 하지만 지금까지 학교에서 학생의 권리는 대학 입학 시험이나 상급 학교 진학이 최우선되는 상황 속에서 유보되거나 무시되곤 했습니다.

혁신학교에서는 학생들의 인권을 다양하게 보장하려는 노력과 함께 사회적 책임감과 의무도 더불어 가르칩니다. 제대로 권리를 누리려면 그에 따른 의무를 이행해야 한다는 흐름과 맞물려 있다고 할 수 있습니다.

교육 현장에서 학생들의 참여는 중요한데, 그동안 억압된 학교 풍토에서는 학생들의 진정한 참여가 어려웠습니다. 혁신학교는 수업에 학생들이 적극적으로 참여하도록 가르치는 것은 물론 학교행사나 다양한 학급 활동, 학내 자치활동에 학생들이 참여하도록 고무하고 장려합니다. 물론 학생들은 어린 만큼 미성숙한 면이 많습니다. 하지만 그만큼 발전할 가능성이 크지 않을까요. 학생들이 미성숙하다고 하여 무조건 보호하고 순종을 강요하는 방식으로는 이들을 의미 있는 한 개인으로 성장시키기 어렵습니다.

학생들의 참여를 촉진하는 방식으로 수업 혁신이 이루어지는 흐름이 강한 혁신학교는 예의에 벗어나는 아이를 양산하는 것이 아니라 오히려 '교육적 활력'을 학교 현장에 불러 오고 있습니다.

학생들이 학교에서 하는
실질적인 고민은 무엇인가요?

2014년 11월 1월 경기도 고양시 일산 킨텍스에서 초중고 학생 1000명이 모여서 원탁 토론을 한 적이 있습니다. 학생들의 고민 사항을 투표로 알아봤는데 가장 많이 나온 영역은 41.0%를 차지한 '진로'와 '진학' 문제였습니다. 그 다음으로 많이 나온 것이 명문대 진학만을 인정하는 사회 분위기였지요. 비율은 16% 가량이었습니다. 자치 활동이 어려운 점에 대한 고민은 10% 정도로 나타났습니다. 경쟁과 학벌을 중시하는 사회적 분위기에 대한 불만도 엿볼 수 있습니다. 학교 내부에 대한 학생들 나름대로의 고민도 보입니다. 학교생활에 적극적이지 않은 학우들에 대한 고민도 있고요. 차별하지 말아 달라고 요구하는 학생들도 있었습니다.

학생들의 고민거리

투표 영역	사례 수	비율(%)
진로나 진학 문제가 큰 고민이에요	345	41.0
명문대 진학만을 인정하는 사회 분위기	135	16.1
학생 스스로 할 수 있는 것이 너무 작아 학생들의 자치활동이 어려운 점이 고민입니다.	83	9.9
친구들이 학교생활에 적극적이지 않고 서로의 처지를 이해하려 하지 않아서 고민이에요	68	8.1
경쟁적인 분위기에서 공부에 전념하기에 너무 어려워요	47	5.6
다양한 학습 프로그램 및 체험활동이 없는 것이 힘들어요	50	5.9
학교 시설이 열악하고, 급식이 맛이 없어요	41	4.9
성적·학년에 따라 학생들을 차별하는 것 때문에 힘들어요	39	4.6
시대에 맞지 않는 교육 환경 속에서 선생님과 소통이 어려워요	33	3.9
합계	841	100

「경기도교육청 1000인 원탁토론」, (경기도교육청, 2014) 참고.

　이들의 고민을 누가 들어 주고 풀어 주어야 할까요. 학생 개인이나 열정이 충만한 몇몇 선생님의 몫으로 남겨 두어서는 안 됩니다. 학교의 교육과정과 프로그램으로 이어져야 합니다.

　학생들이 원하는 학교는 다음과 같습니다. 역시 진로탐색을 중요하게 생각하는 학교로 나타난 거죠. 무려 29%에 달합니다. 그다음이 학생의 개성을 인정하고 인권을 존중하는 학교로 나타났습니다.

학생들이 원하는 학교

투표 영역	사례 수	비율(%)
단계적인 교육과 다양한 활동으로 학생들의 진로탐색을 중요하게 생각하는 학교	255	28.5
학생들의 개성을 인정하고 인권을 존중하는 학교	143	16.0
경쟁 위주의 시험이 없는 학교	108	12.1
학생들의 인성을 제대로 가르치는 학교	100	11.2
학생들이 선생님과 즐겁게 공부할 수 있는 학교	98	11.0
학생들 스스로 규칙을 정하고 지키는 학교	74	8.3
투명하게 운영되어 좋은 시설과 맛있는 급식이 제공되는 학교	58	6.5
학교 폭력이 없는 학교	30	3.4
선후배 간 사이좋은 학교	28	3.1
합계	894	100

「경기도교육청 1000인 원탁토론」, (경기도교육청, 2014) 참고.

문42.

학생들이
학원에 다녀도 되나요?

혁신학교라고 학원에 강제로 못 다니게 할 수는 없습니다. 학원에 다니는 것은 학생과 학부모의 선택 사항입니다.

대학 입학 시험 위주의 교육과 대학 진학이 치열한 경쟁으로 일반화된 상태에서 학원에 안 다니면 뒤떨어진다는 인식이 엄존한다는 것은 누구나 다 아는 일입니다. 다만 혁신학교의 교육은 '공교육의 정상화'라는 관점에서 이루어지기 때문에, 학원 위주의 교육 방식과는 다르게 접근하고 있는 게 사실입니다. 입시 대비 위주의 학원 교육 방식이 아니라 교육의 본질을 회복하는 방식으로 공교육의 정상화를 지향하는 경향이 강해, 학원보다는 학교 수업에 집중하기를 기대하고 있습니다.

한 혁신 초등학교에서 수업 시간에 학생들이 학원에 가야 하는지 가지 말아야 하는지 찬반 토론을 했는데, 그 결과는 다음과 같습니다.

초등학생들이 생각하는 학원을 다녀야 하는 이유 vs 다니지 말아야 하는 이유

찬성 이유	반대 이유
● 초등학교 때 힘든 걸 이겨 내야 중·고등학교 때도 이겨 낼 수 있다. ● 맞벌이 가정이 많아 부모님이 보살펴 주기 힘들다. ● 학원에서라도 공부를 해야 컴퓨터 게임이나 스마트폰을 안 한다. ● 학원에서 선행 학습을 하고 선생님 수업을 들으면 훨씬 더 이해가 잘 된다. ● 자신이 필요한 부분이나 기량을 익히기 위해서는 학원에서 배워야 한다. ● 자신의 미래를 위해서 미리 준비해야 한다	● 자기주도학습을 해야 중·고등학교 때도 스스로 할 수 있다. ● 스트레스를 받으면 흥미를 오히려 잃어버린다. ● 학원에서 배운 아이들이 수업 시간에 태도가 좋지 않다. ● 학교에서도 충분히 공부할 수 있다. ● 학원에 다닌다고 다 공부를 잘하는 건 아니다. ● 우리나라 행복 지수가 낮은 이유 중 하나는 학원을 너무 많이 다녀서다 ● 초등학생들의 우울증이 늘어나고 있다.

혁신학교는 학생들을 평가하는 방식을 개선하고 수업을 혁신하면서 수업의 질이 향상되고 있다는 평을 받고 있습니다. 특히, 학생들의 성장 발달 과정에 초점을 맞춘 교육과정 재구성은 단순한 진도 뽑기 위주의 교육에서 벗어나 혁신학교 주변의 학원가를 애먹인다고 알려져 있습니다. 혁신학교에서는 교과서의 진도 순서를 바꾸는 것은 기본이고, 수업 내용을 축약하거나 확장하기도 합니다. 다른 교과와 수업을 연결하거나 융합하기도 하고, 프로젝트를 진행하는 방식으로 수업을 하기 때문에 학교 진도를 기준으로 선행 학습을 하는 학원에서는 이러한 혁신학교의 교육 내용을 앞서거나 따라잡기가 힘듭니다. 더불어 학생들의 능력을 평가하는 방식도 수업 시간에 이루어지는 수행 과정으로 평가하고 있기에, 그 비중이 늘어나면 이런 현상은 더 강하게 나타날 것으로 예상됩니다.

6장. 혁신학교
     학부모 참여

혁신학교 학부모 동아리는
어떤 점이 특별한가요?

혁신학교에는 학부모 동아리가 상당히 많고 학교에서 자체적
으로 만든 모임도 많습니다. 이들 모임은 학교에 종속되지 않습
니다. 오히려 학부모가 학교의 많은 활동을 주도하고 있다고 보
시면 됩니다. 학부모 동아리는 한 학교를 넘어 지역과 지역의 연
계로 이어지기도 합니다. 경기도교육청이 현재 추진하고 있는 마
을 교육 공동체도 같은 맥락이라고 보면 됩니다. 앞으로 이런 모
임은 더욱 확대될 것 같습니다. 다음 내용은 참교육 실천의 성과
를 학교 현장에 녹여 낸 학교 혁신 운동과 이를 단위 학교로 구체
화한 혁신학교를 들여다보고 펴낸 『학교 혁신 팟캐스트 : 참교육
을 혁신학교에 담다』에 나온 내용입니다.

혁신학교에서는 학부모들의 동아리 활동이 많이 활성화되어 있다. 또한 학부모 다모임과 같은 자치 의사 결정 기구가 운영되고 있다. 일반 학교에서도 학부모 동아리 활동은 있으나, 일반적으로 학교의 요구와 필요에 의해서 만들어진 봉사단체가 많다. 그리고 공개적이진 않더라도 강제성을 띠고 있다. 녹색어머니회 등.

혁신학교의 학부모 동아리들은 학부모들이 자발적으로 제안을 해서 만들고, 자체적으로 다양한 활동을 해 나간다. 예를 들어 독서 동아리, 환경 동아리, 합주 동아리, 텃밭 가꾸기 동아리, 놀이 동아리 등 학교마다 다양하게 운영되고 있다. 이런 동아리 활동에 학부모들이 자발적으로 참여하면서 학교에 대해 자부심을 갖고 자기 발전에도 도움을 받고 있다.

전국교직원노동조합 학교혁신특별위원회, 『학교 혁신 팟캐스트 : 참교육을 혁신학교에 담다』, pp. 106~107.

필자의 생각으로는 학부모들은 학교행사에 참여하고 싶어 합니다. 자녀들의 학교생활에 대한 정보를 얻고 싶기 때문입니다. 부모로서 당연한 요구라고 생각합니다. 그러나 현재의 학교 현실은 단지 학부모의 노동력을 이용하고자 할 뿐 적극적인 학부모 참여를 꺼려하고 있습니다.

학부모의 바람이 제대로 구현되고 있는 곳이 혁신학교가 아닐까 생각합니다. 혁신학교 학부모들도 대부분 직장에 다닙니다. 그럼에도 자신이 참여할 수 있다는 것을 긍정적으로 인식하고, 많은 이들과 뜻을 모아 학교를 변화시키도록 노력하고 있는 것입니다. 수도권뿐 아니라 지방의 혁신학교에서도 이러한 움직임이 많습니다. 전라북도교육청에서는 혁신학교 학부모들을 대상으로 혁신학교 학부모들이 운영했던 성공적인 동아리 활동에 대해 발표할 수 있는 운영 사례 발표를 주기적으로 엽니다. 전라북도교육청에서 발표한 보도 자료 내용을 참고하면 혁신학교의 학부모 동아리 형태가 매우 다양하며, 적극적으로 이루어진다는 것을 알

수 있습니다. 또한 일반 학교의 학부모 모임과 형태가 사뭇 다르
다는 것도 알 수 있을 것입니다.

혁신학교 학부모 학교 참여 우수사례 발표회 가져

　　전라북도교육청의 혁신학교인 순창 풍산초등학교(교장 기찬서)는 학부모회가 참
여하는 행복학교 추진단이 있다. 운영 규정까지 별도로 마련한 이 추진단은 학교 혁신
철학과 방향을 공유하고, 각종 학교 현안에 대해 논의를 하고 있다.

　　익산 성당초등학교는 학습준비물을 지원하는 교수학습지원센터가 있다. 이 학교
학부모들은 매일 1명씩 돌아가며 교육과정에 필요한 학습준비물을 챙겨 각 교실로 보
내 준다. 또 별도의 학습준비물 선정위원회를 구성, 재고량을 파악하고 새로 필요한
준비물을 구입한다.

　　전라북도교육청이 8일 혁신학교 학부모 사례발표회를 갖고 다양한 학교 참여 사례
를 공유했다. 이날 사례 발표회에선 풍산초와 성당초교 외에도 전주 곤지중, 김제 금
산고, 진안 마령초, 완주 소양서초등학교 등 6개 학교의 학부모 참여 사례가 발표됐다.

　　전주 곤지중 황수란 학부모회장은 1년에 4차례씩 '얘들아 아침 먹자'는 슬로건을
내걸고 등굣길에 주먹밥을 챙겨 주고 있다고 활동 사례를 소개했다. 또 전체 학부모를
대상으로 한 소셜미디어를 운영하고 있고, 독서와 공예동아리 등 각종 소모임도 운영
하고 있다고 밝혔다.

　　김제 금산고등학교는 학부모 가정집을 활용한 작은 기숙사를 운영하는 한편 전국
대학 수시 박람회에 참석, 금산고에서 모의 면접을 진행하기도 했다.

　　2012년 혁신학교로 지정된 진안 마령초등학교는 학부모회가 앞장서 학교 문턱 낮
추기 운동을 전개해 오고 있다. 학생 규모가 작고 농사 일로 바빠 학교 참여가 쉽지 않
은 학부모들을 위해 난타, 요가 동아리를 운영하는 한편 정기적인 학부모 아카데미를
개최해 오고 있다.

　　완주 소양서초등학교 유이수 운영위원장은 "성공적인 혁신학교를 찾아 운영 노하
우를 경험하는 한편 웅치 전적지, 호동골 등 소양의 스토리를 찾아가는 마을 탐방을
해 오고 있다"고 밝혔다. 이 학교는 또 9월 책에 빠지는 주간, 책 읽어 주는 엄마 등 학
교 교육과정 지원 활동을 하고 있다고 말했다.

　　순창 풍산초등학교 김선영 학부모회장은 "풍산초 학부모들이 매년 감잎으로 차를
만들어 아이들에게 제공하는 등 학교 참여가 매우 활발한 편"이라고 말했다.

전라북도교육청 보도 자료 참조(2014년 10월 8일).

강명초등학교 학부모 동아리 구성 현황

활동	활동 내용	모집 일시	회원 수	주요 활동
퀼트	• 일상생활에 필요한 소품 위주의 퀼트 작품을 만듦	금요일 10:00~12:00	34	5, 6학년 퀼트 동아리 지도
목공	• DIY 중심의 생활 소품 만들기가 아닌, 나무를 직접 깎고 다듬며 나무의 질감과 특성을 살려 목공예품을 만듦	월요일 10:00~12:00	16	잔치 전시 마당 참여
바이올린	• 바이올린 기초 기능을 익히고, 쉬운 곡부터 점진적으로 연주 능력을 키워 감	수요일 09:30~11:00	10	
밴드	• 음악을 사랑하고 열정을 가진 사람들이 모여 즐겁게 연주를 하며 친목을 도모함	일요일 15:00~17:00	8	정기 공연 실시
사물놀이	• 우리 가락 사물놀이에 관심 있는 학부모님들이 모여 기초부터 사물놀이 가락을 익힘.	월, 수, 금 15:00~18:00	8	정기 공연 실시
글쓰기 모임	• 감정 코칭, 비폭력 대화법, 아이 발달에 맞는 학습법, 어린이 갈래별 글쓰기 지도법과 인문 고전 독서 토론을 통해 내면의 성장을 키워 감	수요일 11:00~13:00	8	
아버지 모임	• 주말을 이용하여 아버지와 자녀가 함께 운동을 하거나 야외 활동을 통해 아버지들끼리 생각을 공유하고 아이와의 소통을 통해 친밀감을 높임	토요일		• 1박 2일 가족 캠프 • 아빠와 함께하는 토요 축구교실 운영 • 부부 힐링 토요 학부모 연수 2회 실시 • 불우 이웃 돕기 김장 담그기
합창	• 봄, 여름, 가을, 겨울 절기의 흐름에 맞는 동요와 아름다운 노래를 부르고 아이들에게 좋은 동시들도 함께 낭송하는 기회를 갖고, 한 달에 한 번 합창 선생님을 초빙할 예정임	목요일 10:00~12:00	26	잔치 프로그램 참여
학습용 보드 게임	• 가정에서 자녀 교육에 적용할 수 있는 수학 학습용 보드게임 활용법을 익힘	목요일 10:30~12:00	8	
리본 공예	• 일상생활에 이용할 수 있는 다양한 리본 공예, 헤어핀 등 장식품을 만듦	수요일 09:30~11:00	9	잔치 전시 마당 참여

전국교직원노동조합 학교혁신특별위원회, 『학교 혁신 팟캐스트 : 참교육을 혁신학교에 담다』, p.108.

상원초등학교 2013년 아버지 모임 행사

월	사업 내용		참여 인원
3월	신입 아버지 모임 구성 및 2013년 사업 계획		아버지 모임 회원 및 신입 회원
4월 첫째 주 토·일	교실 야영	마을 어른과 함께하는 장 담그기, 수락산 산행	상원초 대의원회 아버지 모임 마을 어른
5월 둘째 주 토 넷째 주 토	상원가족체육대회 당일 행사	상원가족체육대회, 장 내리기	아버지 모임 회원 및 자녀들
6월 둘째 주 토·일	교실 야영	노원에코센터 방문, 천연 모기 퇴치제 만들기	아버지 모임 회원 및 자녀들
7월 둘째 주 토·일	교실 야영	수련원 야외 캠프 (물놀이, 풍등 날리기, 캠프파이어, 촛불 대화, 각종 몸놀이)	아버지 모임 회원 및 자녀들
8월 둘째 주 토·일	교실 야영	물놀이, 아빠들과 함께 놀기	아버지 모임 회원 및 자녀들
9월 둘째 주 토·일	교실 야영	송편 만들기, 4월에 담근 된장, 간장을 지역의 불우이웃에 나누어 주기	아버지 모임 회원 및 자녀들
10월 둘째 주 토·일 넷째 주 토	교실 야영 상원가족축제	마을 잔치, 가족영화 상영, 속닥속닥 야간 산행 상원가족축제 참가	상원초 구성원 및 마을 거주민
11월 둘째 주 토·일 넷째 주 토	교실 야영 후원의 밤	김장 담그기, 혁신 교육을 사랑하는 선생님들을 위한 후원의 밤	상원초 구성원 및 선생님들

서울 상원초등학교 아버지모임, 〈아이들과 함께 하는 아빠 학교가!〉, pp. 6~7.

학부모를 위한
혁신학교 아카데미란 무엇인가요?

　앞서 말씀드린 것처럼 혁신학교에서는 학부모의 역할과 위상이 매우 강화되고 있습니다. 이러한 역할과 위상이 정립되기까지는 많은 시간과 노력이 필요한데, 학부모 스스로가 이를 주도하기는 힘든 것이 현실입니다. 이 때문에 혁신학교 학부모를 위한 아카데미를 별도로 운영하고 있습니다. 크게는 교육청(시도 교육청, 지역 교육지원청)에서 하는 것과 단위 학교(초·중·고등학교)에서 하는 것으로 나눌 수 있습니다. 아카데미의 종류와 구실, 형태는 다양합니다. 일반적으로 학부모의 역할, 학부모의 학교 참여 방법, 학부모 동아리 형태, 지역사회와 함께하는 방법, 학생의 진로·진학 관련, 학교 교육과정의 이해, 학생 상담과 생활지도, 교사들과의 소통 방법, 학교와 학부모의 소통, 교직원과의 대화 시간 등을 다루고 있습니다. 교육청에서 하는 아카데미 가운데는 혁신학교의 철학을 이해하고 성공한 혁신학교 사례를 알리기 위한 강의가 종종 이루어지고 있습니다. 이러한 혁신학교 아카데미가 기존 학부모 연수와 다른 점은 학부모들이 듣고 싶은 내용을 미리 사전에 조사하여 이루어지는 경우가 많다는 것입니다. 혁신학교 학부모 아카데미는 학부모들이 궁금해 했던 학교 교직 문화에 대한 이해, 학생 생활지도 방법, 지역 사회와 함께해야 하는 이유, 학생들의 관심 사항, 학교와의 소통 방안 등에 대해 구체적으로 알 수 있는 계기가 됩니다.

혁신학교 아카데미에서 다루었던 내용을 아래에 잠깐 소개해 보겠습니다.

학부모의 학교와의 소통과 학교 참여 확대 방안
- 이광호(함께여는교육연구소장) -

- 학교(교사)와의 직접 소통 확대
  - '학부모 저녁 모임(Parent's Night)'의 확대
  - '학부모 면접 주간', '학생-교사-학부모 3자 대화' 등의 확대
  - 학부모의 소통 관련한 교사 연수 실시
  - 학부모회 대표 = 학부모 코디네이터(coordinator) 역할 부여
  ※ 학부모 코디네이터 : 학교와 학부모 사이에서 갈등을 조정하고 상호 협력을 확대하는 역할 담당(주로 졸업생 학부모 중 봉사 정신이 투철한 분이 활동함)

- 학부모의 학교 참여 확대
- 교육과정 운영 관련한 교사-학부모 공동 워크숍 진행
  ※ '교과 포럼' : 연 2~4회 특정 교과 관련한 토론회 개최
    → 학교 교육과정 운영에 대한 학부모의 이해 제고
    → 학교 교육과정에 대한 신뢰 제고(사교육 감소)
    → 학부모 자원 활동 조직으로 연결
  - 교육과정위원회에 학부모 대표 참가
  - 진료 관련 교과, 창의적 체험 활동 등에 학부모 참여 확대
    (예 : 학부모 직업 교실, 지역 사회 조사, 생태 체험 등)

혁신학교 학부모 참여 사례(학부모 아카데미)

- 김춘성(전남교육정책연구소) -

— 학부모 사랑방 등 학교 내 학부모 모임 공간의 배치
— 교사와 함께 학부모 참여 인력풀 양성 : 발도로프 교육 스터디를 통한 수업 도우미, 생태 강사 양성 교육과 학부모 생태 체험 교실
— 2박 3일 동안의 신학기 신입생 오리엔테이션에 학부모 결합 : 학교에 대한 신뢰 및 이해력 제고(학부모 참여율 지속적 유지)
— 학교장이나 교사가 준비하는 학부모 아카데미 사업에 수동적으로 참여하기보다 학부모회가 직접 듣고 싶은 아카데미 사업 기획, 추진
— 학교 교육 계획 편성 시 학부모 의견 수렴 : 학교 교육과정에 학부모 참여
— 학부모회 규약 검토 및 제정
— 학생 생활 규정 제정 시 학부모의 입장을 학부모회 내부 토론을 통해 학부모 전체의 정리된 의견으로 학교에 제출
— 학부모 참여 기회를 넓히기 위해 사전 수요 조사를 하고 오전, 오후 프로그램 나누어서 진행
— 1박 2일 교사 직무 연수 시 학부모 연수 병행 방안 추진 중

혁신학교는
학급 모임이 많다던데 왜 그런가요?

    학교 안에 교육 주체인 학부모가 활동하는 공간이 있다는 것이 혁신학교의 특징 가운데 하나입니다. 혁신학교는 전적으로 교원들에게 의존하는 형태가 아니라 학부모와 함께 만들어 가는 모습을 바람직하게 생각합니다. 학부모의 활동 공간이 나의 자녀와 친구들이 생활하는 학급 교실이 되는 것은 자연스러운 현상입니다. 학교에서 학생들의 일상생활이 이뤄지는 교실은 학부모에게도 중요한 공간입니다. 학급이라는 공간은 나의 자녀와 친구들이 관계를 맺고 있을 뿐만 아니라 교사와 학부모들 사이도 연결하는 매우 중요한 교육적 공간이기 때문입니다.

    혁신학교에서는 학급 모임의 대표가 학교와 학부모 사이에서 의사소통의 창구 역할을 하고 있습니다. 교육 활동의 풀뿌리가 되는 학급 모임에서 학부모들은 학생의 일상을 이해하고, 고민을 나누고, 이를 다른 학급 모임이나 학년 모임과 연결하면서 학교가 생기를 되찾게 됩니다. 다시 말해 학부모 참여가 이루어지는 중요한 출발점이 학급 모임이 되는 셈이죠.

서울 상현초등학교 학부모 다모임 모습.

서울 상원초등학교 학생들이 학부모들의 도움을 받아 김장을 담그고 있다.

이러한 학급 모임이 강하게 나타나는 곳이 혁신 초등학교입니다. 혁신 초등학교는 어머니들의 학급 모임이 학년 모임으로 연결되고, 아버지들의 모임이 만들어지면서 학부모들이 학교운영의 주체가 되어 가는 모습을 보여 주고 있습니다.

학급 모임이 활성화되면 학부모들은 자녀에 대한 정보는 물론 학교운영에 대한 전반적인 흐름을 공유하기도 하고, 고민이나 문제가 발생했을 때 주체로 나설 수 있습니다. 교사들과의 건강한 관계가 만들어지면서 어려움과 즐거움을 함께 나눌 수 있는 중요한 플랫폼이 되기도 합니다. 전국 조직인 '혁신학교 학부모 네트워크'라는 조직도 어쩌면 내 아이들을 위한 학급 모임으로부터 모든 아이와 우리나라 교육을 위한 학부모 모임으로 발전된 형태라고 볼 수 있습니다. 이런 흐름을 보면, 학부모의 학교 참여가 이젠 단순 참여를 넘어서 교육 주체로 우뚝 설 것이라는 기대를 해 봅니다.

문46.

혁신학교에는
아버지회가 활성화되어 있다고 하던데요?

보통 '학부모' 하면 어머니들을 떠올리기 마련입니다. 오죽하면 '치맛바람'이라는 용어가 만들어졌을 정도니까요. 대부분 어머니들이 학교 활동에 참여하기 때문에 자녀 교육에 매우 열성적인 부모를 뜻하는 표현이 '치맛바람'이라고 사람들의 뇌리에 각인된 것이지요.

그런데 요즘은 자녀 교육에도 아버지의 역할이 강조되고 있습니다. 신기하게도 아버지회가 활성화된 학교에서는 학교 폭력이 거의 없고, 선생님과 학부모와의 마찰도 많지 않습니다. 이에 대한 정확한 통계 조사 자료는 없지만, 많은 교사가 아버지들과의 대화가 문제해결에 도움이 된다고 이야기하기도 합니다. 아버지들은 대부분 선생님께 학생을 더 강하게 키워 줄 것을 요구한다고 하네요. 이런 영향으로 교사들은 아버지회가 생기는 것을 환영한다고 합니다. 아버지들도 처음에는 아버지회를 귀찮은 모임으로 생각했다가, 나중에는 어머니들보다 더 적극적으로 참여해 학교 일을 한다고 합니다. 특히 남자 교사가 얼마 없는 학교에서는 남자 교사가 할 만한 일들을 적극적으로 도와주기도 하며, 학교 폭력도 줄어들었다는 보고가 종종 나오고 있습니다. 경기도교육청의 경우 이재정 교육감의 2014년 지방선거 공약에도 '아버지회' 활성화가 제시되어 있을 정도입니다.

혁신학교에만 아버지회가 있는 것은 아니지만, 일반 학교에 비해 혁신학교에 아버지회가 많은 것은 사실입니다. 이는 한쪽 성의 역할만 강조하는 것이 아니라, 양성의 구실을 골고루 배운다는 의미에서 매우 좋은 사례라고 할 수 있습니다. 경기도에서 성공한 혁신학교라고 평가받는 대부분 학교(이우학교, 보평초등학교, 남한산초등학교, 덕양중학교, 의정부여자중학교 등)는 학부모 중 어머니의 역할만 강조하지 않고, 학생과 아버지가 함께하는 행사를 지속적으로 추진하여 좋은 평가를 받고 있습니다. 아버지회가 확산된 계기가 혁신학교에서의 성공 때문이라고 보는 이도 있습니다. 구체적인 활동 내용은 아버지와 함께 산행 하기, 체육 행사(축구, 피구, 달리기 등) 하기, 보드게임 하기, 캠프파이어 및 1박 행사 하기 등 다양합니다. 행사를 통해 학생들은 아버지와 함께하면서 그동안 못 했던 대화를 나누고 부정(父情)을 느끼면서 어머니뿐 아니라 아버지도 자신에게 소중한 존재라는 것을 다시금 느끼게 됩니다. 그 외에도 아버지회는 학교 주변 우범 지역 순찰이나 학교 폭력 예방 행사 등을 하기도 합니다.

서울 양천구에 위치한 혁신학교인 서울신은초등학교 안해숙 선생님은 한 언론에서 다음과 같이 인터뷰했습니다.

혁신학교의 여러 키워드들 중에 으뜸이 교육 주체를 세워 내는 일이다. 교사, 학생, 학부모가 각급 학교에서 주인 의식을 갖고 교육의 내용과 방법, 방향 등을 세우고, 주체적으로 참여할 때 교육 혁신은 가능하다고 본다. 지금까지 일반 학교에서는 교육청의 지시를 받아 학교장이 중심이 되어 학교 교육을 주도해 왔는데, 이런 학교에서는 교육 주체들의 자발적인 참여가 부족하기 때문에 역동성이 없고, 창의적이지도 않고, 과거부터 해 오던 관행에서 벗어나기 쉽지 않기 때문에 한국 교육이 제자리걸음을 해 왔다고 본다.

그동안 대부분 학교에서 학부모들의 학교 교육 참여라는 것은, 어머니들이 중심이 되어 학교에서 요구하는 활동을 도와주는 정도의 도우미로 역할할 것을 요구받아 온 것도 현실이다. 그렇지만 오늘날은 맞벌이 부부가 많아지면서 가사는 물론 자녀 교육 문제도 부부가 공동 책임을 지는 시대가 되었다. 과거와는 달리 아버지들의 역할이 상당히 중요한 시대가 된 것이다. 따라서 학교 교육도 과거와 같이 어머니들이 학교 일을 도와주는 수준에서 벗어나 아버지들이 적극적으로 학교 교육 문제에도 관심을 갖고 교사들과 협조해 가면서 함께 학교 문화를 바꿔 나가는 노력이 필요한 것이다. 혁신학교는 바로 이런 점에도 주목해야 한다. 이런 관점에서 우리 신은초에서도 관심 있는 교사들이 자발적으로 나서서 아버지회가 조직되어 자녀들 학습에 참여하고, 학교와 지역사회를 위하여 봉사할 수 있도록 도움을 드리려고 노력하고 있다.[1]

---

1. 「오마이뉴스」, 2014년 7월 1일.

학부모들은
학교와 어떻게 소통하나요?

　학부모들이 학교와 소통하는 방식은 단순합니다. 보통 3월 중순에 있는 학부모 총회가 끝나고 담임 교사와 상담을 하는 경우와 학부모 공개수업 때 수업을 참관하는 형태입니다. 그 외 간혹 교사나 학부모의 필요에 따라 전화나 이메일로 소통하기도 하나, 사안이 발생할 때뿐이고 상시적인 소통은 잘 이루어지지 않았습니다. 더군다나 양방향 소통이 아닌 일방적인 소통인 경우가 많았습니다. 그로 인해 학부모들은 학교의 문턱이 너무 높다고 불만이었고, 교사들은 학부모들의 요구가 너무 지나치다고 생각하기도 했습니다. 서로에 대한 오해와 불신이 깊어지기도 하였고, 사소한 사안이 누적되면서 나중에는 큰 사건으로 이어지기도 하였습니다. 어느 한쪽의 잘못으로 상황이 악화되기는 힘듭니다. 흔히 학부모들이 가지고 있는 공교육에 대한 불신도 깊이 생각해 보면 이유가 전혀 없지는 않다고 생각합니다. 바뀌어야 할 현재 학교의 제도나 시스템이 오래된 관행으로 지속되다 보니 이러한 현상들이 발생한다고 봅니다.

혁신학교에서는 학부모와 학교의 소통을 매우 중시합니다. 학부모 동아리, 학부모 아카데미 등으로 수시로 학부모들이 학교행사에 참여합니다. 학부모 대상 공개수업도 분기별이나 학기별로 하지 않고 수시로 하기 때문에 언제든지 찾아와도 괜찮습니다. 교사들도 알림장이나 가정통신문 등 일방적인 소통의 방식보다 수시로 온라인 카페나 사회관계망서비스(SNS)를 통해 피드백을 주는 형태를 선호하기도 합니다. 성공한 혁신학교에서는 학부모와 소통 카페를 만들고 있다고 보시면 됩니다(서울의 서정초등학교, 경기도의 보평초등학교 외).

일반 학교의 학부모들은 학교운영위원회에 관심을 두지 않으면서도, 한편으로는 학교운영위원들에 의해 학교 교육과정이나 학교 행사 등이 일방적으로 잡히는 것에 대해 불만을 표시합니다. 특히 최근 벌어진 메르스(MERS, 중동호흡기증후군) 사태로 인한 학교 휴업[1] 등이 학부모를 대상으로 사전 설문 조사 없이 학교운영위원회에서 결정 후 사후 통보된 방식이 대표적인 예라고 보시면 됩니다. 그러나 혁신학교에서는 수시로 학부모들의 의견을 물어 학교의 중대사를 결정하기 때문에 학교운영위원회 중심으로만 학교행사나 일정이 조정되지 않습니다. 교사들과 학부모들의 만남도 온·오프라인을 통해 상시적으로 일어나기 때문에 서로에 대한 오해나 불신도 상당히 줄어들게 마련입니다. 다만 사람들이 함께 사는 공간이 으레 그렇듯 약간의 갈등은 존재하나,

---

1. 2015년 6월부터 7월까지 발생한 메르스의 유행을 막기 위한 학교 휴업 사태를 말함(교육부 및 시도 교육청 지침).

소통을 통해 갈등이 풀리면서 서로에 대한 신뢰가 더 증가하기도 합니다. 혁신학교의 큰 특징 중 하나가 소수의 의견을 중시한다는 것입니다. 다수결이라는 것이 좋기는 하지만, 과반이 안 되는 소수의 의견은 묻히게 마련이고 불만이 생길 수밖에 없습니다. 이러한 것을 감안하여 소수 의견을 들어 보고 합리적인 의견이라면 추후 사안에 반영할 수 있도록 노력하고 있습니다. 혁신학교의 기본 철학이 되는 여러 이념을 바탕으로 학교 민주주의를 구현하기 위해서 많은 노력을 하고 있고, 그 과정에서 학부모와 교직원들의 신뢰가 쌓여 간다고 보시면 됩니다. 결국 학생들을 포함한 학부모나 교사 등 모든 구성원이 행복한 학교가 될 수 있도록 소통을 통해 노력하는 학교가 혁신학교입니다.

문48.

학부모를 위한
교육과정 설명회가 뭔가요?

  혁신학교가 학부모와 소통하는 중요한 방식 가운데 하나가 교
육과정 설명회입니다. 교육과정은 영어로 커리큘럼(curriculum)
에 해당하는데, 이 용어는 라틴어 쿠레레(curere)에서 유래한 단
어로 '달린다'는 뜻이 있습니다. 경마장에서 말이 경주를 하기 위
해 출발점에서 종착점까지 달려가야 하는 일정한 코스가 커리큘
럼인데, 오늘날 학생들이 인간으로 성장하기 위해 받아야 하는 과
정을 의미하는 말이 되었습니다.

  이렇듯 교육과정은 학교운영의 기준이자 뼈대에 해당하는데,
혁신학교가 세운 교육과정을 학부모에게 전하고 의견을 듣는 자
리는 매우 중요합니다. 이 자리에서 해당 혁신학교가 다른 일반
학교 또는 혁신학교와 차별화되는 지점이 어디인지, 학생들을 위
해 어떻게 교육을 실시할 것인지 학부모에게 알리는 자리가 됩니
다.

  혁신학교로 잘 알려진 경기도의 이우고등학교는 학부모가 학
교 교육과정에 대한 검토와 기획에까지 참여하고 있습니다. 이우

고등학교의 교육과정 흐름은 '거버넌스 구축 → 의제 설정 → 원리 정립'이란 재구조화의 흐름을 가지고 있습니다. 학부모와 함께 학교 교육과정에 대해 '근본적인 질문을 되짚는 과정', '의제 설정의 논의 과정', '미세 쟁점의 해결 과정'을 갖습니다. 거버넌스 차원에서 학부모들은 학교 교육과정을 확정·공지 시 '학교운영위원회, 학년별 학부모 회의, 학부모 총회, 학부모 아카데미'에서 함께 고민하고 교육과정을 만들어가고 있습니다.

특히 교육과정 설명회에는 많은 학부모가 참여해 학생들의 학교생활에 대해 관심을 나타내곤 합니다. 아래 사진은 실제 경기도의 의정부여자중학교에서 학부모들을 대상으로 한 교육과정 설명회 자료입니다.

경기도 의정부시 가능1동에 있는 의정부여자중학교에서 학부모들이 마련한 '자녀와 소통하는 학부모 저녁모임' 행사 모습.

충청북도 청주시 상당구 남일면에 있는 동화초등학교의 학부모와 선생님들이 함께하는 다모임 모습.

학부모 참관 수업은
일반 학교와 어떻게 다른가요?

일반 학교에서 학부모 참관 수업이 개인적인 일회성 단순 참관 수준이라면, 혁신학교의 학부모 참관 수업은 지속적으로 이루어지는 공동 참여라고 말할 수 있습니다.

다시 말해 학생들의 교육 활동 중 가장 중요한 수업을 학부모들은 한 학기에 한 번만 보는 것이 아니라 지속적으로 봅니다. 단순하게 보는 데서 그치는 것이 아니라 수업에 대한 의견을 개진해 함께 만들어 가기도 합니다. 이는 앞서 언급한 교육과정에 대한 의견 개진에 포함된 이야기입니다.

이를 위해서는 혁신학교가 수업 공개에 대해 깊은 철학을 공유하고 있어야 합니다. 수업은 단순히 교사 혼자 학생들에게 지식을 전달하는 과정이 아니라, 학교 안에서의 학생들 모습을 수업을 통해 살피고, 동료나 지역의 교사 혹은 학부모에게 상시적으로 공개하고 함께 공유하면서 학생들의 생활과 학교운영을 동시에 고민해 나가는 자리여야 합니다. 공교육(public education)에서 수업은 공공성, 공개성을 전제로 합니다. 수업 공개의 원칙은 잘하는 모습을 학부모에게 '보여 주는 것'이 아니라 학생들의 성장을 함께 관찰하면서 서로 돕는 것을 목적으로 합니다.

　이러한 학부모 참관 수업은 수업을 통해 학부모도 교육 주체로서 초대한다는 의미를 담고 있습니다. 수업을 상시적으로 보고, 학생들이 어떻게 성장하는지 파악하면서 교사들에게도 든든한 후원자가 되어 주는 것입니다. 다음 사진은 다양한 수업 공개 모습으로, 학부모와 지역사회에 어떻게 공개되고 있는지를 보여 주는 자료입니다.

혁신학교의 수업 혁신안

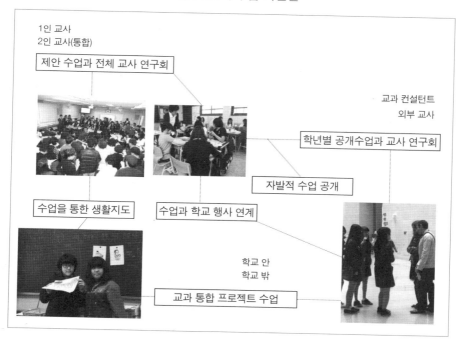

혁신학교 학부모회는
일반 학교 학부모회와 어떻게 다른가요?

일반 학교 학부모회와 혁신학교 학부모회의 차이는 학교의 개방성에서 드러납니다. 관계, 소통, 공동체를 강조하는 혁신학교에서는 일반 학교에 비해 학부모를 주체로 세우려는 노력을 많이 합니다. 그래서 학부모들은 학부모 독서 모임, 교육 아카데미, 학부모 동아리 활동, 학부모 공동 수업 등 다양한 형태로 학교에서 활동을 하게 됩니다. 최근에는 학부모가 주도해 학생과 교사들과 함께 학교 협동조합을 만든 사례도 있었습니다. 경기도의 조현초등학교와 홍덕고등학교, 서울의 삼각산고등학교가 그 주인공들이지요.

또 하나 차이점은, 앞서의 내용과 연결되는데 일반 학교 학부모회보다 참여하는 학부모 수가 많다는 것입니다. 이 말은 단순 행사나 동원하는 형태로 학부모들을 부르는 게 아님을 보여 줍니다. 다양한 프로그램이나 모임도 있지만, 더 나아가 학부모들이 주도해 학생들을 위한 행사를 마련하고 교육 활동을 펼쳐 가는 경우입니다. 서울상원초등학교 학부모회 활동은 이런 흐름에서 잘 알려진 경우입니다. 학생들과 함께 학부모들이 김장 담그기, 야영하기 등 다양한 활동을 펼쳐 나가고 있습니다.

이는 혁신학교의 교육과정을 직접 지켜보면서 나의 아이, 우리의 아이들의 성장을 생생하게 접하기 때문입니다. 학교라는 공간이 따뜻하고 행복하고 교육적으로도 의미 있는 공간임을 인식했기 때문입니다. 그래서 학부모 활동이 중요한 일임을 인식한 많은 학부모가 지속 가능한 학부모회를 위해 '혁신학교 학부모 네트워크'라는 조직도 만들었습니다. 전라북도를 시작으로 서울, 광주광역시, 경기도 등에서 학부모들이 혁신학교를 지키고 이끌어 나가려고 노력하고 있습니다.

최근에는 '서울형혁신학교 학부모 네트워크'에서 혁신학교 학부모 강사단 양성을 위한 연수 과정을 통하여 배출된 혁신학교 학부모들이 혁신학교, 예비 혁신학교, 혁신학교를 준비하고 있는 일반 학교 학부모들을 대상으로 자신들이 체험하고 느낀 혁신학교의 경험들을 직접 전달하려고 준비 중입니다.

서울형혁신학교 학부모 네트워크가 주관한 혁신학교 학부모 강사단 양성 과정 연수 모습.

7장. 혁신학교
교사

혁신학교에 근무하려면
교육청에 지원해야 하나요?

혁신학교를 희망한다고 해서 반드시 그 학교에 간다는 보장은 없습니다. 현재까지 혁신학교 근무를 희망하는 교원들에게 별도로 신청 받지는 않습니다. 일반적으로 혁신학교나 일반 학교나 근무지를 옮기는 방식은 비슷합니다. 근무지를 옮기는 것을 '내신 낸다'고 하는데요. 시도별로 내신을 내고 선정이 되는 과정이 약간 다릅니다. 매우 복잡한 공식을 쓰는 시도도 있는데 원리만 간단히 소개하겠습니다.

일부 시도 교육청은 교사들의 근무 평가 점수로 내신 기준을 세우고 있습니다. 근무 평가를 잘 받은 교사를 좋은 학교로 먼저 보내 준다는 취지입니다. 경기도교육청의 경우 근무 평가 대신 한 학교에서 근무한 경력 순으로 보냅니다. 세부 사항으로는 지역 여건이나 특성에 따라 나눈 학교 급지에 따라 가산점이 생깁니다. 갑 · 을 · 병으로 구분해서 상대적으로 취약한 병 지역에서 근무를 하면 근무 연수에 곱하기 2를 해줍니다. 1년 근무하면 2년 근무한 셈으로 쳐주는 겁니다. 을 지역에서 근무를 하면 근무 연수 곱하기 1.5를, 갑 지역에서 근무하면 곱하기 1을 합니다. 갑 · 을 · 병의 급지 선정은 인사를 담당하는 부서에서 선정한 규칙을 따릅니다.

이렇게 복잡한 공식이 필요한 이유는 인사 이동의 투명성을 높이기 위함입니다. 매년 근무지 이동을 희망하는 교사들은 12월에 1희망에서부터 3희망까지 타 시도 전출과, 관외 내신(타시군 전출), 관내 내신 신청서를 제출합니다. 교원인사과에서는 인사 작업을 통해 2월 중순에서 하순쯤 최종 확정된 이동 교원 명단을 발표합니다.

혁신학교를 희망하는 교사들이 반드시 혁신학교에 간다는 보장이 없는 것처럼 혁신학교를 희망하지 않는 교원이 혁신학교에 배치되기도 합니다. 일부 혁신학교에는 비선호 지역이거나 기타 이유로 인해, 이동 점수가 낮은 신규 교사나 타 시도에서 전입 온 교원이 주로 배치되는 현상이 발생하기도 합니다. 하지만 우연히 오게 된 신규 교사나 타 시도 전입 교사들이 오히려 혁신학교에서 중추적인 역할을 맡고 변화를 주도하기도 합니다. 혁신학교 교사라도 처음부터 특별한 무언가가 있는 것은 아니기 때문입니다.

혁신학교를 희망하지 않았는데 우연히 혁신학교에 가게 되는 교사보다, 신규 교사들이나 타 시도에서 전입 온 교사들이 더 많았으면 좋겠다는 생각을 합니다. 제가 근무했던 학교가 그런 혁신학교였는데 분위기가 아주 좋았습니다. 혁신학교라는 정책을 경험해 보지 못하고 기존의 관행에 익숙해져 있다가 우연히 전입해 온 혁신학교에서의 근무가 교사 생활에 정말 유익한 경험이었다는 말씀들을 많이 들었습니다. 신규 교사의 경우도 마찬가지입니다. 혁신학교로 첫 발령을 받은 신규 교사들이 공교육에서도 교육 혁신이 가능하다는 것을 배웠으면 좋겠습니다. 신규 교사들이 교육대학이나 사범대학 교육과정 또는 임용시험을 준비해 온 과정에서는 이러한 것들을 배울 수 있는 기회가 드물기 때문입니다.

다행히도 2015년부터 경기도교육청과 강원도교육청을 포함한 많은 시도 교육청에서 임용시험 정책을 바꾸려고 하기 때문에 앞으로 혁신 교육, 특히 혁신학교를 잘 알고 있는 예비 교사들이 많이 양산될 것으로 예상됩니다. 경기도교육청, 강원도교육청, 서울시교육청이 2015년 상반기에 발표한 임용시험 개선안을 보면 심층 면접을 강화해 예비 교사들의 교직 인성을 검증하겠다는 의지가 보입니다. 앞으로는 교육청의 지원 시스템에도 변화가 있을 것이라고 생각됩니다. 혁신학교에 근무하는 이들을 위한 트랙(선발 경로)을 별도로 만들거나 몇명의 교사끼리 팀을 짜서 공모하는 방식도 도입되어야 한다고 생각합니다. 그렇게 되면 개인이 학교에 들어가는 것이 아니라, 뜻을 같이하는 교사들이 집단으로 들어가서 학교를 바꿀 수 있는 계기가 되기 때문입니다. 물론, 이렇게 되려면 한 학교에서 의무적으로 5년간 근무해야 하는 만기 제도 자체가 없어져야겠지요. 머지않은 미래에 가능하리라 봅니다.

혁신학교에 지원하려면
특별한 자격 요건이 필요하나요?

혁신학교에 지원하기 위한 특별한 자격 조건은 없습니다. 경력도 무관합니다. 일반적으로 한 학교에서 근무를 하게 되면 총 경력도 중요하지만, 그 학교에 근무한 연수를 중요하게 생각하는 경우도 있습니다. 혁신학교도 마찬가지인데요. 경력이 낮은 교사라 하더라도 혁신학교에서 몇 년을 근무했는지에 따라 주변의 인식이 달라지는 경우도 있습니다. 학부모님도 젊은 선생님이라 할지라도 혁신학교에서 오랫동안 근무했다면 경력과 상관없이 긍정적으로 보시기도 합니다.

교육청에서는 특별하게 자격을 두지 않지만 학교 내부에서는 선생님들의 경력이 편중되지 않기를 희망하기는 합니다. 경력이 낮은 교사들만 많으면 아무래도 경험 부족으로 인한 실수나 어려움이 있고, 이끌어 주는 교사들이 적으면 애를 먹기도 하기 때문입니다. 이왕이면 경력이 많은 교사들이 경력이 부족한 교사들을 이끌어 주는 것이 좋을 것 같습니다. 너무 경력이 낮은 교사들이 몰리거나, 반대로 경력이 많은 교사들이 몰리는 것보다는 골고루

분포되어 시너지 효과가 나기를 바라는 것이지요.

경기도 내 혁신학교가 300개가 넘지만, 교사들의 평균 재직 기간을 따로 조사한 데이터는 없습니다. 혁신학교 역시 일반 학교와 유사하다고 보면 될 것 같습니다. 공립학교 재직 기간은 시도교육청별로 약간씩 차이가 납니다. 교사가 한 학교에 재직할 수 있는 기간은 광역시는 보통 4년, 도는 5년가량입니다. 경기도는 5년이 만기이므로 5년이 지나면 일단 이동을 한다고 보시면 됩니다.

교사의 내신은 교육공무원 인사관리규정과 교육공무원임용령에 따릅니다. 보통 혁신학교에 근무하는 교사들 가운데 뜻이 있는 교사는 5년을 꽉 채우고, 필요에 따라 초빙교사 제도를 이용해 남기도 합니다. 물론 특별한 사정이나 개인적인 이유로 2~3년 만에 학교를 옮기기도 합니다. 혁신학교를 시작한 것이 2009년이므로 혁신학교에 근무하는 교사들의 평균 재직 기간을 제시한 자료는 아직까지 통계가 나와 있지 않습니다.

교사가 재직하게 될
학교를 교육청이 결정해서 통보하나요?

교사가 재직하게 되는 학교를 교육청이 최종적으로 결정하긴 하지만, 보통은 일정하게 정해진 기준에 따라 이동하게 됩니다.

교사의 인사 전보와 관련한 권한은 해당 지역 교육감이 가지고 있지만 교사에게도 근무를 희망하는지, 전보를 희망하는지를 알아보는 절차가 있습니다. 혁신학교도 마찬가지 기준을 적용합니다. 다만 지역에 따라 혁신학교 교장에게 교사 초빙 권한을 주기도 하므로 혁신학교로의 전근은 해당 학교 교장의 권한으로 이루어질 수도 있습니다.

지역에 따라 다르지만, 교사들은 보통 한 학교에서 평균 5년 정도 머무르면 이동을 합니다. 물론 짧으면 2년, 길게는 10년까지도 머무를 수 있습니다. 10년까지 머무르는 경우는 기존 교사가 교장의 요청에 의한 전근 유예 제도에 따르거나 초빙교사의 경우 재초빙을 하는 경우에 해당합니다. 다시 말해 혁신학교에서는 최장 10년까지 근무하는 교사가 나올 수도 있습니다. 하지만 현실적으로는 혁신학교 운영이 대부분 4년 단위로 이루어지기 때문에 4년에서 6년 정도 재직하는 것으로 보면 됩니다.

　초빙 교사 제도에 대해 부정적으로 생각하는 혁신학교도 있습니다. 자연스러운 교사 이동 속에서도 학교를 혁신할 수 있어야 한다는 생각 때문입니다. 이런 생각에는 현재 있는 교사들 사이의 관계 정립을 핵심으로 보고, 언제 누가 오더라도 탄탄한 시스템과 문화로 학교를 바꿔야 한다는 인식이 깔려 있습니다. 또 지역 10년 만기라는 제도가 있어 교사가 전보로 이동하는 변수는 많습니다. 혁신학교에 오래 있고 싶어도 지역 만기 10년에 다다른 교사의 경우, 1~2년 만에도 혁신학교를 나와야 하는 경우도 있습니다.

　최근에는 혁신학교를 정착시키기 위해서는 교장의 리더십과 교사들의 역량이 핵심적이기 때문에 교장 1명, 교사 3명 정도 인원을 한 팀으로 만들어 함께 들어가야 한다는 얘기도 나옵니다. 혁신학교 초기에는 교장 공모제를 통해 학교를 변화시키는 사례가 많았고, 2~3년 지났을 때는 교사들 몇 명이 학교에 한꺼번에 들어가 변화시키는 사례도 있었습니다. 하지만 혁신학교가 일반화되면서 이는 점점 더 어려운 상태가 되었고, 그럴 필요성도 줄어들게 되었습니다. 하지만 일반 고등학교와 같이 변화가 어려운 곳은 뜻을 함께하는 사람들이 집단으로 들어가 바꾸어야 한다는 주장도 꾸준히 나오고 있습니다.

혁신학교에서 근무하면
가산점을 받나요?

혁신학교는 기존 공교육 체제와 많이 다릅니다. 일반적으로 기존에 많이 있던 연구·시범학교에 재직하면 승진 가산점이 부여되기 때문에 교사들이 해당 학교에 가기 위해 많은 노력을 하기도 합니다. 혁신학교의 경우 2009년 시작될 당시부터 교사에게 수당이나 승진 가산점 등 인센티브를 전혀 주지 않았습니다.

지금은 경기도 외 다른 지역에도 혁신학교가 많이 확산되었지만, 이 취지만큼은 정확하게 지켜지고 있습니다. 혁신학교는 교육부나 다른 행정기관이 만든 연구·시범학교와는 출발점 자체가 다릅니다. 교사들이 개인적인 목적, 즉 승진 점수 등의 인센티브를 바라고 오지 않는다는 점입니다.

기존 연구·시범학교에서 드러나는 일부 폐해에 대해서는 학부모들이 더 잘 알고 계시더군요. 보여 주기식 전시 행정이 많고, 연구·시범학교 기간(보통 2년)이 끝나면 아무것도 남지 않는다고 말씀들을 하십니다. 교사들은 교사들대로 행정 업무가 가중되어 수업에 집중할 수 없다고 불만이 많았습니다. 승진 점수가 필요한 교사들은 자청해서 하겠지만, 그렇지 않은 교사들은 울며 겨자 먹기로 연구·시범학교 업무를 해야 하는 경우가 많았습니다.

어떤 언론 기사에서는 혁신학교와 연구·시범학교와 차이점을 이렇게 말하고 있기도 합니다.

> '혁신학교는 연구학교나 시범학교처럼 특별한 프로그램을 시행하는 학교가 아니다. 보여 주기식 사업을 벌이지도 않을뿐더러, 교육청이 교육과정 운영 등에서 학교의 자율과 자치를 보장하고 지원해 주는 학교다.'[1]

승진가산점이 부여되지는 않지만 일부에서는 근무지 이동 가산점을 주고 있습니다. 이것은 공립학교의 특성상 근무 연한을 보통 5년 내외로 정하기 때문입니다. 교사들은 4~5년 정도 근무하면 다른 학교로 전근을 가는 상황이 생깁니다. 때에 따라 2년 정도 유예를 할 수도 있는데 조건이 까다로워서 보통 4~5년 사이에는 다른 학교로 가게 됩니다. 공립학교인 혁신학교도 예외가 될 수 없습니다. 다만, 앞의 질문에 대한 답변에서도 말씀드렸듯 혁신학교에서 중추적인 역할을 맡고 있는 교사들은 경우에 따라 일부가 초빙 교사 제도에 따라 남게 되는 경우가 있습니다. 하지만 제도 자체가 까다로워 한 학교에 1~2명가량만 초빙되는 것이 가능합니다.

이렇게 교사들이 근무지를 이동해야 하는 규정 때문에 어려움

---

1. 「오마이뉴스」, 2012년 12월 10일.

을 겪는 혁신학교를 여럿 보았습니다. 한 학교의 틀을 새롭게 다지는 일은 결코 1~2년 안에 이루어지지 않습니다. 학교에 근무하는 4~5년의 시간 동안 열과 성을 다하였는데 정작 4~5년이 지나면 그 학교를 만든 선생님들은 이동을 해야 하는 문제가 생기게 됩니다. 그래서 일부에서는 혁신학교만이라도 공립학교 내신 규정을 바꾸어야 한다는 의견이 나오고 있습니다.

경기도 내 어떤 혁신학교는 학부모들이 나서서 교사들이 내신을 내지 않게 해 달라고 민원을 냈지만 소용이 없었습니다. 인사 규정을 바꾸기가 좀처럼 쉽지 않은가 봅니다.

현재 경기도교육청에서는 혁신학교 근무 교원이 이동 시 근무 연수를 두 배로 쳐주고 있습니다. 즉 혁신학교에서 3년 근무했다면 그 두 배인 6년을 근무 기간으로 쳐서 학교 이동 시 약간 유리하게 적용하고 있습니다. 시도별로 규정이 달라서, 이제 막 혁신학교를 시작한 시도 교육청에서는 이러한 근무지 이동 가산점을 적용하지 않는다고 합니다. 그런데 혁신학교에서 근무하는 교사들은 근무지 이동 가산점보다 혁신학교에 남게 해 달라는 요구를 하고 있습니다. 이 때문에 초빙 교사 제도를 이용해 혁신학교에 다시 유예하는 사례가 상당히 많습니다.

그런데 가산점도 없는 혁신학교에 근무하는 교사들은 혁신학교에서의 교사 생활을 만족스러워할까요? 이에 대한 해답을 다음 자료에서 찾을 수 있습니다. 이 자료에서 보듯이 시작 당시(2009년)부터 2013년까지 지속적으로 교사 만족도가 올라가는 것을 알 수 있습니다.

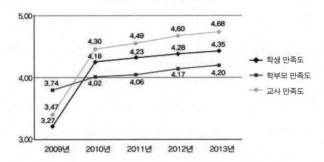

혁신학교 교육 만족도(초등학교)

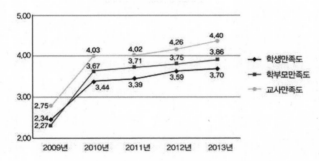

혁신학교 교육 만족도(중학교)

「혁신학교 운영의 성과」, (경기도교육청, 2014) 참고.

문55.

혁신학교 교사들은
수업 코칭을 꼭 받아야 하나요?

교사들은 수업과 교육과정이 생명입니다. 전문성이 있기에 자타가 교사를 수업 전문가라고 얘기합니다. 교사가 수업에 대해 연구하고 발전하는 모습을 보이지 않는다면 전문가라는 말이 무색해지겠지요. 그런데 교사들이 스스로 수업에 몰입한다고 수업이 발전하는 것은 아닙니다. 여러 이유로 한계가 있기 때문입니다. 혁신학교 교사라서 의무적으로 수업 코칭을 받을 필요는 없습니다. 다만, 수업을 교사 혼자서 연구하기에는 한계가 있습니다. 여러 사람과 수업에 대해 고민하고 혁신하는 자리가 지속적으로 마련되어야 성장할 수 있는 것입니다.

혁신학교 교사들은 이런 이유로 자신의 수업에 대해 동료와 외부 조력자의 조언을 수시로 구합니다. 이렇게 해서 수업 기술을 늘려 가는 것입니다.

이와 관련해 '좋은교사운동'의 수업코칭연구소에서는 교사들의 수업 실력을 향상하기 위해 연구하고 있습니다.

혁신학교에서는 수업 코칭을 통해 교사들의 수업 실력을 향상시키는 데 주력하고 있지만, 교육청에서 강제로 시키거나, 학교장이 주도해서 하지 않습니다. 누구에게 보여 주려는 것이 아니라, 교육 전문가로서 전문성을 발휘하기 위한 스스로의 노력인 것입니다. 학생을 위해 수업 기술을 연마하고 전문가로서 자기 만족감이 높아지면서, 뜻하지 않게 혁신학교에 발령받았던 교사들이 하나둘 동화되어 가는 것도 어찌 보면 당연할 것입니다.

물론 혁신학교 교사들만 수업 코칭을 받아야 하는 것은 아닙니다. 교사의 기본은 내실 있는 교육과정 운영과 수업이기 때문에 오랜 시간에 걸쳐 스스로를 연마해야 한다고 봅니다. 수업하는 데는 왕도도 없고, 수업의 최고 권위자라는 것도 허울일 뿐이라고 생각합니다. 시간이 흘러도 변하지 않는 가치도 중요하지만 시대의 흐름에 따라 변화하는 가치를 수용하는 것 또한 중요합니다. 녹슬지 않게 수업을 준비한다는 것은 쉽지 않은 일입니다. 이 때문에 교사를 교육 전문가라고 하지요. 혁신학교 교사들이 수업 코칭을 받으면서 스스로 수업에 집중하는 것은 어찌 보면 전문성을 신장하기 위한 당연한 행동이라고 할 수 있지만, 그렇지 않은 교사들도 일부 있기 때문에 혁신학교 교사들의 수업 혁신 활동이 부각되는 것은 아닐까 생각합니다. 혁신학교에서 시작된 긍정적인 변화의 에너지가 모든 학교에까지 닿기를 바랍니다.

혁신학교 근무를 위해
특정 교원단체에 가입하는 것이 유리한가요?

학부모님들도 이런 질문을 많이 합니다만 교사들 가운데도 이런 오해를 하고 있는 사람이 많습니다. 대놓고 '전교조(전국교직원노동조합) 학교 아니냐?', '혁신학교에 가려면 전교조에 가입해야 하는 것 아니냐?'는 질문도 하십니다. 혁신학교에 특정 교원단체, 즉 전교조 가입 교사가 많은 것도 아니고, 전교조를 위한 학교도 아닙니다. 다만 일부에서 정치적으로 폄훼하고 왜곡해서 발표하는 것일 뿐입니다. 이런 오해는 공교육에 대한 불신에서 비롯되기도 합니다. 개인적으로 교육에서만큼은 진보도, 보수도 학교 현장에 영향력을 끼쳐서는 안 된다고 생각합니다. 오로지 학생에게만 초점을 맞춰야 정상인 것이지요. 과거 한 토론회에서 경희대학교 성열관 교수는 이런 이야기를 했습니다. "혁신학교와 비혁신학교로 나눠서는 안 된다. 정상이냐 비정상이냐를 논해야 하는 것이다."

실제로 정의당의 정진후 비례대표 의원이 발표한 「혁신학교 교사 교원 단체 소속 현황」을 보면 경기도의 혁신학교 소속 교사들은 2014년 8월 현재 한국교원단체총연합회(교총) 회원 31%, 전교조 조합원 14%였습니다. 아무 단체에도 가입하지 않은 무소속 교사가 가장 많았습니다. 조사한 혁신학교 123곳 중 20곳은 전교조 조합원이 한 명도 없었다고 합니다.

경기도교육청 관계자도 "전교조 교사들이 주도하는 일부 학교도 있지만, 중도 성향의 좋은교사운동이 주도하는 학교, 교사들보다 교장이 혁신을 주도하는 학교까지 혁신학교의 모습은 다 다르다"며 "혁신학교는 정치적 편향성보다 뭔가 다른 교육을 원하는 학교라고 봐야 한다"고 말했다고 합니다.[1]

개인적으로 필자가 참여한 경기도교육연구원 정책 연구서인 『혁신학교 성과 분석 보고서』(2013)에도 교총에 가입한 교사들의 내부 만족도가 가장 높게 나왔습니다. 이는 당시 경기도의 대부분 혁신학교를 전수조사했던 사례여서 더욱 신빙성이 높은 자료입니다. 혁신학교 149곳과 일반 학교 151곳을 대상으로 교사 5개 영역(수업 혁신, 생활지도 효능감, 교육과정 혁신, 학교 공동체감, 교사 집단 효능감)과 학생 5개 영역(수업 참여도, 학생 자치 활동, 교사 관계 형성, 학생 인권 존중, 자기 효능감)에 대해 설문 조사를 실시했던 결과입니다. 교사들의 평가에서 교총에 가입한 혁신학교 교사(756명)들은 5개 영역 모두에서 전교조에 가입한 교사(350명)들보다 높은 점수를 줬으며, 교사 집단 효능감과 수업 혁신 항목에서도 긍정적 인식이 가장 컸습니다. 교총에

---

1. 「경향신문」 2013년 3월 14일자 기사 참고.

가입한 교사와 전교조에 가입한 교사의 숫자 자체가 비교가 되지 않는 만큼 '혁신학교는 전교조 학교'라는 오해는 하지 않는 것이 바람직해 보입니다.

그렇다면 누가 혁신학교에 들어가려고 하는 걸까요? 상처 받은 교사들입니다. 학교 현장에서 갑갑함을 느낀 교사들은 변화를 열망합니다. 혼자 힘으로는 어렵기 때문에 뜻을 같이한 교사들과 함께 변화를 만들어 갑니다. 교사들에게 한번 질문을 던져보세요. "선생님은 학교를 바꾸어 본 경험을 가지고 있습니까?" 놀랍게도 대부분의 교사들은 이 질문에 답하지 못합니다. 무엇인가를 바꾸어 본 경험이 없다는 사실은 그만큼 눌려 있음을 의미합니다. 온갖 규제와 지침과 공문과 명령에 눌리는 것이지요. 젊을 때는 이상하게 생각하지만 어느 순간 그런 현실을 당연하게 받아들입니다. 학습된 무기력이 우리 교육의 가장 큰 병폐입니다. 이 무기력을 떨치기 위해 몸부림 치는 교사들이 혁신학교에 모였을 뿐입니다.

혁신학교 근무를 위해
특별히 받아야 하는 연수가 있나요?

　혁신학교에 근무하는 교사들을 위한 직무 연수가 있습니다. 경기도의 경우 이 연수가 세부적으로 나누어져 있습니다. 통틀어 혁신학교 아카데미 과정이라고 합니다. 이 아카데미 과정에서는 혁신학교의 철학 이해, 실무적인 접근, 학교문화 소개, 전문적 학습공동체, 학부모 관계, 학교 민주주의에 대해 학습하는 시간을 가집니다. 기초 과정에서부터 직무 과정, 혁신 리더 과정까지 다양하게 만들어져 있습니다. 현재 경기도교육청은 도 교육감의 교육 공약에 따라 최고 과정인 대학원 과정까지 계획 중에 있습니다. 이를 위해 일부 대학 측과 교섭 중인 것으로 알려져 있습니다.

　이제 막 혁신학교를 시작하는 시도에서는 1개의 과정만 개설되어 있습니다만, 앞으로 더 세분화되지 않을까 생각합니다. 다음은 이와 관련한 서울시교육청의 혁신학교 직무 연수 내용과 경기도교육청의 인수위원회 백서 내용입니다.

★ 혁신교육대학원 설치 및 운영

● **혁신교육대학원 추진**

· 수도권 지역의 대학 공모 및 양해각서(MOU)를 통해 추진

– 경인교육대학교 사내 대학원은 폐지하고 혁신교육대학원에 통합하여 추진

경기도교육청 인수위원회 백서(「단 한 명의 아이도 포기하지 않는 교육」, 2014)

영역	교과목	교수 요목	시간
합 계			15
혁신학교 이해	초등 서울형 혁신학교의 이해와 추진 전략	서울형 혁신학교의 개념 및 철학 서울형 혁신학교 추진 전략 초등 서울형 혁신학교 모델	2
	혁신학교 사례 연구	경기도 혁신학교 운영 사례 외국의 혁신학교 사례 다양한 혁신학교 사례	2
교육과정 혁신	혁신학교 교육과정	혁신학교를 위한 교육과정 운영 전략 창의적 체험활동 운영 교육과정 특성화 사례 문화·예술·체육 교육 활성화	2
수업 혁신	전문적 수업 공동체 만들기	수업 혁신을 위한 협의체 구성 함께 준비하는 수업 수업 혁신을 위한 다양한 모델	2
소통과 돌봄 혁신	학생 인권과 소통	학생 인권과 교육권 인권 존중 학교 문화 조성 학생 자치 활동	2
	건강한 학교를 위한 돌봄	학교생활에서의 소외 및 치유 학생 복지 정책에 대한 이해	2
토론 및 발표	분임 활동	참여와 협력의 학교 교육 공동체 구축 교수·학습 방법 혁신 방안	3

「서울형 혁신학교 직무 연수」(서울시교육청, 2011)

혁신학교에서 근무하던 교사가
다른 학교로 전근 갈 수 있나요?

교사들이 여러 사정이 생겨서 만기가 되지 않은 상태에서 중간에 내신을 내는 경우도 있습니다. 경기도의 경우는 최소 2년을 근무해야 내신을 낼 수 있습니다. 광역시 중에서는 3년이 지나야 내신을 낼 수 있게 규정을 만든 곳도 있습니다. 예외적인 경우로 경기도교육청에서는, 혁신학교의 경우 부적응 내신이라고 하여 1년이 지나면 학교를 옮길 수 있게 한 제도가 있습니다. 혁신학교에 발령을 받았다 학교문화에 적응하지 못하는 경우가 종종 발생하기 때문에 특별히 만든 제도입니다. 이 제도는 타 시도 교육청에서는 아직까지 도입하지 않았다고 합니다. 이외에도 행정 내신이 있는데, 부적응 내신과 비슷하게 여러 사유로 인해 학교에 적응하기 힘들면 내신을 낼 수 있는 제도로 근무 1년이 지나면 신청 가능합니다. 그런데 많은 교원이 부적응 내신이나 행정 내신은 잘 내지 않습니다. 인사기록카드에 기록이 되기 때문에, 학교에 적응하지 못했다는 꼬리표를 달고 다닐까 봐 그런다고 합니다. 또 행정 내신은 학교장의 동의가 필요한데, 잘 동의해 주지 않는다고 합니다. 무능력한 교장이라는 인식을 가지게 될까 봐 그렇다고 하는데, 간혹 아주 심하게 마찰을 빚는 교사가 있다면 울며 겨자 먹기 식으로 내주는 경우도 있다고 합니다. 이외에는 단기간만 근무하고 학교를 옮길 수 있는 방법은 없습니다. 합법적인 방법 이외에는 징계를 받아(음주운전 등) 다른 시·군으로 강제 전출을 가는 경우는 아주 드물게 있습니다. 그러나 이 경우 학부모들에게 통보하거나 하는 것은 아니므로 알 수 있는 방법은 거의 없습니다.

혁신학교에 근무하던 교사 역시 다른 학교로 전근을 갑니다. 개인의 사정과 역량에 따라 결정할 문제이므로 근무 기간에 따라 교사를 평가하는 것은 적절하지 않다고 생각합니다. 일부 혁신학교에서는 유능한 교사를 오랫동안 잡고 싶어 하는 학부모들이 전근을 못 가게 막는 사례가 있기도 했습니다. 그런 경우 초빙교사 제도를 이용해 10년 가까이 근무하는 것도 가능합니다. 2009년에 혁신학교가 시작되었으므로 아직 10년이 된 학교는 없습니다. 하지만 조금 더 지나면 혁신학교에서 먼저 교사 내신 제도를 개선하자는 움직임이 분명 있을 것이라 생각됩니다. 현재의 교사 내신 제도는 교사들과 학생들의 기본권을 제한하는 문제가 있는 제도입니다. 예를 들면 경기도 내에서 근무 환경이 열악하다고 여겨지는 일부 지역은 2~3년에 한 번씩 대거 교사의 전출과 전입이 반복됩니다. 교사가 발령을 받아 오면 학생들이 '선생님은 언제 가세요?'라는 질문을 하곤 한다고 합니다. 이는 승진 제도와도 관련 있는 제도입니다. 일부 농촌 지역에서 근무하면 승진 점수를 받게 되는데, 필요한 점수를 다 채운 교사들이 2~3년 만에 대거 빠져나가고, 이 자리를 신규 교사들이 메우는 현상이 반복적으로 발생하기 때문입니다. 현재 교사들의 근무와 이동 방식은 20~30년 전에 자리 잡은 이상한 구조라고 보시면 됩니다. 이런 비합리적인 방식은 근절되어야만 마땅하나, 현재까지는 국민의 관심 밖이라 개선될 동력이 부족합니다. 하지만 혁신학교가 확산됨에 따라 이러한 현상이 비정상임을 많은 학부모가 알게 되고 공감을 얻는다면 분명 제도의 개선이 가능하다고 생각합니다. 그 시작이 바로 혁신학교에서 근무하려는 교사들과, 그 교사들이 더 오랫동안 있기를 바라는 학생과 학부모들의 의지가 아닐까 생각합니다. 이제는 10년, 20년을 한 지역에 정주하면서 살아가는 교사가 있기를 희망해 봅니다. 경기도교육청에서도 '마을 교육 공동체'를 만들면서 그 중심에 교사가 있어야 한다는 것을 강조하고 있습니다. 이러한 흐름이 지속적으로 이어지길 희망해 봅니다.

교무회의가
무척 많다고 하던데요?

　교무회의는 매주 월요일마다 하는 학교도 있고, 사안이 발생할 때마다 하는 학교도 있고, 매월 1회만 하는 학교도 있습니다.

　과거 대부분 교무회의 풍경은 교사들이 의견을 나누기보다는 상명하달식 업무 전달 성격이 강했습니다. 교장, 교감, 교사, 행정실 직원을 포함한 전 교직원이 참석하는데, 주로 교장, 교감, 부장교사 위주로 업무적인 전달을 합니다. 그다지 민주적인 방식이라고 볼 수는 없지요. 특정한 사안을 두고 토론을 하거나 의사결정을 하는 모임이라기보다는 일방적으로 전달 사항을 말하고 끝나는 경우가 많습니다. 중등 학교에서는 일명 '벌떡 교사'(교장, 교감 선생님의 말씀 도중 벌떡 일어나 자신의 의견을 피력하는 데 주저함이 없는 교사)가 학교마다 몇명씩 있어서 교무회의 때 관리자와 마찰을 빚기도 합니다.

　이러한 교무회의 문화로 인해 그동안 학교에서는 비민주적이고 관행적인 부분을 당연히 받아들여야 하는 것으로 여겨 왔습니다. 이런 회의 문화에 익숙한 교사들이 교실에 가서 이와 닮은 모습을 학생들에게 은연중에 보여 주지는 않을까 우려되기도 합니다. 물론 관리자의 일방적인 잘못으로 볼 수는 없습니다. 승진을 바라는 교사들은 관리자의 의견에 반박하는 행동이 마이너스 요인으로 작용하지 않을까 하는 걱정에 의견 제시를 꺼려 합니다. 복합적인 요인이라고 볼 수 있는 것입니다. 이렇게 교무회의가 관리자 중심으로 진행되다 보니 학교 일에 교사들의 의견은 전혀 받아들여지지 않는 구조가 되곤 합니다. 완벽한 사람은 없습니다. 누군가의 의견을 받아들이고 수정 보완해야 하는 것이지요. 그만큼 교무회의가 중요한데, 의미가 퇴색되어 버린 것입니다.

일부에서는 교무회의를 법제화해 교사들에게 정당한 권리 행사를 할 수 있게 해야 한다고 말하기도 합니다. 하지만 법제화를 한다고 지금의 구조가 쉽게 바뀔 것이라는 생각은 들지 않습니다. 법제화를 한다고 하더라도 관리자의 권한이 막강하기 때문에 누가 고양이 목에 방울을 달려고 할지는 또 하나의 문제입니다. 이러한 현실 속에서 많은 교사는 '내가 기필코 승진을 하고 말리라' 또는 '승진, 안 하고 만다' 두 부류로 나뉘는 것입니다.

혁신학교의 교무회의 모습은 일반 학교와는 사뭇 다릅니다. 교장과 교감, 일반 교사 모두 동일하게 의사결정의 권한을 가진 표가 각각 한 표씩 주어지기 때문입니다. 따라서 회의는 일반 학교에 비해 치열하고 뜨겁게 이루어집니다. 회의도 빈번하게 합니다. 당연한 것이 학교에서 결정해야 할 사안이 많기 때문입니다. 일반 학교에서 교무회의가 빈번하게 이루어지면 행정 업무로 바쁜 교사들은 부담감을 많이 느낍니다. 혁신학교에서는 행정 업무

대신 회의 자체가 업무이자 교사들의 정당한 권리이기 때문에 피해야 할 대상으로 받아들이지 않습니다. 교장, 교감도 함께 참석하기 때문에 회의에서 결정된 것은 바로 실행이 되곤 합니다. 일반 학교에서 학년 회의, 부장 회의를 거쳐 열심히 의견을 나누어 정해진 것이 관리자에 의해 한순간 뒤바뀌는 것을 경험해 본 교사들은, 회의 때 아무 발언을 하지 않습니다. 혁신학교는 반대로 교사들이 적극적으로 의견을 표출하고 학교 일에 관심을 가지게 됩니다. 본인들이 결정할 수 있는 자율권이 많다 보니 회의가 많더라도 짜증을 내거나 힘들어하는 사람보다 보람을 느끼는 경우가 많습니다. 이것이 회의를 업무로 느끼지 않는 비결인 것 같습니다. 혁신학교에서는 교무회의를 넘어 아예 분기별로 교직원 워크숍을 진행하는 곳도 많습니다.

문60.

교사들의 업무량이
정말 많은가요?

일반 학교에서도 교사들의 업무량은 많습니다. 업무의 종류와 가짓수도 천차만별이라, 사실 교사들이 수업보다 행정 업무에 시달린다고 하는 표현이 맞을 것 같습니다. 학교의 행정 인력이 많이 부족해서 교사들이 그 부분을 나눠서 하는 경우가 많기 때문입니다.

이렇다 보니 교육부에서는 행정 업무를 담당하는 이들에게 승진 가산점을 부여하는 등의 고육책을 쓰고 있습니다. 대표적으로는 청소년 단체, 영재 학급, 돌봄 교실, 학교 폭력 업무 등입니다. 시도 교육청마다 선택 가산점이 다르지만 위 사안은 거의 공통적으로 적용되고 있습니다. 교사들이 수업과 관련 없는 행정 업무를 맡아야 승진이 가능해지는 일이 학교 현장에서 벌어지고 있는 것이지요.

이렇게 행정 업무에 시달리다 보면 교사 본연의 업무, 즉 학생을 가르치는 일이 부수적인 일처럼 느껴질 때가 많습니다. 과연 내가 교사인지, 행정공무원인지 헷갈린다는 것입니다. 행정 업무가 사라져야만 교사들의 역량이 그대로 학생들에게 투영될 것입니다. 부러운 일이긴 하지만 교육 선진국처럼 행정 직원과 교사의 비율이 5대 5가 되는 것은 쉽지 않아 보입니다.

이에 비해 혁신학교에서는 교사들의 행정적인 업무량이 많지 않습니다. 오히려 업무량을 줄이기 위해 많은 노력을 하고 있습니다. 대표적인 부분이 교원 업무 경감을 위해 혁신학교 지원 예산 중 일부를 행정 업무 담당(행정실무사) 직원을 채용하는 데 사용하고 있는 것입니다. 이렇게 뽑힌 분들이 그동안 교사들이 해왔던 행정 업무 중 많은 부분을 담당하게 됩니다. 혁신학교에서는 행정실무사도 주축이 되어서 많은 일을 합니다. 좋은 혁신학교에는 유능한 행정실무사가 있다는 말이 존재할 정도로 그들의 역할이 매우 중요하며, 학교 교육과정을 만들어 나가는 데 큰 축이 되고 있습니다.

교육청에서도 혁신학교에 예산을 지원하면서 교사들의 업무량을 줄이고 교육과정 개선에 노력할 것을 적극적으로 요구하고 있습니다. 혁신학교의 교육과정이 일반 학교와 다른 것은 업무에 쫓기지 않는 교사들의 적극적인 참여가 가능하기 때문입니다. 이렇게 될 수 있었던 것은 기존의 관행과 형식적인 업무를 과감하게 없애고, 업무의 효율성을 꾀했기 때문입니다.

혁신학교에서는 교사들의 교육과정 연구, 수업 방법 개선, 교사 동아리 모임, 교재 연구 등이 활성화되어 있습니다. 이러한 부분은 전적으로 자율적인 영역에 해당됩니다. 특별히 누가 시켜서 하는 것이 아니라, 교사들 스스로 모임을 이끌어 가는 것입니다.

혁신학교 교사들은 행정 업무가 아니라, 오롯이 학생들을 위해서 시간을 투자하면서 열정으로 가득했던 신규 교사 시절 자신의 모습을 발견하게 된다고 합니다.

　그동안 여러 이유로 학교에서 억눌려 와서, 교사라기보다 직장인에 가까웠던 자기의 모습을 반성하게 된다는 분도 있었습니다. 혁신학교에서는 이렇게 교사들이 자발적으로 열정을 불태우고 있습니다.

학교 안에 학습 공동체를
만들려면 어떤 게 필요한가요?

학교 안에서 교사들끼리 학습공동체를 만드는 것을 '전문적 학습공동체'라고 합니다. 여기에 대한 명확한 정의는 다음과 같습니다. '단위 학교 교원들이 동료성을 바탕으로 함께 수업을 개발(공동 연구)하고, 함께 실천(공동 실천)하며, 교육 활동에 대하여 대화하고 협의하는 과정에서 함께 성장(집단 성장)하는 학습 공동체 활동.'[1]

전문적 학습공동체를 만들려면 가장 필요한 것이 수업과 학교를 변화시키려는 교사의 자발성, 그리고 그것을 용인하고 허용하는 관리자의 이해가 아닐까 생각합니다. 전문적 학습공동체는 보통 수요일 수업 이후 학습 모임을 진행하는 방식을 선호합니다. 수업이 일찍 끝나 교사들이 모이기 쉬운 시간이기 때문입니다. 이러한 교사들의 모임에서 관리자(교장, 교감)의 인정은 필수적으로 필요합니다. 관리자들이 교사들의 모임에 대해 불편한 시각

---

1. 경기도교육청, 「학교 안 전문적 학습 공동체 학점화 계획」, 2015.

을 가지는 경우가 종종 있기 때문입니다. 교사들이 모여서 잡담을 하는 것이 아니라, 학습을 한다고 인식해야 합니다. 혁신학교에서는 이러한 전문적 학습공동체가 일상화되어 있지만, 일반 학교에서는 아직까지 낯선 것이 사실입니다.

전문적 학습공동체를 통해 관행적이고 비효율적인 업무나 학교 문화를 개선하기도 하고, 교육 활동과 관계된 수업이나 교육과정에 대해서 의논하기도 합니다. 혁신학교에서는 이러한 과정을 거치면서 교사의 행정 업무 경감이 자연스럽게 이루어지기도 합니다. 교사의 행정 업무 경감 우수교에 혁신학교가 많은 이유가 이 때문입니다. 의견을 나눌 자리가 많다 보니 교직원끼리 서로에 대한 이해, 정보 공유, 소통이 잘 이루어지는 것입니다. 주로 수업에 대해 이야기를 나누는 경우가 많은데, 이러한 과정 속에서 스스로 성장한다고 느끼는 교사들이 많다고 합니다. 저경력자뿐 아니라 고경력자에게도 성장의 기쁨은 마찬가지라고 합니다.

시작하는 초기 단계에는 거부감을 느끼는 교사도 있고, 관리자들과의 마찰도 종종 있을 수 있습니다. 차츰 시간이 지나면서 필요성을 인정하고, 공동체의 장점이 살아나기 마련입니다. 그 과정에서 많은 진통과 오해가 있기 마련이지만 건강한 조직이라면 자연스럽게 헤쳐 나갈 수 있는 것입니다. 혁신학교 관리자들 역시 초반에는 이러한 전문적 학습공동체를 부담스러운 존재로 인식하기도 했지만, 차츰 모든 것을 회의를 통해 해결하고, 관리자의 자연스러운 권한 위임이 이뤄지기에 교사들보다 더 좋아하기도 합니다. 권위는 강제가 아닌 구성원들의 인정으로부터 비롯되는 것임을 알았기 때문이겠지요. 일반 학교 중에 교사들과 마찰을 빚는 관리자가 일부 있습니다. 이들은 이해되지 않는 방식을 일방적으로 고집하며 불필요한 갈등을 유발하기도 합니다. 혁신학교라는 곳은 소통의 즐거움을 모르는 이들에게는 참 이해하기 힘든 장소일 수 있습니다. 혁신학교의 수업과 학교문화가 일반 학교와 많이 다른 이유 중 하나가 바로 전문적 학습공동체 때문이라고 생각합니다.

2015년부터 경기도교육청에서는 이러한 전문적 학습공동체를 학점으로 인정해 주기도 합니다. 다만, 취미나 친목 활동의 동아리 및 동호회 활동은 배제합니다. 교육과정 재구성, 배움 중심 수업, 평가, 학교 문화를 바꾸려고 실천하였는가를 학점 인정의 주요 영역으로 보고 있습니다.

대학 입학 시험을 준비하는 고등학교에서도
전문적 학습공동체가 가능할까요?

앞서 다른 장에서도 언급했지만 혁신학교에서 가장 큰 부담은 역시 대학 입학시험 결과로 평가받는다는 것입니다. 초등학교와 중학교는 사례 수도 많고 하려고 하는 이도 많지만, 고등학교 교육은 명문 대학으로 가야 하는 통로로 여기는 경우가 많기 때문입니다. 위 질문도 이와 같은 맥락에서 고민이 따르는 것은 사실입니다.

고등학교에서도 전문적 학습공동체는 가능합니다. 다만 현재와 같은 분위기가 지속된다면 그 확장성에는 의문이 듭니다. 이러한 입시 분위기에 이어 다른 문제를 살펴보자면 교과로 분할되어 있는 특성에 대한 부담입니다. 초등학교와 달리 중·고등학교에서는 교과목별 교사가 나눠져 있기 때문에 교사들은 교과 중심으로 모입니다. 주요 교과(국어·영어·수학·과학) 이외 과목의 교사들은 숫자도 적고 전공도 다르기 때문에 구심점이 없어 모이기가 쉽지 않습니다. 수업에 대한 전문성을 논하기도 쉽지 않은 것입니다. 초등학교는 모든 과목을 가르치는 특성상 어떤 과목에 대해서 논하여도 모든 이가 참여할 수 있지만, 중등학교는 관리자(교장, 교감)도 과목이 다른 교사들의 수업에 대해서는 이야기하지 않는다는 불문율이 존재합니다. 이러한 고등학교의 특수한 문화가 전문적 학습공동체를 방해하기도 합니다.

그런데 이러한 방해 요소들을 교과 통합 수업으로 깨려고 하는 시도들이 혁신학교에서 많아지고 있습니다. 몇 개의 교과를 묶어서 선생님 두 분이 수업을 하는 방식입니다. 경기도 시흥시의 장곡중학교 1학년 학생들이 하고 있는 수업이 훌륭한 예가 될 것입니다. 학생들은 식물을 모티프로 한 '아낌없이 주고 받는 너와 나'라는 이름의 프로젝트 수업에 참여합니다. 국어 시간에는 화단을 관찰한 후 느낌을 시로 표현하고, 영어 시간에는 영어 동화 『아낌없이 주는 나무』를 읽으며 다양한 영어 표현을 익힙니다. 과학 시간에는 식물의 광합성을 배우고, 미술 시간에는 캘리그라피를 이용해 나만의 글씨체를 만든 뒤 학급 농장의 팻말로 사용합니다. 도덕 시간에는 지역 사회에 도움을 주기 위한 나만의 프로젝트를 계획합니다.[1] 이렇게 한다면 교과가 다른 교사들 간의 협업이 이루어지고 전문적 학습 공동체도 활성화될 수 있습니다. 그 외에도 학생들의 생활지도, 비폭력 대화, 감정 코칭, 토론이나 협력 수업, 프로젝트 수업 등의 이야기가 오갈 수 있기 때문에 수업 외적인 면에서도 교사들에게 많은 도움이 될 수 있지요.

다만 이렇게 도움이 되는 측면이 많음에도 방관자적인 시각으

---

1. 「제주매일」, 2015년 7월 3일자 기사 참고.

로 바라보는 교사도 일부 존재합니다. 혁신학교의 주축이 되는 교사들은 이러한 방관자적인 시각으로 바라보는 교사들을 끌어 안기 위해서 많은 노력을 합니다. 다행인 것은 대체적으로 시간 이 흐르면 참여자가 늘어난다고 합니다. 새로운 주제를 발굴하고 논의하는 전문적 학습공동체에 참여하는 교사들의 열정이 혁신 학교의 원동력이라는 것을 누구도 부인할 수 없을 것입니다.

앞으로 입시 위주의 중등교육이 폐지되고, 학생의 창의성이 존 중받는 교육이 되기 위해서는 정책의 기조가 변화해야 한다고 봅 니다. 혁신학교의 성공은 공교육 혁신을, 더 나아가 국가 교육정 책의 근본을 흔들고 있다고 봅니다. 암기식 교육과 반복되는 문 제 풀이를 통해 명문 대학에 들어가는 것이 일생일대 목표가 되는 교육은 이미 많은 부분에서 극명하게 한계를 드러내고 있습니다. 앞으로 자라나는 미래의 주역들은 새로운 교육 방식에서 좀 더 나 은 교육을 받았으면 하는 바람입니다.

8장. 혁신학교
만들기

혁신학교 명칭은
지역마다 다른가요?

경기도교육청에서 2009년 9월 1일 13개로 시작한 혁신학교가 전국적으로 확산되고 있습니다. 2014년 6월 지방선거 때, 13개 진보 교육감 당선에 혁신학교라는 아이템이 큰 역할을 한 것은 모두가 인정하고 있습니다. 2012년 대통령선거에서도 혁신학교의 이념을 진보, 보수 후보 모두가 내세울 정도로 인정하는 성과가 되었습니다. 이런 혁신학교가 이제 경기도교육청을 넘어서 다른 시도 교육청으로까지 확산되고 있습니다. 2014년 3월 현재까지 혁신학교는 다음과 같은 명칭으로 운영되고 있습니다. 다만 이 자료에는 당시 명칭이 결정되지 않은 인천시, 세종시 등은 빠졌습니다. 인천의 경우 공모를 통해 지난 3월 11일 인천형 혁신학교의 명칭을 '행복혁신학교'라고 결정해 발표했습니다. 혁신학교의 명칭은 시도 교육청마다 약간씩 차이가 있으나, 경기도에서 사용하고 있는 혁신학교의 의미는 전국에서 공통적으로 적용되고 있다고 볼 수 있습니다.

충청북도교육청은 혁신학교를 행복씨앗학교로 명명하고 사업을 착실히 추진하여 2015년 행복씨앗학교 10개, 준비 학교 21개를 운영하고 있습니다. 부산 혁신학교는 2015년에 10개를 운영하고 있습니다. 다른 시도들 역시 뒤늦게 혁신학교를 시작했지만 기존에 추진한 혁신학교 정책을 면밀히 검토하여 지역 상황에 맞게 토착화하는 작업을 시작하고 있기 때문에 어떤 열매를 맺게 될지 기대가 됩니다.

교육청	혁신학교 현황	교육청	혁신학교 현황
경기도	●혁신학교 282교 -초 142교, 중 107교, 고 33교	강원도	●'행복+학교' 41교 운영 - 초 22교, 중 13교, 고 6교
서울시	●서울형혁신학교 67교 운영 - 초 36교, 중 21교, 고 10교	대구 광역시	●'행복학교' 11교 운영 - 초 10교, 중 1교
광주 광역시	●빛고을 혁신학교 18교 운영 - 초 10교, 중 6교, 고 2교	충청 남도	●'행복공감학교' 15교 운영 - 초 7교, 중 6교, 고 2교
전라 남도	●무지개학교 65교 운영 - 초 44교, 중 18교, 고 3교	경상 남도	●'꿈나르미학교' 10교 운영 - 초 10교 - 예비 지정교 80교 (초 35교, 중 45교)
전라 북도	●혁신학교 101교 운영 - 유 1원(단설), 초 67교, 중 28교, 고 5교	제주 특별 자치도	●'제주형 자율학교' 51교 운영 - 초 36교, 중 10교, 고 5교

경기도교육청 학교혁신과, 「혁신학교의 운영 성과」, 2014년 2월

혁신학교 지정 신청을 위한
절차와 조건이 있나요?

혁신학교 지정 신청 자격은 시도 교육청마다 다른 조건을 걸고 있습니다만 경기도교육청의 예를 들어 보겠습니다.

가장 기본적으로 필요한 조건은 학교장과 구성원의 혁신학교 운영에 대한 의지입니다. 중요한 것은 학교 구성원이나 학부모들의 동의 여부입니다. 동의가 일정 비율을 넘지 않았을 때는 일단 배제됩니다. 교육청에서 학교나 지역 여건상 혁신학교를 지정·운영하려고 하는 측면도 있지만 구성원들의 자발적인 동의가 없다면 불가능하다고 봐야 합니다. 학교장의 리더십, 학부모와 교사들의 활동 의지, 혁신학교 추진 계획 실현 가능성, 학교 교육과정의 창의성, 운영 성과 계획, 예산 사용 계획 등을 종합적으로 평가하게 됩니다.

혁신학교 지정 절차

경기도교육청 지정 절차

혁신공감학교 → (교육지원청 우수교 발굴) → 혁신학교(자율학교) → (종합 평가 우수교) → 모범혁신학교(자율학교)

◆혁신공감학교 지정
- 교원의 70% 이상 동의를 받아 신청한 학교를 지정
- 지정일로부터 1년 운영(1년 단위 신청)
- 교육지원청에서 우수교를 발굴하여 혁신학교로 추진

◆혁신학교 지정
- 교육지원청의 추천을 받아 혁신학교추진지원단 심의를 거쳐 도 교육청에서 지정
- 지정일로부터 4년 운영
- 4년 차 종합 평가 우수교는 모범혁신학교 선정

경기도교육청, 『혁신학교의 이해』, 2015년

서울시교육청 공모 절차

◆공모 대상 : 서울 관내 공사립 초 · 중 · 일반고
- 2015년 8월 지정 기한 만료 예정 서울형 혁신학교도 공모 가능
- 연구학교(교육복지 특별지원학교 포함) 운영 중인 학교(가산점 인정)도 신청 가능
  단, 혁신학교 지정 이후 연구학교 신청 불가

◆공모 신청 요건 : 교원 및 학교운영위원 동의율 각각 50% 이상

◆공모 신청 학교 수 : 18교 이내(재공모 지정 학교 포함)
- 학교급별 학교 수는 심사 과정에서 안배함

◆지정 결과 발표 : 2015년 6월 29일(월) 예정

◆지정 기간 : 2015년 9월 ~ 2019년 2월(3.5년간)

서울시교육청, 『서울형혁신학교 공모 지정 계획』, 2015년

혁신학교에 지정되려면,
교사와 학부모의 동의가 어느 정도 필요한가요?

　시도 교육청마다 약간씩 차이가 있지만 혁신학교로 지정받기 위해 신청서를 내려면 먼저 교원들과 학교운영위원의 동의를 받아야 합니다. 동의를 받은 후 신청서에 동의 비율을 적어 내야 신청할 수 있는 자격이 생깁니다. 서울은 예비형혁신학교 동의 비율은 30% 이상이며, 서울형혁신학교는 50% 이상입니다. 경기도는 혁신학교 준비교 형태인 혁신공감학교를 신청하려면 70% 이상의 구성원 동의를 받아야 합니다. 동의하는 비율은 지역마다 약간씩 차이가 있습니다. 매년 또는 매 학기 달라지는 부분이 있기 때문에 정확한 것은 해당 시·군·구 교육지원청에 알아봐야 합니다. 보통은 70% 이상이거나 과반수 이상이라고 보시면 됩니다.

　혁신학교 지정 신청 서류는 자율학교 신청 요약서, 자율학교 지정 신청서, 학교 일반 현황, 학교 운영 계획서, 교육과정 운영 계획서, 교직원 배치 계획, 예산 사용 계획 등이 포함됩니다. 동의서의 형태는 중요하지 않기 때문에 특별한 양식이 없고, 학교에서 자체적으로 제작합니다.

　혁신학교의 성패는 내부 구성원들의 학습과 동의 과정이 핵심입니다. 혁신학교에 대해 공부하지 않은 상태에서 남들이 하니까 시도하거나 예산을 조금이라도 확보해 보려는 심산으로 시작하는 것은 바람직하지 않습니다. 혁신학교가 무엇인지에 대해서 강의도 듣고, 책도 읽고, 주변 학교의 사례들도 연구하면서 교원이나 학부모의 일부라도 마음이 뜨거워지거나 동기부여를 받은 이들이 존재해야 합니다. 혁신학교를 위한 마중물 작업이 필요하지요. 이러한 숙성의 과정에서 때로는 갈등이 발생하기도 하지만 생산적인 진통으로 이어질 수 있습니다. 교사와 학부모의 동의를 얻는 과정도 혁신적이어야 합니다. 어떤 학교를 보면 몇몇 부장들을 독촉해서 문서를 만들어 내고, 급하게 교사나 학부모들의 동의를 얻어서 추진합니다. 이 경우 혁신학교로 지정을 받았다고 해도 내부 동력이 만들어지지 못합니다. 혁신학교가 무엇인가를 먼저 이해하고, 이 일에 내가 뛰어들어야겠다는 사람들을 확보해야 합니다. 그 첫걸음은 공부입니다. 그리고 각자가 꿈꾸는 학교에 대해서 이야기해야 합니다. 그 학교를 우리가 근무하는 학교에서 만들어 보자고 결의해야 합니다. 교육청에서 요구하는 교사와 학부모의 동의 과정을 단순한 행정 절차로 보지 않고 전략적으로 사용해야 합니다.

혁신학교 신청 시
경쟁률은 얼마나 되나요?

혁신학교 신청 경쟁률은 낮게는 2 대 1에서 높게는 4~5대 1까지 됩니다. 경기도에서는 2009년부터 시작한 후로 매년 높은 경쟁률을 이어 가고 있습니다. 새롭게 시작하는 곳에서도 경쟁이 높은 것은 마찬가지입니다. 경상남도, 세종특별자치시, 충청북도 등 새로 시작하는 지역만 살펴봐도 경쟁률이 상당히 높다는 것을 알 수 있습니다. 모든 곳에서 혁신학교 바람이 불고 있지만 행정·재정적인 지원을 뒷받침해 주어야 하기 때문에 모두 혁신학교로 지정하는 데는 어려움이 있습니다. 아쉬운 것은 모든 것을 시도 교육청 차원에서 하다 보니 애를 먹고 있다는 것입니다. 중앙정부 차원에서 혁신학교의 성과를 인정하였으면 합니다. 이어 혁신학교를 지원해 주고 법제화한다면 더욱 확산성이 있을 수 있을 텐데 말이죠. 언젠가는 그런 날이 오리라고 믿습니다.

구체적인 예로 2015년 3월 1일 혁신학교 지정과 관련된 지역별 경쟁률을 살펴보면 다음과 같습니다.

경상남도교육청은 행복맞이학교라는 이름으로 공모하여, 최종

70곳을 선정하기로 하였는데 247개 학교가 지원하였습니다. 20 곳을 선정하는 '학교형'에는 125곳이 응모하여 6.3대 1을 기록하였고, '학년형'은 20곳을 선정하는데 52곳이 응모하여 2.6대 1, 마지막으로 '동아리형'은 30곳을 선정하는데 70곳이 응모하여 2.3대 1의 경쟁률을 보였다고 합니다.

충청북도교육청은 행복씨앗학교를 공모하였는데, 최종 10개 학교 선정에 41개 학교가 모여 4대 1 이상의 경쟁률을 보였다고 합니다.

세종시교육청은 세종혁신학교 9곳을 지정하기 위해 공모를 하였는데 49개 학교가 지원하였다고 합니다.

이렇게 새로 혁신학교를 시작하는 지역에서도 4~5대 1가량의 높은 경쟁률을 보이고 있습니다.

혁신학교는
공립학교만 신청할 수 있나요?

경기도교육청에서는 2012년부터 사립학교의 혁신학교 신청도 받아들이고 있습니다. 2013년 후반기에 지정된 혁신학교를 보면 사립학교 현황이 별도로 제시되어 있습니다. 2015년 3월 1일자로 선정된 혁신학교 30곳 가운데 2군데가 사립학교입니다.

혁신학교의 역사가 깊고 숫자가 많은 경기도교육청의 경우는 사립학교에도 문을 열어 놓았으나, 나머지 대부분 지역에서는 제외한다고 보시면 됩니다. 특별하게 사립학교를 배제해야 할 이유는 없으나, 사립학교만의 특수한 건학 이념과 보수적인 분위기가 일부 작용한다고 보는 이들도 있습니다. 그러나 건강한 사립학교가 혁신학교를 희망한다면 굳이 반대해야 할 이유는 없기 때문에, 2009년부터 혁신학교를 시작한 경기도교육청에서는 사립 혁신학교의 숫자를 꾸준히 늘리고 있는 상황입니다. 다른 시도에서도 혁신학교 숫자가 많아진다면 사립 혁신학교의 숫자도 더불어 증가하지 않을까 예상해 봅니다.

※ 혁신학교 및 예비 지정교 중 사립학교 현황

— 혁신학교(사립 12교 - 중 8, 고 4) : 삼일중학교, 영복여자중학교, 성일중학교, 소명여자중학교, 단월중학교, 경민중학교, 청담중학교, 한국글로벌중학교, 이우고등학교, 여주고등학교, 의정부광동고등학교, 양곡고등학교

— 혁신학교 예비 지정교(사립 5교 - 중 3, 고 2) : 대신중학교, 서종중학교, 성문중학교, 한국외식과학고등학교, 한겨레고등학교

경기도교육청 보도자료(2013년 12월)

● 신규 지정교 명단(2015년 3월 1일 기준)

— 운영 기간 : 2015년 3월 1일 ~ 2019년 2월 28일

연번	지역	학교명	급	연번	지역	학교명	급
1	성남	이매초	초	16	파주	문산초	초
2	부천	중흥초	초	17	수원	숙지중	중
3	부천	석천초	초	18	부천	부천북중	중
4	군포 의왕	덕장초	초	19	안산	원일중	중
5	군포 의왕	곡란초	초	20	양평	개군중(사)	중
6	여주	능서초	초	21	용인	포곡중	중
7	화성 오산	청원초	초	22	시흥	군서중	중
8	용인	서원초	초	23	구리 남양주	수동중(사)	중
9	용인	새빛초	초	24	포천	삼성중	중
10	안성	금광초	초	25	부천	송내고	고
11	김포	김포초	초	26	안산	부곡고	고
12	시흥	검바위초	초	27	군포 의왕	산본고	고
13	동두천 양주	보산초	초	28	광주 하남	광남고	고
14	고양	중산초	초	29	화성 오산	운암고	고
15	구리 남양주	남양주덕송초	초	30	안산	단원고	고

경기도교육청 보도자료(2014년 12월)

사립학교가 혁신학교에
지정되려면 어떤 절차를 거쳐야 하나요?

사립학교라고 해서 공립학교와 다른 방식의 절차가 필요한 것은 아닙니다. 공립학교와 동일한 방식으로 신청하면 시도 교육청에서 선정하는 방식입니다. 다만 상징적으로 안배할 수는 있을 것 같습니다. 사립학교라고 특별히 제재를 하거나 우대를 하지는 않지만, 혁신학교 지정을 공립학교 위주로만 하는 것은 문제의 소지가 생길 수 있기 때문입니다.

초등학교는 대부분 공립이지만, 중·고등학교는 사립학교 비율이 높습니다. 건강한 건학 이념을 가진 사립학교가 많지만, 입시 명문이 되기 위해 노력하는 사립학교도 존재하는 것은 사실입니다. 이런 곳에 염증을 느끼는 교직원과 학부모가 있기 마련일 텐데요. 이런 곳을 혁신학교로 바꾸어 갈 수 있습니다. 일단 혁신학교에 대해서 관심을 가지고, 동의하는 학부모들이 자율적인 모임을 가질 필요가 있습니다. 여기서 학부모들이 혁신학교에 대해서 지속적으로 학습하는 시간을 갖는 것이 중요합니다. 인근 혁신학교나 이미 알려진 혁신학교의 학부모들과 정보를 공유하는 것도 필요합니다. 어느 정도 분위기가 조성되었다고 판단되면, 추후 교직원들과 교류를 통해 혁신학교 공모에 신청하고 싶다는 의사를 피력하면 됩니다. 그 뒤 학교운영위원회와 관리자들과 협의하여 해당 교육청에 혁신학교 지정 신청 절차를 밟으면 됩니다. 한번에 혁신학교에 선정되지 않았더라도, 구성원들의 자발성과 적극성이 담보된다면 언젠가는 혁신학교로 지정될 수 있을 것입니다.

사립학교는 공립학교에 비해 혁신 교육의 지속성을 담보할 수 있습니다. 공립학교는 혁신학교를 추동하는 리더 교사들이 4~5년이 지나면 다른 학교로 옮기지만 사립학교는 그렇지 않습니다. 이러한 장점을 잘 감안한다면 사립학교에서도 혁신학교를 잘 운영할 수 있습니다. 혁신학교에서 추구하는 가치들은 어찌 보면 사립학교의 건학 이념과 크게 다르지 않습니다. 다만, 사립학교들도 시간이 지나면서 건학 이념의 가치를 제대로 유지하지 못한 경우가 많습니다. 교육이념이 고인물이 되지 않기 위해서 혹은 학교에 새바람을 불러 일으키기 위해서 사립학교들도 혁신학교에 관심을 가졌으면 좋겠습니다. 학교 혁신을 추진하는 각 지역 교육청에서도 초기에는 공립을 중심으로 정책을 펴는 경향이 있습니다만, 시간이 지날수록 사립학교에도 관심을 기울이고 있습니다. 사립학교는 놓칠 수 없는 혁신 교육의 블루오션이기 때문입니다.

혁신학교 지정은
시도 교육청에서만 하나요?

　현재 경기도의 경우는 혁신학교의 운영 및 지정은 시도 교육청에서 하고 있으며, 시도 교육청에서는 '혁신학교추진위원회'가 중점적인 역할을 하고 있습니다. 이 추진위원회에서 혁신학교 선정 및 관리, 평가를 하고 있습니다. 학기마다 혁신학교 신설 지정, 기존 혁신학교 재승인 등에 대한 절차가 이루어집니다.

　타 시도 역시 마찬가지 형태로 추진위원회를 운영한다고 보시면 됩니다. 추진위원회를 구성할 때는 혁신학교 철학 및 운영 방향을 정교화하고 지정 및 연수, 행정 · 재정 지원 평가, 컨설팅 등 운영 방안에 대해 상시 자문하는 체제를 구축할 필요가 있습니다. 이로써 사업 추진상의 시행착오를 최소화하고 지속 발전 가능한 혁신학교상을 조기에 안착시키려 한다고 밝히고 있습니다.[1]

---

1. 혁신학교 기본 문서, 2012

혁신학교 지정 과정은 다음과 같습니다.

기본계획 수립 → 예산 확보, 학교 안내 → 희망 학교 신청 접수 →
서류 및 실사 평가 → 지정

한 가지 유의할 점이 있습니다. 서류 및 실사 평가의 과정이 매우 중요한데 누가 심사하느냐가 관건입니다. 그럴듯하게 서류를 포장했지만 내용이 부실한 학교가 있을 수 있고, 서류 준비는 미비하지만 혁신학교의 조건이 갖추어진 학교가 있을 수 있지요. 학교 내부의 모습을 잘 봐야 하는데 하루 정도 실사로 이를 파악하기란 대단히 어렵습니다. 이럴 때 교육지원청의 역할이 필요합니다. 학교의 모습이 어떠한가에 대해 평상시 잘 파악하고 있다면 별도의 심사 없이도 혁신학교를 발굴할 수 있을 겁니다. 교육지원청의 역량에 따라 시·군 교육지원청이 혁신학교를 지정하는 모델도 앞으로 얼마든지 가능하다고 생각합니다.

교육청과 교육지원청이 혁신학교를 견인할 수 있는 조직 문화와 소통 체계, 전문성을 갖추고 있는가에 대해서는 성찰이 필요하겠지요. 현장 지원형 조직으로 교육청과 교육지원청이 변화될 수 있는 방안이 무엇인지에 관해 앞으로 심도 깊게 논의해야 합니다.

교육청에서는
신설 학교를 혁신학교로 지정하나요?

　혁신학교 지정은 전적으로 교육청이 결정할 수 있는 문제가 아닙니다. 교육청에 선정 신청을 하기 위해서는 일단 학교 교직원의 과반수 이상 동의가 필요합니다. 그다음 고려 사항이 지역 주민이나 학부모들의 의지가 아닐까 생각합니다. 실제로 서울에서는 문용린 전 교육감 시절 일부 학교 학부모들이 교육청 앞에서 혁신학교로 지정해 달라고 기자회견을 한 사례가 있습니다. 우솔초등학교와 천왕중학교인데요. 예비 학부모와 학생들이 서울 종로구 서울시교육청 앞에서 기자회견을 한 것입니다.[1]

　이미 혁신학교라는 아이템은 교육청에서 컨트롤하고 통제할 수 있는 선을 넘어섰습니다. 지역에서 요구하면 검토해서 받아들일 수밖에 없습니다. 경기도교육청에서도 유사한 사례가 빈번하게 발생하고 있습니다.

　혁신학교 지정은 교직원과 지역 주민 및 학부모들의 의지가 가

---

1. 「연합뉴스」 2013년 1월 8일자('우솔초, 천왕중 혁신학교 지정 촉구 기자회견') 기사 참고.

장 중요하지만 시도 교육청의 관내 상황, 지역별 균형적인 요소, 학교급별(초·중·고등학교) 안배 등을 고려하지 않을 수 없습니다. 여기에서 문제가 되는 상황이 종종 발생하기도 합니다. 그것은 지역 주민의 이기주의 내지 학부모들의 소위 치맛바람입니다. 지역 주민의 이기주의라는 표현이 과격하거나 부담스러운 측면이 있긴 합니다만 그 외 적당한 표현이 생각나지 않습니다. 혁신학교가 인기를 끌자 경기도 내 몇몇 지역의 부동산 가격이 올랐습니다. 교육청의 일부 관료들과 언론에서 그것을 성과라고 자평할 정도가 되었습니다. 이렇게 되자 몇몇 지역과 학교에서 앞다투어 혁신학교를 유치하기 위해 이곳저곳에 압력을 넣기도 하고, 지역 정치인을 내세워 여론 몰이를 하기도 했습니다. 이러한 과정에서 실제로 혁신학교로 지정된 곳이 있고, 부동산 가격이 올라간 곳도 있긴 했습니다. 하지만 이러한 방식이 과연 교육적인 것인지, 그리고 정당한 것인지에 대한 물음을 던질 필요가 있습니다. 정치인들이야 지역 주민이 희망하면 움직일 수 있다고는 하지만, 아이들을 위해서가 아니라는 이유가 기가 막힌 일이긴 합니다. 혁신학교가 확산되어야 하는 것은 맞지만 이런 식으로 준비도 안 된 지역에 혁신학교라는 이름만 걸리는 것은 문제가 있습니다. 실제로 혁신학교를 움직이는 큰 힘 중 하나가 교사들인데, 의지 있는 교사들이 배치되지 않은 일반 학교를 혁신학교라고 이름만 걸어 놓아, 혁신학교라고 믿고 찾아간 학부모들이 실망한 사례들을 종종 보게 됩니다.

또한, 학부모들의 치맛바람이 작용하기도 합니다. 인근 혁신학교를 보고 여러 혜택이나 좋은 점에 대해 듣고 움직이기도 한다는 것입니다. 이러한 현상이 나쁜 측면만 있는 것은 아니라고 생각합니다. 학부모들이 교육에 관여하는 것 자체는 의미 있는 일입니다. 다만 진정한 혁신 교육에 대한 의지가 아니라, 혜택을 받는 것에만 치중되어 있다면 문제가 있는 것이겠지요. 물론 여러 가지 상황에서 학부모들이 나서서 해결되는 경우도 종종 있습니다. 혁신학교에 지정되고 나서 학교를 움직이는 한 축도 학부모들의 힘이었습니다. 학부모들이 교육의 주체로 자리 잡는 것은 꼭 필요하다고 생각합니다.

혁신학교를 지정하는 심사 기준은 무엇인가요?

혁신학교를 지정하고 심사하는 데는 다양한 기준이 있습니다. 일단 구성원들의 자발성이 필요하다는 점은 앞서 말씀드렸습니다. 그다음으로 보는 것이 '학교 민주주의가 실현되어 있는가'와 '전문적 학습공동체가 존재하는가'입니다. 학교 민주주의는 보통 교무회의가 실제적으로 작동하고 있는지 여부를 확인하면 쉽게 알 수 있습니다. 교직원들 간의 수평적인 문화 속에서 구성원들이 합의를 통해 학교를 이끌어 가는 학교는 수많은 회의 속에서 많은 아이디어가 실제 학교운영에 반영되고 있습니다. 전문적 학습공동체는 교원들의 동료성을 강화하여 협력적인 연구와 실천 과정을 통해 함께 성장하는 학습공동체입니다. 교사의 개인 역량에 의존하여 교육과정과 수업을 실행했던 학교문화를 공동으로 연구하고 실천하는 학교문화로 바꾸어 교육의 질 향상과 함께 교사 개인과 학교의 역량을 함께 성장시킨다는 것입니다.[1]

---

1. 경기도교육청, 『혁신학교의 이해』(2015) 참고.

경기도교육청에서는 혁신학교 운영 원리를 다음과 같이 제시하고 있습니다. 이러한 운영 원리가 기준이 되고, 이러한 원칙에 가장 근접한 학교를 시도 교육청에서는 최종적으로 혁신학교로 지정하고 있습니다. 그러나 처음부터 완벽할 수는 없기 때문에, 구성원들의 의지와 가능성을 보고 판단하기도 합니다.

---

1. 학교는 민주주의에 바탕을 두고 운영되는 교육 공동체로, 학교 구성원 모두가 자기 삶의 가치를 구현하는 결정을 내릴 권리가 있습니다.
2. 학교 구성원은 서로 믿고 존중하며, 학교 공동체를 위해 자기 책임을 다해야 합니다.
3. 학교는 학생들이 배움의 즐거움과 행복을 느낄 수 있도록 도와야 합니다.
4. 학생들은 학교 안 어디에서나 안전하고, 차별 받지 않아야 합니다.
5. 학교는 학교 밖 마을 공동체 등 지역 사회와 연대하고 협력하는 문화를 만들기 위해 힘써야 합니다.
6. 학교는 학생들이 자신을 사랑하고, 다른 사람과 좋은 관계를 맺도록 힘써야 합니다.
7. 학교는 학생들이 스스로 학습하고, 협력하는 학습 기회를 제공하며, 교사는 학생 중심 교육 활동이 이루어지도록 이끌고 도와야 합니다.
8. 학교는 모든 학생에게 알맞은 학습 기회를 제공하고, 학습 부진과 소외를 극복할 수 있게 해야 합니다.
9. 학교 교육 활동은 학생들의 다양한 요구를 반영해야 하며, 학생들의 발달 단계와 능력에 맞게 이루어져야 합니다.
10. 교육과정은 모든 학생들이 기본 원리와 기능을 익히며 사고를 확장시켜 성취 수준에 이를 수 있도록 '적절하며 깊이 있게' 조직 · 편성 · 운영해야 합니다.
11. 교재는 교과 내용을 전달하는 데 그치지 않고, 학생들이 자신의 삶을 미래에도 꾸려 갈 수 있게 해야 하며, 학습 자료는 풍부하게 제공되어야 합니다.
12. 학교 행정과 예산은 학생의 학습 활동과 교사의 연구 활동을 지원하는 데 우선해서 쓰여야 합니다.

경기도교육청, 『혁신학교의 이해』(2015) 참고.

학급당 학생 수가 25명을 초과하면
혁신학교 지정이 취소되나요?

앞에서 언급한 대로 학급당 학생 수 25명을 기준으로 하고는 있지만 현실적인 여건 때문에 25명을 초과하는 학교들이 불가피하게 존재합니다. 이 기준은 단위 학교가 예측할 수 있는 범위는 아니기 때문에 이 기준을 넘었다고 혁신학교 지정을 취소한 사례는 없고, 앞으로도 그렇게 되지는 않을 것입니다. 혁신학교가 생기게 된 원인은 여러 가지가 있지만, 과밀 학급에서 학생들이 제대로 된 교육을 받지 못하는 현실에서 원인을 찾기도 합니다.

실제로 혁신학교가 시작된 경기도는 중앙정부로부터 제일 열악한 교원 배치 기준을 제공받고 있습니다. 이 때문에 전국적으로 교원 1인당 학생 수가 제일 많습니다. 전국 교원 1인당 학생 수가 평균 17명인 데 비해 경기도는 20.6명으로, 열악한 교육 환경은 자명해 보입니다. 일부 광역시의 환경과도 현저하게 큰 차이를 보이기도 합니다.

혁신학교를 비판하는 이들은 혁신학교가 학급당 학생 수 25명을 기준으로 교원이 배치되었고, 예산 지원을 받았기 때문에 성공할 수 있었다고 말합니다. 필자는 이 논리를 반대로 생각했으면 합니다. 혁신학교가 성공한 원인을 찾아서 일반 학교도 혁신학교 기준으로 만든다면, 많은 학교에서 학교 혁신 사례가 나올 수 있지 않을까라고 말입니다. 결국 혁신학교가 법제화되고, 경제협력개발기구(OECD) 정도 수준의 교사 1인당 학생 수가 선결된다면 혁신학교의 성공 사례는 일반화될 수 있을 것입니다.

교장의 재량으로 초빙 교사를
몇 명이나 데려올 수 있나요?

일반적으로 교사 인사 발령은 해당 지역 교육지원청에서 작업을 하여 학기 단위로 공개합니다. 학교 교장은 원칙적으로 교사를 데리고 올 수 있는 권한이 없습니다. 이 때문에 우수한 교사를 초빙할 수 있도록 만든 제도가 초빙 교사 제도입니다. 교장이 1~2명 정도의 교사를 학교로 유인하는 정책이라고 보시면 됩니다. 초빙 교사는 학교당 한두 자리밖에 없기 때문에 경쟁이 매우 치열합니다.

그러나 혁신학교는 초빙 교사 비율을 전체 교원의 50%로 만들었습니다. 시도 교육청마다 약간의 차이는 있지만 각 시도 교육청 관내 혁신학교 교장은 학교 내 교원의 50%까지 초빙해 올 수 있습니다. 이는 혁신학교가 자율학교로 지정되어 있기 때문입니다. 몇 분을 초빙할 수 있는지는 학교 규모에 따라 다릅니다. 예를 들어 교원이 10명이면 5명까지 가능하고, 30명이라면 15명까지 가능하겠지요. 이것은 일반 학교와 비교했을 때 매우 파격적인 조치입니다. 이 부분에 대한 근거는 뒤에 자세히 나와 있습니다. 시도 교육청마다 인사 규정에 약간씩 차이가 있을 수 있지만 기본적인 골격은 같습니다.

※ 혁신학교 지원 체제
● 교원 인사의 자율권 확대
　 － 교장 공모 가능
　 － 정원의 50% 범위 내에서 교사 초빙 가능
● 자율학교 지정으로 교장 공모제 연계 운영, 초빙 교사 비율 상향 조정(50%)
● 전보의 우대 : 혁신학교에 3년 이상 근무한 교사에 대하여 전보 우대

「혁신학교 기본 문서」(경기도교육청, 2013) 참고.

문74.

혁신학교로 지정되면
감사를 자주 받나요?

혁신학교로 지정되면 이후에는 단위 학교의 자율성을 최대한 확보해 줍니다. 따라서 교육청에서 감사나 실사를 자주 나오거나, 예산이나 교육과정과 관련하여 강제하는 부분은 없습니다. 경기도교육청의 문건에는 이 부분이 문서화되어 제시되고 있습니다.

다만, 과거 서울시교육청의 경우에는 상황이 약간 달랐습니다. 곽노현 전 교육감이 혁신학교를 만들었지만, 불가피한 사정으로 재선거를 치르고 문용린 교육감으로 바뀌자 혁신학교에 대한 감사를 시작한 적이 있습니다. 혁신학교가 교육감의 성향에 따라 다르게 해석될 수 있다는 우려는 있습니다. 그러나 누가 오더라도 학부모들이 만족하는 학교를 무시하거나, 보복성 감사를 할 수는 없을 것입니다. 다만, 예산을 정상적으로 썼는지에 대한 정기적인 감사는 있을 수 있습니다. 혁신학교뿐 아니라 투명한 예산 지출은 모든 학교가 기본적으로 해야 할 일이라고 생각합니다.

※ 학교의 자율성 확대

- 자율성을 기반으로 학교 교육의 다양화·특성화가 가능해짐
  - 혁신학교의 원활한 운영을 위해 교육과정, 인사 및 재정 등에서 자율권 확대

  - 단위 학교 자율권 확대
    - 자율학교 지정 및 학교 평가 대상에서 제외
    - 학교 관리직 및 핵심 요원 연수 실시

『경기도교육청 혁신학교 이해 자료』(경기도교육청, 2012) 참고.

※재정 지원 확대

- 재정 지원 기준 : 학교 규모 및 예산 계획서 등을 참조하여 맞춤형 지원
  - 기본 지원금 : 기본적 운영을 위한 경비로 학급 수별 지원
  - 사교육 없는 학교, 전원 학교, 학력 향상 중점 학교, 교과교실제 운영교 등 타 사업과 중복 운영교는 기본 운영비에서 일정 비율을 감하여 지원
  - 혁신교육지구 내 학교는 혁신교육지구의 지원 상황에 따라 감액 지원
  - 혁신학교 운영 계획서에 따른 맞춤형 지원

- 예산 사용 : 단위 학교별로 자율적으로 사용
  - 보조 인력 인건비, 프로그램 개발·운영비, 교원 연수 프로그램 운영비, 전문기관 컨설팅비 등
  - 기자재 구입, 환경 개선 부분에는 사용을 지양하고 불가피할 경우 30%를 넘지 않도록 함

「혁신학교 기본 문서」(경기도교육청, 2013) 참고.

혁신학교에 재지정되는
비율은 어느 정도인가요?

혁신학교는 4년을 기준으로 재평가를 받아 교육청에서 재지정하여 발표합니다. 경기도의 경우 현재 재지정교가 한 학기에 한 번씩 나오고 있는데, 많은 학교가 재지정되고 있습니다. 문제가 있는 극소수의 학교만 탈락하고 있고, 이마저도 유예 기간을 두어 구성원들이 합의하면 다시 기회를 주고 있습니다. 2014년 3월 1일자로 4년 만기가 도래한 23개 교를 심사해 20개 교를 재지정하였고, 2014년 9월 1일자로 3개 교 모두 재지정에 성공하였습니다. 그 외에도 대부분의 학교가 재지정에 성공해 큰 문제가 없는 이상 혁신학교를 유지하는 데 무리가 없다고 보시면 됩니다. 교원과 학부모, 학생들의 높은 만족도가 가장 큰 원인으로 꼽히고 있습니다. 다른 시의 사례를 봐도 이러한 현상이 동일하다는 것을 알 수 있습니다. 서울시교육청의 경우 혁신학교 교원 워크숍에서 재지정교에 관한 교원 대상 설문 조사를 한 결과를 공개한 적이 있습니다. 다음의 자료는 2015년 3월에 공개된 자료입니다.

서울시교육청이 오는 2015학년도에 지정 기한이 만료되는 서울형 혁신학교 29개교 교원 1072명(전체 1261명)을 상대로 8월 25일부터 지난 2일까지 진행한 설문 조사 결과에 따르면 응답자의 71%가 '재지정을 희망한다'고 답했다.

이러한 설문 조사 결과는 서울시교육청이 15일 방배동 서울교육연수원에서 진행한 '서울형혁신학교 운영 및 재지정 정책 방향 모색을 위한 교원 워크숍'에서 공개됐다.

'혁신학교 정책이 우리 사회와 교육의 발전을 위해 필요한 정책이라고 생각하느냐'는 질문에는 전체 응답자의 78%가 '그렇다'고 답했고 '그렇지 않다'는 답변은 6%에 그쳤다.

'재지정을 통해 혁신학교를 연장 운영하는 것이 학교 혁신과 서울 교육 발전에 필요한 정책이냐'라는 질문에 응답자의 75%가 '그렇다'고 답했고 지난 4년간 혁신학교 운영에 대한 만족도에 관해서는 응답자의 78%가 '만족한다'고 답했다.

혁신학교 교원들이 재지정을 희망하는 이유로는 '학생들과 학부모의 만족도가 높아서'(39.2%), '혁신학교 운영 지원비가 교육 활동에 도움이 되어서'(38%), '1기 혁신학교 운영만으로는 충분하지 못해 다시 기회를 갖고자'(14.9%), '교원 만족도가 높아서'(6.3%) 순으로 조사됐다.

혁신학교로 재지정될 경우 가장 필요한 지원 사항에 대한 질문(3가지 답변 허용)에는 응답자의 71.6%가 '전담 인력 보강'이라고 답했고 '적절한 예산 지원'(54.7%), '교사 인사 제도의 탄력적 운영 허용'(38.1%) 등의 답변이 뒤를 이었다.

혁신학교 운영 성과에 대한 질문(2가지 답변 허용)에는 '수업 혁신 및 교육과정 혁신'이라는 답변이 45.7%로 가장 많았고 '업무 전담팀 운영으로 교원 업무 경감'(40.5%), '학생 및 교원 대상 각종 프로그램 예산 지원'(40.1%), '민주적인 학교 문화 확립'(39.3%), '학생 자치 활동 및 인권 의식 강화'(28.3%) 순으로 나타났다.

재지정 학교를 선정할 때 가장 우선시돼야 할 내용에 대한 질문에는 응답자의 52.6%가 '교원 및 학부모의 동의율'이라고 답했고 '지난 4년간의 성과 및 실적'이라는 응답자가 18.2%, '향후 운영 계획'이라는 응답자는 16.6%, '지역 여건 및 환경'은 11.5% 등이었다.

「연합뉴스」 2015년 3월 8일자 참고.

9장. 혁신학교 운영

새로 시작하는 혁신학교나
교사들을 위한 별도의 지원이 있나요?

경기도의 경우 2015년 현재 혁신학교 수가 380개를 넘어서고 있습니다. 경기도교육청에서는 새로 시작하는 혁신학교를 위한 별도의 준비 시스템을 만들고 있습니다. 일례로 혁신학교 확산기를 맞아 '혁신학교 클러스터 지원학교'를 만들었는데, 이는 혁신학교 일반화의 일환으로 혁신학교의 성과를 확산하여 경기도 지역 내 모든 학교를 혁신학교와 같이 만들어 가려는 교육운동입니다. 다시 말해, 새로 혁신학교를 시작하는 곳을 위해서 인지도 있고, 역량이 있는 혁신학교에서 이를 지원해 주는 체제를 일컫습니다.

기존 혁신학교가 운영하던 프로그램을 그대로 적용하는 것이 아니라 우수 교육 사례를 참고하여 학교별로 여건에 맞게 기획·운영합니다. 이는 혁신학교와 일반학교가 좋은 사례를 함께 나누며 상호 보완하는 활동이며, 학교 차원의 노력을 클러스터를 통해 공동의 발전으로 종합하는 활동입니다.

2013년은 혁신학교 일반화 준비기, 2014년은 일반화 확산기,

2015년은 일반화 완성기로 정하고 있으며, 모든 학교가 대상이지만 강제성은 없습니다. 혁신학교 일반화를 위한 혁신학교 클러스터 참여는 구성원의 논의에 의한 자발적인 참여를 원칙으로 하고 있습니다.

2013년 4월에는 혁신학교 110개를 중심 학교로 하고 일반 학교 581개가 참여하는 '혁신학교 클러스터' 만들어졌습니다. 이는 경기도 내 초·중등학교 전체의 31.0%에 해당됩니다. 운영 원리와 지원 내용은 다음과 같습니다.

혁신학교 일반화

혁신학교 클러스터

창의지성 교육과정 운영
- 경기도교육과정 반영한 교육과정 재구성
- 배움중심수업의 실천
- 평가 혁신 추진

민주적 자치공동체 형성
- 존중과 배려의 학교문화 정착
- 참여와 소통의 학교자치문화 형성
- 지역사회와 협력적 거버넌스 구축

자율 경영 체제 구축
- 혁신학교의 철학 이해 및 공유
- 권한 위임체제 구축
- 혁신적 리더십 통한 구성원 자발성 보장

전문적 학습공동체 형성
- 학교 조직의 학습 조직화
- 집단지성의 학습공동체 형성
- 교육활동 중심의 학습지원 환경 구축

혁신학교클러스터협의회(지구)

혁신학교 연구회

혁신학교 추진지원단(지역청)

혁신교육정책평가단

혁신학교 추진위원회(도교육청)

「경기도교육청 혁신학교 기본문서」, (경기도교육청, 2014) 참고.

이미 5년 이상 혁신학교를 경험한 경기도에서는 혁신학교 교사를 위한 연수도 별도로 실시하고 있습니다. 혁신학교에 새로 전입하는 교사들을 위한 연수, 학부모 연수, 관리자 연수 등을 체계적으로 진행하고 있고, 타 시도에서 요청이 오면 혁신학교 교사들이 강사 요원으로 활동하고 있기도 합니다.

혁신학교에서는 교장을
교사들과 학부모들이 직접 뽑나요?

    학교의 교장을 교육 주체들이 뽑는 방식이 '교장 공모제'입니다. 성공한 혁신학교에서는 교장 자격증이 없는 평교사가 교장이 되는 경우가 있습니다. 이는 학부모들의 의지가 반영된 결과로 볼 수 있습니다. 그러나 모든 혁신학교 교장을 교사들과 학부모들이 뽑는 것은 아닙니다. 해당 시도 교육청에서 혁신학교를 자율학교로 지정한 곳만이 가능합니다. 자율학교가 아니라면 교장 공모제(내부형 교장)가 불가능하며, 교사들과 학부모들이 교장을 뽑을 수 있는 권한이 없기 때문에 승진 발령이 나는 사람을 교육청에서 임의로 배정합니다. 경기도교육청의 경우에는 혁신학교 숫자가 워낙 많아서 교장 공모제(내부형 교장)가 많지 않지만, 다른 시도에서는 혁신학교 교장을 주로 교장 공모제로 설정하는 경우가 많습니다. 이 때문에 혁신학교에 가기 전 그 학교가 교장 공모제 교장인지 아닌지를 알아볼 필요가 있습니다. 물론 승진형 교장보다 공모형 교장이 더 좋을 것이라는 막연한 편견은 버려야겠지요.

지금까지 성공한 혁신학교는 공모로 들어온 교장들의 역할이 매우 컸습니다. 해당 학교에서 오랫동안 학교를 만들고 일군 교사들이 교장이 되어 성공한 혁신학교 사례는 우리 교육계에 많은 것을 시사합니다.

다음은 유형별 교장 공모의 자격 요건(교육부, 2010년)입니다.

유형	추진 근거	자격 기준	대상 학교
초빙형	교육공무원법 제29조의3 제1항	• 교장 자격증 소지자(교육공무원)	일반 학교
내부형	교육공무원법 제29조의3 제2항, 교육공무원임용령 제12조의6 제1항	• 교장 자격증 소지자(교육공무원) • 교육 경력 15년 이상인 교육공무원 또는 사립학교 교원(자격 미소지자) : 교장 자격 미소지자 공모 가능 학교로 정한 경우 가능	자율학교 (혁신학교) 자율형 공립고
개방형		• 교장 자격증 소지자(교육공무원) • 해당 학교 교육과정에 관련된 기관 또는 단체에서 3년 이상 종사한 경력이 있는 자 (자격 미소지자) ※ 교장 자격증 소지 유무 관계없이 공모 가능	자율학교 중 특성화 중·고, 특목고, 예·체능계고

문78.

교장과 교감의 임기는
어떻게 정해져 있나요?

공립학교 교장의 임기는 중임할 경우를 포함해서 최장 8년입니다. 처음 4년 근무 후, 교육부에서 재가를 얻어 4년을 더하는 셈입니다. 과거에는 20년 동안 교장을 한 사람도 있었다고 하는데, 최근에는 최장 8년까지로 제한하고 있습니다.

교감의 경우는 특별한 임기가 정해져 있지 않습니다. 시도 교육청마다 약간씩 규정이 다르긴 하지만 교장과 지역 교육지원청 및 시도 교육청에서 근무 평정을 해서 자격이 충족되면 교장으로 승진하게 됩니다.

혁신학교라고 해서 교장과 교감의 임기가 따로 정해져 있지는 않습니다. 혁신학교 역시 공립학교이며, 공립학교의 경우 상위법을 따를 수밖에 없기 때문에 혁신학교가 아닌 일반 공립학교와 동일하게 적용됩니다. 다만 학부모들이 궁금해하는 경우는 대부분 공모제 교장 중 내부형 교장을 말하는 것 같습니다. 다른 질문에 대한 답변을 통해 또 이야기하겠지만, 내부형 교장의 경우는 교사 경력 15년 이상인 사람을 대상으로 계획서를 받아서 심사하는 절차를 거칩니다. 이 심사를 학부모운영위원회에서 하기 때문에 실질적인 교장 선발권을 학부모들이 행사하는 것입니다. 내부형 교장으로 확정되어 4년의 임기를 마친 경우 해당 학교에서 연임을 하는 것은 가능합니다. 4년마다 학부모운영위원회를 통과하는 절차만 거치면 되므로, 8년이든 12년이든 할 수 있는 조건은 됩니다. 현재도 연임을 한 교장 선생님이 경기도 내에 몇 분 있다고 합니다. 일반 승진 트랙이 적용되지 않아서 가능한 문제지만 일반 승진 트랙에서는 한 학교에서 이렇게 오래 있는 경우는 거의 불가능한 일입니다.

교감 선생님의 경우에는 공모 자체가 불가능한 경우가 많아서 보통 시도 교육청의 발령을 받아 온 교원이라고 보시면 됩니다. 이 때문에 공모 교장, 특히 내부형 교장과 교감이 갈등을 빚는 경우가 있습니다. 경기도 내 일부 학교에서도 이런 일이 종종 있었습니다. 교사들과 교장 선생님은 소통이 아주 잘 되는데, 교감 선생님과 교사들, 교감과 교장이 소통이 전혀 되지 않아 교육청에 각종 민원이 쏟아지는 경우가 발생하기도 했습니다. 특히 학부모들이 이런 사실을 알고 더 적극적으로 교육청에 민원을 내기도 했습니다. 학부모들의 민원이 있다고 무조건 교감을 발령 낼 수 있는 근거도 없고, 그렇게 해서도 안 되는 부분입니다. 다만, 사안이 심각하다고 판단되는 경우는 교육청에서 권고할 수 있는 정도입니다.

혁신학교는 소통과 화합을 장점으로 내세우지만, 의견이 맞지 않으면 갈등이 생기는 것은 자연스러운 현상입니다. 하지만 민주주의 사회에서는 언제, 어디서건 늘 있는 일들이라 생각한다면 오히려 갈등을 극복하고 화합하는 과정 속에서 더욱 끈끈한 연대가 생기지 않을까 생각합니다.

혁신학교와 인사 정책은 분리할 수 없습니다. 아무리 좋은 교사와 학부모가 열망에 가득 차서 혁신학교를 운영하려고 해도 교장과 교감 선생님이 방향을 제대로 설정하지 않으면 상황이 어려워집니다. 교육청에서 교장과 교감 인사를 할 때 기계적으로 배치하기보다는 희망자 조사를 해야 합니다. 본인이 원하지 않는데 혁신학교에 배치되는 상황은 최악입니다. 최소한 본인이 희망해야 합니다. 또한, 혁신 교육 관련 연수를 사전에 받은 분들이 배치될 수 있는 흐름을 만들어야 합니다. 그것이 어렵다면 혁신학교 교장과 교감 선생님을 위한 체계적인 연수와 협의회, 네트워크를 활성화해야 합니다.

문79.

교장에게
교원 인사권이 있다고 하던데요?

　　교장에게 교원 인사권이 있다는 말은 반은 맞고 반은 틀립니다. 현재 교원 인사권의 대부분은 교육부 장관의 위임을 받아 시도 교육감이 가지고 있습니다.

　　이 중 교장만 대통령이 승인하는 구조로 되어 있습니다. 약간 특이한 방식인데, 현재 학교 교장이 가지고 있는 교원 인사권은 앞서 설명한 초빙 교원에 한해서입니다. 물론 학교 내 전 교원에 대한 근평(근무 평정, 즉 근무 성적)은 학교장이 줄 수 있습니다. 그러나 이것은 인사 이동과 관련 있는 부분은 아닙니다. 승진을 앞둔 교사가 아니라면 근평(자료)을 쓸 일이 없기 때문에 사실상 일반 교원의 인사권은 지역 교육청에서 가지고 있는 것이 맞다고 보면 됩니다. 다른 답변에서 언급하였지만 일반 교원들은 4~5년마다 학교를 옮기며, 학교장에게 따로 승인이나 결재를 받아야 하는 구조는 아닙니다. 예외적으로 현재의 학교에 유예를 원하거나, 초빙을 원하는 경우에만 교장에게 요청을 합니다.

　　혁신학교도 특별히 다르지 않습니다. 다만 혁신학교의 경우에는 교원 숫자 대비 50%까지 초빙 교원을 쓸 수 있는 범위가 있다는 것 이외에는 교원 인사권과 관련된 사안은 없습니다.

혁신학교 교장은 많은 것을 시도합니다. 일부 혁신학교 교장은 직접 수업을 하기도 하며, 마을 교육과정을 만들어서 지역 주민들과 함께하는 시간을 가지기도 합니다. 지역 주민, 지역 어르신들과 정례적으로 만나서 학생들이 할 수 있는 일을 논의하기도 합니다. 아이들과 농사를 짓기도 하며, 진로 진학 체험을 할 수 있는 기관과 양해각서(MOU)를 체결하여 학생들의 꿈을 지켜 주고자 노력하기도 합니다. 모두가 학생들과 학부모들을 위해서 헌신하는 과정이라고 보시면 됩니다. 누구에게 보여 주기 위한 행동이 아닌 것입니다. 이러한 행동들은 지역 주민들과 학부모들에게 깊은 울림으로 다가오기도 합니다. 혁신학교가 입소문이 나서 사람들이 몰려들고 부동산 가격이 오르는 이유는 결국 교직원들의 자발적이고 긍정적인 움직임에서 비롯된 것이 아닐까 생각해 봅니다.

소외 계층에 대한 지원은
어떻게 이루어지나요?

혁신학교에서는 소외 계층에 대한 지원을 체계적으로 하려고 노력하고 있습니다. 기존 일반 학교의 소외 계층에 대한 지원이 형식적이고 전시적이며 일시적인 부분이 있었다고 한다면 혁신학교에서는 체계적이고, 지속적인 시스템으로 운영하려고 노력하고 있습니다. 일단 혁신학교 운영 목표에도 교육 소외 및 교육 격차 극복이라는 것을 명확하게 밝히고 있습니다.

경기도의 경우 혁신학교로 처음 지정되었던 곳 자체가 도심 외곽 지역에서 주목받지 못했던 학교들이었습니다. 이곳의 학생들은 보통 가정 형편이 어렵거나, 결정적인 시기를 놓쳐서 성적이 낮았던 학생이 많았습니다. '기초 학습 부진'이라고 부르기도 어려울 정도로, 구구단도 모르는 중·고등학생도 많았지요. 이런 곳에서 혁신학교를 시작한다는 것 자체가 매우 어려운 도전이었습니다. 교사들은 열정과 자발적인 의지만으로 그들과 함께 많은 시간을 보내며, 체계적인 지원을 하게 되었습니다. 대표적인 것이 '수업 보조(협력) 교사제'입니다. 혁신학교에서는 예산을 들여,

수업 협력 교사를 별도로 채용하기도 합니다. 수업 내용을 따라가지 못하는 학생들과 수업 중, 수업 후, 방과 후에 별도의 시간을 할애해 지도하고 도움을 주는 것입니다. 그 결과 수업 진도를 제대로 따라가지 못했던 학생들이 일정 수준 이상으로 성적이 향상되고, 학교 오는 즐거움을 찾게 되는 것이지요. 핀란드 등 북유럽 선진국에서는 이러한 방식이 일반화되어 있다고 합니다.

또한 혁신학교에는 다양한 방과 후 프로그램이 개설되어 있습니다. 소외 계층 학생들을 성적이나 겉으로 보이는 모습만으로 판단한다면 아마 문제아 정도로 낙인찍혔을 테지만, 혁신학교에서는 다른 재능을 찾아내려고 많은 노력을 합니다. 예체능 분야에 두각을 나타낸다면 그것을 지원해 주는 시스템을 만드는 것이지요.

'기초 학습 부진이'라 불리는 학생들을 위해 국어, 수학 과목에 별도의 반도 운영하고 있습니다. 방과 후, 방학 중에 원하는 학생들을 중심으로 운영해서 많은 성과를 내고 있습니다. 경기도 의정부시에 있는 의정부여자중학교의 경우에는 혁신학교를 처음 시작할 당시 기초 학습 부진 학생이 꽤 많았는데, 현재는 많이 줄어들었다고 합니다. 학생들 스스로 공부에 재미를 느낄 수 있게 교사들이 방과 후나 방학 중에도 많은 지원을 하고 있기 때문입니다. 이렇게 혁신학교에서는 소외 계층을 위한 별도의 프로그램을 일반 학교보다 더 다양하게, 개별화된 전략으로 진행하고 있습니다.

앞서도 말했듯이 경기도교육청에서 혁신학교가 처음 시작된 곳은 주로 교육 환경이 열악한 지역들이었습니다. 이들 학교 학생들은 교육보다 관심이 필요한 학생들이 대부분이었습니다. 혁신학교의 소외 계층 지원 프로그램은 교육청의 지원이나 예산이 아닌 선생님들의 헌신과 열정이 주가 된다고 볼 수 있습니다. 예산, 승진 점수, 인센티브가 있건 없건 이러한 사업을 추진해 온 것입니다. 혁신학교라는 거창한 이름이 생기기 이전부터 삶을 통해 실천해 온 이들이 있었기에, 지금의 제도화된 혁신학교가 생기지 않았나 생각합니다.

※ '혁신학교' 학교상 및 운영 목표

● 혁신학교 운영 목표 : 지·정의적 측면에서의 균형적인 학업 성취로 전인적인 성장을 도모하며, 교육 소외 및 교육 격차 극복, 교육공동체 모두가 만족하는 학교 교육 실현

「혁신학교 이해 자료」(경기도교육청, 2012) 참고.

임기 만료된 혁신학교 교장의
연임 문제는 어떻게 되나요?

　현재 공모 교장 제도는 개방형, 내부형, 초빙형으로 크게 세 가지 종류로 나뉩니다. 개방형은 교사 자격증이 없는 외부인도 교장이 될 수 있는 제도이고, 내부형은 교장 자격증이 없는 교육 경력 20년 이상의 교사가, 초빙형은 승진 트랙을 거쳐 교장 자격증이 있는 이가 교장이 될 수 있는 제도입니다. 이렇게 좋은 제도를 만들어 놓았는데, 현실은 이렇습니다. 다음은 한 신문사에서 최근에 나온 기사입니다.

　2007년 도입된 교장 공모제가 '무늬만' 남았다는 목소리가 제기됐다. 자격증 소지나 연공 서열보다 능력·자질·열정을 교장 공모의 키워드로 삼으려 했던 제도의 빛이 바랬다는 것이다. 올해 3월 1일자로 교장 공모제를 실시한 256개 학교 중 245곳(95.7%)에서 교장 자격증 소지자가 뽑혔다. 평교사 출신은 4명에 그쳤다. 당초 교직 사회와 학교 운영에 활력과 변화를 불러올 것으로 기대했던 공모제가 도입 8년 만에 상당 부분 존재감을 잃은 셈이다.

「경향신문」 2014년 12월 30일자 참고.

　이 법안을 2005년 발의한 사람이 바로 이명박 정부에서 교육부

장관을 지낸 이주호 당시 한나라당 의원인데요. 이 법안의 제안 이유를 이렇게 설명하고 있습니다.

"현행 교장 임용 제도는 단위 학교의 여건과 특성에 맞는 교장 임용이 아니라 근무 평정 제도에 기반을 둔 연공 서열 중심의 승진 제도에 의해 이루어지고 있음. 이에 공모 교장제를 도입하여 교장직 문호를 개방하고, 승진 임용을 위한 교장 자격 조건을 대폭 완화하여 기존의 승진 경쟁 과열로 인한 폐해를 바로잡고자 함."[1]

이 법률안대로라면 현재 교직에서 승진이라는 제도 자체가 무용지물이 되고, 역량 중심으로 교장이 되는 시기가 도래했어야 합니다. 그러나 현실은 그렇지 않았습니다. 이명박 정부 들어 시행령으로 내부형 교장의 비율을 15%로 묶어 버렸기 때문입니다. 이런 현상으로 인해 현재 혁신학교뿐 아니라 전국의 어떤 학교에서든 내부형 교장, 즉 교장 자격증이 없는 평교사가 교장이 되는 것이 매우 어려워졌습니다.

아이러니하게도 몇 안 되는 내부형 교장이 있는 학교가 바로 인지도 있는 혁신학교들입니다. 경기도의 덕양중학교, 의정부여자중학교, 보평초등학교, 홍덕고등학교, 남한산초등학교, 조현초등학교 등입니다. 이런 학교들은 승진 트랙을 밟아서 온 이들이 아닌 내부형으로 학부모들에게 인정받아 교장 진입에 성공한 사례들입니다. 이런 학교들의 특징은 교장에 대한 신뢰가 무척 높다

---

1. 교육공무원법 일부 개정 법률안(2005년 10월 21일, 이주호 · 나경원 외).

는 것입니다. 학부모와 학생, 교사들의 만족도가 일반 학교에 비해 매우 높습니다. 또한 연임을 원하는 학부모도 다수 존재합니다. 법적으로도 학부모들이 희망한다면 연임은 가능합니다. 이러한 학교의 학부모들은 대부분 내부형 공모제가 확산되어야 한다고 주장합니다.

하지만 교육부에서는 시행령을 근거로 원칙적으로 풀어 줄 수 없다고 말하고 있습니다. 이는 진보 교육감의 대거 등장과 무관하지 않는다는 것이 교육계에 몸담고 있는 이들의 공통적인 해석이기도 합니다.

예민한 이야기이긴 하지만, 승진 제도가 바뀌지 않는 이상 공교육은 정상화되기 힘들다고 봅니다. 학교에는 두 가지 선생님이 있다고 교사들은 말합니다. 승진에 매달리는 사람과, 승진을 포기한 채 교직을 평생 직업으로 삼고 살아가는 사람. 이런 현실 속에서 학생들이 행복한 학교가 만들어지기는 쉽지 않을 것 같습니다. 물론 모든 교사가 그렇다는 것은 아니지만, 한 번쯤 생각해 볼 일이 아닌가 싶습니다.

학교운영위원회가 교장보다
더 큰 의사결정 권한을 갖고 있나요?

　학교운영위원회는 초·중등교육법 제32조에 의한 법적인 기구입니다. 현재 기능으로 봤을 때는 교장보다 더 많은 의사결정 권한을 가지고 있다고 보시면 됩니다. 여기서 공모 교장의 결정 여부까지도 정할 수 있습니다. 혁신학교도 일반 학교와 마찬가지로 학교운영위원회가 존재합니다. 일반 학교에서는 학교운영위원과 일반 학부모가 소통할 수 있는 자리가 많지 않습니다. 그래서 일반 학부모는 학교운영위원과 거리감을 느끼기도 합니다. 직장생활 등을 이유로 적극적으로 학교행사에 참여하기도 힘들기 때문에, 불만이 있더라도 내색하지 못하고 속으로만 앓는 경우가 많습니다. 맞벌이 학부모가 많은 것은 혁신학교도 마찬가지입니다. 그러나 일반 학교와는 다른 구조가 존재합니다. 학부모들이 적극적으로 움직임으로써 학교의 많은 부분을 바꾸고 있습니다. 학교 행사, 일정, 교육과정 프로그램, 학교 축제, 학생 체험활동, 학부모회, 학생 봉사 활동 등 많은 것이 학부모들의 결정에 따라 움직입니다. 학교운영위원회 활동을 하는 분들과 일반 학부모들이 서로 소통하며 이러한 것들을 합의하는 것이지요. 학교 민주주의가 실현된다고 보시면 됩니다. 일반 학부모들도 학교운영위원과 함께 정기적인 모임을 가지고 학교 일에 대해 협의합니다. 직장인이 많으므로 밤늦게 또는 주말에 모이기도 합니다. 처음에는 부담감을 가진 학부모들도 나의 의견이 학교 운영에 반영될 수 있다는 생각으로, 밤늦게까지 토론하고 회의합니다. 이러한 적극성이 혁신학교를 꿈의 학교로 만들어 내는 데 일조하였다고 생각합니다.

학교운영위원회 위원 자격은 아래 내용을 참고하시면 됩니다.

학교운영위원회 위원의 자격

학부모위원	▶ 당해 학교에 재학하고 있는 자녀를 둔 학부모
교원위원	▶ 당해 학교에 재직하고 있는 교원
지역위원	▶ 당해 학교가 소재하는 지역을 생활 근거지로 하는 자로서 예산·회계·감사·법률 등 전문가, 교육 행정에 관한 업무를 수행하는 공무원, 당해 학교가 소재하는 지역을 사업 활동의 근거지로 하는 사업자, 당해 학교를 졸업한 자, 기타 학교운영에 이바지하고자 하는 자

학교운영위원회의 기능(초·중등교육법 제32조), 경상북도교육청(2013)

학사 계획이나 일정은
교무회의에서 다수결로 정하나요?

 학사 계획과 일정은 교사들이 논의해서 틀을 정하고, 학교운영위원회에서 심의하며, 최종적으로는 학교장이 결정합니다. 혁신학교도 이러한 절차는 비슷합니다. 다만 혁신학교는 형식적이고 관행적인 내용과 절차에서 벗어나 실질적인 논의가 되도록 노력합니다. 그래서 교사들이 모여서 논의하는 자리가 공식적으로 혹은 비공식적으로도 많은 편이라고 볼 수 있습니다. 교무회의를 대표적인 공식적 의사 결정의 자리로 볼 수 있겠습니다. 교무회의 안건으로 상정되는 것도 중요하고, 다수결이라고 하는 민주적인 방식도 중요하지만, 혁신학교에서는 더 중요하게 여기는 게 있습니다. 바로 소통과 관계입니다. 공식적인 안건으로 상정되기 전까지 많은 교사가 이를 고민하고 대화를 나눕니다. 공식, 비공식으로 적잖은 협의가 이루어진 후 교무회의에 안건으로 상정됩니다. 다수결이라는 방식도 바로 취하지 않고 토의나 토론을 충분히 거치는 것을 중요하게 생각하는 혁신학교가 많습니다. 더 나아가 교사들끼리 결정하기 전에 학생들과 함께 논의하거나 수업과 학교행사 등으로 이를 풀어 나가는 곳도 많습니다. 다음은 경기도 의정부시에 있는 의정부여자중학교의 교사 대토론회 회의록 내용 중 일부입니다.

제1회 교사 대토론회 회의록

일시 : 3. 28(월) 오후 3:30~4:30
회의 방식 : 조별 토론(1~4조) 및 기록 전체 조별 토론 결과 공유
진행 : 김○○ / 서기 : 손○○

〈1조〉

※ 칭찬
3월에 업무가 많아서 힘들었음. 작년과 비교했을 때 수업에 대한 고민을 많이 하게 됨. 수업에 대해 고민하고 연구하는 시간이 늘어남. 활동 중심으로 아이들을 가르치니까 아이들이 수업에 활력을 가지게 되고, 아이들이 즐기는 것을 발견함. 서로 배우는 아이들을 보니 좋음. 수업 시간에 자는 아이들이 줄어들고, 못하는 아이들도 참여함. 아이들이 무엇을 모르는지에 대해 생각하고 준비를 하게 됨. 아이들을 관찰하면서 생활의 변화를 보게 되니 좋음.

※ 고민/불만
업무 분장이 체계적이지 않음. 업무 구분이 명확하지 않아 업무할 때 힘듦. 3학년 수업 시 모둠 활동에 익숙하지 않은 아이들이 많아 수업하는 데 힘듦. 평가와 수업의 괴리 문제에 대한 고민이 있음.

〈2조〉

※ 칭찬
1, 2학년은 모둠 활동 시 즐거워하고 수업할 때 즐거운 점을 느낌. 아이들에게 집중하고 급우 간에 돕고 배려하는 모습이 감동적임. 학년 교무실의 장점이 있음. 조별 활동을 위해 자료를 개발해서 활발한 참여를 유도함. 자는 학생이 줄어듦. 교사로서 가르치는 보람을 느낌.

※ 고민/불만
3학년은 아이들과 교사 모두 힘든 것 같음. 진도 고민. 3학년은 생활 지도와 아이들 포용이 중점인 것 같음. 몇몇 교사와 부장에게 업무 집중이 있는 것이 문제점임. 수업할 때 모둠 활동하면서 칭찬 스티커, 보상을 주면서 협동에 필요한 것인지에 대한 고민. 수업 진도에 대한 고민이 있음.

〈3조〉

※ 칭찬

기존의 강압적인 방법보다 아이들에게 관심을 많이 보이고, 다가가는 모습을 보이니 아이들이 먼저 다가와서 놀라움. 그동안 가르치는 것에 회의적인 생각이 있었는데 새롭게 해 보자 하는 의욕이 생긴 게 좋음. 특히, 여중의 특성상 그동안 힘들었는데 1학년을 가르치면서 희망이 보인다는 점. 기존에 아이들을 잡고 가야겠다는 생각에 엄격히 규율을 세우려고 애썼으나, 이번에 그런 점을 버리고, 창의적 기법과 아이들 스스로 규정을 정해 가는 것을 시도. 스스로 아이들에게 스스럼없이 대하게 되고, 아이들도 자신을 편하게 대하게 되어서 좋음. 선생님들 사이에 서로 공유하는 분위기가 되어서 좋음. 아이들과 대화가 잘 되어서 좋음. 아이들에게 과제를 주면 알아서 하는 점이 만족스러움. 교사들과 수업에 대한 이야기를 많이 하니 좋음.

※ 고민/불만

수업에 있어서 아이들에게 교사가 정리해야 할 때가 있는데 정리가 잘 안 되는 점과 아이들의 참여를 이끌어 내는 것. 업무 경감 같은 부분에서 정리가 안 되어서 빨리 정리가 되면 업무 처리에 홀가분할 것 같음. 1교시 시작 시간이 빨라져서 이동 시간이나 체육 시간에 수업 시작이 제때 되기 힘듦. 활동 시 학급마다 반응이 좋은 학급과 아닌 학급일 경우 대처 방법에 대해 고민 중임. 활동을 많이 해서 진도 고민이 있음. 진도와 활동 수업을 조화롭게 할 방법에 대해 고민. 오픈마인드로 다른 선생님과 고민하려고 노력하는 중임.

업무 경감을 위해 노력하나 업무 경감을 위해서 여러 사람이 같이 엮인 경우가 많고, 교육청과의 조율 문제도 있어서 어려운 부분이 많음. 모둠 편차를 줄이기 위한 방법에 대한 고민. 1학년은 모둠 수업에 준비가 된 자세인 반면, 3학년은 수업 준비가 잘 안 되어 있음. 3학년은 배움에서 멀어진 아이들에 대한 수업 참여에 대한 고민이 큼.

※ 대안/창조

교장 선생님-담임 교사 간 의사 소통 채널 마련이 필요함.

〈4조〉

※ 칭찬

아이들에게 칭찬을 많이 하게 된 점. 아이들의 좋은 점만 보는 것과 아이들 입장에서 말하니 아이들과 트러블이 적게 생김. 자기들 이야기만 하고 경청하지 않는 아이들을 경청하게 하기 위한 아이디어-발표 시 전에 발표한 아이들의 내용을 요약하게 해서 칭찬 도장 주는 것.

※ 고민/불만

3학년의 경우, 교사의 관용적인 면을 보고, 아이들이 무제한적으로 허용을 기대하는 경우. 아이들의 경우, 잦은 모둠 활동 시 힘들어하는 점. 인성적인 면에 신경 쓸 필요가 있음. 흡연하는 아이들의 경우 관리하는 점.

혁신학교에서는
교장의 권한이 일반 학교보다 축소되나요?

　소통이 되지 않는 관리자로 인해 교사와 학생이 피해를 보는 사례는 그리 어렵지 않게 찾아볼 수 있습니다. 필자는 이러한 이유를 사람이 아닌 제도에서 찾고 있습니다. 승진 제도에 대해서는 많은 분이 문제를 제기합니다. 그러나 바뀌지 않고 있습니다. 그 문제점에 대한 대안은 혁신학교에 있지 않을까 생각합니다.

　혁신학교의 교직원은 많은 회의와 워크숍에 참여하게 됩니다. 일반 학교에서는 교무회의가 형식적이고 관리자(교장, 교감)가 대부분 의사결정을 합니다. 이 때문에 구성원들 사이에서 많은 불만과 갈등이 있어 왔는데요. 혁신학교에서는 많은 것을 구성원들과 협의하는 구조로 이뤄집니다. 이는 혁신학교 운영 모델의 1번이 자율 경영 체제 구축이기 때문입니다. 다음에 첨부한 내용을 보면 구성원들의 공감대 형성이 중요하다고 제시되어 있습니다. 의사 결정 과정에서 다수결로 결정하기보다는 소수 의견을 가진 이들과 생각이 다름을 인정하고, 의견의 차이를 좁혀 나가는 방식으로 운영되고 있습니다. 다수결이 합리적일 때도 있지만, 소수의 의견을 가진 이들의 생각을 들어 보고 왜 그렇게 생각하는지 이해의 과정을 거친다면, 다수의 생각을 변화시킬 수도 있기 때문입니다.

이렇게 운영하다 보니 혁신학교가 마치 교장의 권한은 전혀 없는 것처럼 비춰지기도 하며, 일부 언론은 문제를 제기하기도 합니다. 학교장의 권한은 생각보다 막강합니다. 이는 초·중등교육법에 명시되어 있습니다. 이에 대한 궁금증이 많아지다 보니 경기도교육청에서는 자료집에 이 부분에 대한 답변을 넣기도 하였습니다. 학교에서 교원들 사이에서 일어나는 다양한 의견 공유와 의사결정 과정은 교원들뿐 아니라 학생들에게까지 영향을 미칠수 있습니다. 이 때문에 학교 민주주의는 교직원을 위한 부분만은 아닙니다. 특히, 신규 교직원이 이러한 과정을 배워 일반 학교에 간다면, 일반 학교에서도 혁신학교의 훌륭한 장점을 전파할 수 있는 좋은 계기가 될 것입니다.

1) 자율 경영 체제 구축

- 학교가 추구해야 할 미래 지향적인 발전 방향과 성취해야 할 목표를 설정하고, 교사들과 이를 내면화하는 노력이 필요함
- 학교 교육의 시너지 효과 거양을 위해서는, 학교 교육의 기본 방향 및 추구하는 핵심가치 등에 대한 구성원의 공감대 형성이 중요함.
- 상층 한두 사람에 집중된 행정 권한을 나눠 주는 단순한 의미를 넘어 정보의 나눔과 공유, 신뢰의 제공, 영향력의 창조적 배분을 위한 권한 위임(Empowerment) 체제를 구축해야 함
- 변화와 혁신을 위한 학교장의 새로운 리더십이 필요함

■ 혁신학교를 운영하면 교장의 권한이 축소된다?
  ─ 관리자의 변혁적, 민주적 리더십의 문제이다. 교사의 자발성을 이끌어 내기 위해서는 명령과 지시 방식의 소통 구조는 바람직하지 않다.
  ─ 관리자는 사무적 기술, 인간관계 기술, 전체 파악적 기술을 바탕으로 학교를 경영하는 분이다. 따라서 경영자로서의 마인드가 있어야 한다. 선생님들이 잘할 때는 약간 물러서서 지켜보면서 격려해 주고, 선생님들이 이해가 부족하거나 실천력이 약할 때는 한발 앞서서 이끌어 주어야 한다.
  ─ 학교에서 이루어지는 교육 활동은 학교장의 허락 없이 진행되는 것이 거의 없다. 학교장이 반대하는 가운데 이루어지는 교육 활동이 성공할 수도 없다. 학교장의 권한은 작지 않다.

「혁신학교의 이해」 (경기도교육청, 2012), 혁신학교 업무담당자 회의(경기도교육청, 2014) 참고.

혁신학교가 되면
교무행정보조사를 반드시 채용하나요?

　일반 학교에서는 교사들이 행정 업무에 쫓겨 수업 준비할 시간이 부족한 경우가 많습니다. 교사들끼리 주업무가 수업이 아니라 행정인 것 같다고 우스갯소리를 할 정도입니다. 실제 하루에 수업을 준비할 수 있는 시간이 많지 않다는 것은 여러 정책 연구에서 조사되었습니다. 교사들은 이러한 현실에 순응하며 살아갈 수밖에 없습니다. 여건이 더욱 열악한 소규모 학교에는 행정실장만 있는 1인 행정실도 많기 때문에 학교 업무를 행정실에서 모두 담당하지 못하는 곳이 많습니다. 이 때문에 교사들이 행정적인 부분을 나누어 담당하고 있는데, 그로 인한 피해는 고스란히 학생들이 받을 수밖에 없습니다. 이러한 문제점을 개선하려면 많은 인력 지원과 예산이 필요한 실정인데, 아직은 먼 나라의 이야기 같습니다.

　혁신학교에서는 이러한 부분을 선결적으로 해결해야만 학생들에게 교사의 역량을 제대로 투입할 수 있다고 판단하였습니다. 그래서 교사의 행정 업무를 지원해 줄 수 있는 전문가를 채용하기에 이르렀습니다. 단순히 행정 보조의 역할이 아닌 행정 전문가를 지향하고 있습니다.

혁신학교로 지정이 되면 예산이 지원되는데, 이 예산 중 일부는 교사의 행정 업무를 경감하여 교사가 수업과 학교에만 집중할 수 있는 분위기를 만들도록 하는 데 쓰입니다. 교무행정보조사를 반드시 채용해야 하는 것은 아니지만, 교사가 수업에 집중할 수 있도록 행정 실무사를 배치하는 경우가 많습니다. 교무행정실무사는 경기도교육청에서 쓰는 명칭이고, 시도 교육청마다 교무행정 실무사를 부르는 명칭은 따로 있습니다. 이분들은 기존에 교사가 하던 행정적인 부분을 담당하여 학교운영을 도와주고 있습니다. 교사가 행정 업무를 하지 않고, 본연의 업무인 수업과 교육과정에 집중할 수 있도록 하여, 학생들에게 선생님을 되돌려 줘야 한다는 측면인 것입니다.

일반 학교에서는 현재 교사들이 어쩔 수 없이 행정 업무를 맡아서 하고 있습니다. 관행적인 요소가 많지요. 이에 대해 당연하다고 생각하는 시각도 있지만, 교사 본연의 업무는 수업입니다. 다른 곳에 에너지를 쏟는 만큼 수업에 충실할 수 있는 시간은 줄어들 수밖에 없습니다. 그래서 학교마다 행정 업무를 담당할 행정 실무사를 배치해 교사들이 수업에 매진할 수 있는 환경 조성을 위해 노력하고 있습니다. 2013년 경기도교육청에서 발행한 단위 학교 교사 행정 업무 경감 추진 매뉴얼에 이와 관련한 내용이 언급되어 있습니다.

▪ 행정 실무사의 역할은 어디까지인가요?

─행정 실무사는 고유의 역할과 기능을 담당하고 있습니다. 이들은 공문 생성, 기안, 발송과 같은 업무를 수행합니다. 일부 학교에서는 과거와 같이 교무실 보조 인력의 개념으로 혼동하고 있습니다. 이런 부분을 지속적으로 컨설팅하여서 역할 변화에 노력하고 있습니다. 하지만 행정 실무사가 있다고 해서 전체 교원의 행정 업무 경감이 되는 것은 아닙니다. 기존의 공문을 처리하는 시스템과 업무를 분업하는 시스템을 변화시키는 것이 선결되어야 합니다. 현재까지 행정 실무사는 3~5명 정도이므로, 학교 구성원 간 민주적인 합의를 통해서 업무 효율화와 적정 업무 분담이 동시에 이뤄져야 합니다. 이런 부분에서 단위 학교의 역할도 교사의 행정 업무 경감에 중요한 요소 중 하나입니다.

「교사행정업무경감 추진 매뉴얼」(경기도교육청, 2013) 참고.

10장. 혁신학교
재정과 시설

혁신학교에 지정되면
예산이 얼마나 나오나요?

　혁신학교가 받는 예산 지원도 분명 많은 학부모가 혁신학교에 대해 관심을 가지는 이유 중 하나일 것입니다. 그러나 예산이 많다고 꼭 교육의 질이 상승하는 것은 아닙니다. 예산을 쓰기 위해서는 행정적인 절차가 많은데, 행정 지원이 되지 않는 구조 속에서는 교사들이 이 모든 지출 과정에 관여해야 하기 때문에 수업을 준비할 시간이 그만큼 줄어드는 것입니다. 혁신학교를 처음 시작했을 때 일부 학교가 예산을 거부했습니다. 결국 받기는 했지만, 예산이 목적이 아니었던 교사들이 대부분이었기 때문입니다. 혁신학교 예산이 일회성으로 쓰이지 않도록 많은 교사가 노력합니다. 단순히 체험활동이나 방과 후 교육 형태로만 쓰지 않습니다. 학생들의 진로교육이나, 혹은 좀 더 장기적인 계획을 세워서 체계적으로 예산을 사용하기도 합니다. 이러한 노력이 병행되는 학교라면, 예산을 일정 규모 이상 지원하면 좋을 결과를 기대할 수 있을 것이라 판단됩니다.

　현재 서울시는 서울형혁신학교 운영을 위하여 학교당 6개월분 평균 예산인 약 3750만 원(재지정 혁신학교는 2250만 원)을 지원하고 자율학교 지정 등 행정과 재정 면에서 지원하고 있습니다.[1]

공교육 혁신을 선도하기 위해 2009년 9월부터 13개 교로 시작한 경기도 혁신학교는 2015년 9월 386곳으로 늘어납니다. 다만 혁신학교에 대한 예산 지원은 재정난으로 많이 줄었습니다. 학급 규모에 따라 차이는 있으나 평균적으로 신규 혁신학교는 1억 원에서 5000만 원으로, 기존 혁신학교는 7000만 원에서 3000만 원, 명예 혁신학교는 4000만 원에서 2000만 원으로 감축됐습니다.[2]

새로 시작하는 곳에서도 예산 지원이 되고 있지만 인천광역시는 시의회와 견해 차이가 있어 예산 지원을 하지 않습니다. 향후 혁신학교에 대한 오해가 풀린다면 예산 지원 문제는 어렵지 않게 해결될 것이라고 봅니다. 혁신학교가 특혜를 받는다는 것은 일반 학교들이 그동안 다른 명목으로 지원받았던 예산에 비해 아주 적은 금액이라는 것을 언급하고 싶습니다. 학교당 많게는 10억 원에서 적게는 몇천만 원까지 지원받고 있었는데, 어찌 보면 혁신학교는 적은 지원금으로 큰 성과를 냈던 것이라 볼 수 있는 것입니다.

---

1. 서울시 보도자료(2015년 7월) 참고.
2. 「연합뉴스」 2015년 5월 18일자 참고.

교육청에서 나오는 예산은
모든 혁신학교가 똑같이 받나요?

예산 지원은 시도별로 차이가 존재합니다. 경기도교육청의 경우 학급 수에 따라 차등을 두기도 합니다.

경기도교육청은 그동안 혁신학교 1년 차 1억 원, 2년 차 8000만 원, 3년 차 7000만 원, 4년 차 6000만 원, 재지정교에 4000만 원의 예산을 지원했지만 2015년도에는 신규 지정교 5000만 원, 기존 운영교 3000만 원, 재지정교 2000만 원으로 하고, 혁신공감학교 예산을 늘렸습니다.

혁신공감학교는 경기도교육청 관내 학교의 희망을 받아 모든 학교를 혁신학교화 하는 정책입니다.

지난해 12월 경기도교육청은 혁신공감학교 희망학교를 신청·접수받아 지난 1월 모두 1705개 교를 최종 선정했습니다. 도내 대상 학교 수의 89.3%에 해당하는 수치입니다. 선정된 공감학교는 2016년 2월 29일까지 운영됩니다. 혁신공감학교로 선정된 학교는 규모별로 지원금이 차등 지원됩니다. 14학급 미만은 800만 원, 15~32학급은 1100만 원, 33~44학급은 1600만 원, 45학급 이상은

2000만 원을 지원받게 됩니다.

시도마다 차이는 있지만 경기도교육청처럼 확산 단계까지 와 있는 경우는 거의 없기 때문에, 혁신학교 지정교에 5000만 원에서 1억 원 정도를 매년 지원하고 있다고 보면 됩니다.

2015년 3월 1일자 경기도교육청 혁신공감학교 예산 지원 계획

(단위 : 만 원)

구분 \ 학급 수	0~14학급	15~32학급	33~44학급	45학급 이상	계	비고
학교 수 (초, 중)	266	555	169	30	1020 학급	특수 1교 (34학급) 포함
지원 기준	800	1100	1600	2000		
총액	212억8000	610억5000	270억4000	60억	1153억7000	

「경기도교육청 혁신공감학교 자료」(경기도교육청, 2015) 참고.

2015년 3월 1일자 서울시교육청 서울형혁신학교 예산 지원 계획

구분		초등학교	중학교	고등학교	총계
2011년 지정		3	3	0	6
2012년 지정		18	7	7	32
2013년 지정		4	1	0	5
2014년 지정		1	0	0	1
2015년 지정	신규	17	6	1	24
	재지정	9	8	3	20
계		52	25	11	88

● 혁신학교 1교당 6500만 원 차등 지원
● 재공모 지정 혁신학교 1교당 평균 4500만 원 차등 지원
● 혁신 일반고 1교당 5000만 원 추가 지원
● 2015년 9월 1일자 운영 예정 혁신학교에 서울시 교육지원사업 지원비 1000만 원 추가 지원
● 길잡이 혁신학교 1교당 1000만 원 추가 지원
● 예비 혁신학교 1교당 1000만 원 추가 지원
● 서울형혁신학교 자율협의체 주관 학교에 평균 250만 원 추가 지원

「2015 서울형 혁신학교 운영기본 계획」(서울시교육청, 2015) 참고.

수업 준비나 체험활동으로
학부모들이 별도 비용을 추가로 부담하나요?

    수업 준비나 체험활동과 관련한 교수 학습 활동비 내용은 전체 표준교육비 안에서 일부를 차지합니다. 그 흐름을 다음과 같이 정리할 수 있습니다.

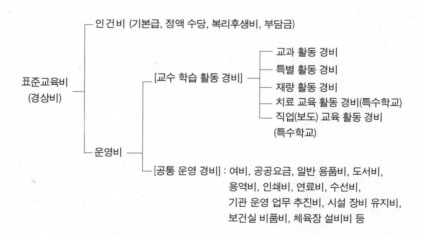

표준교육비 (경상비)
├─ 인건비 (기본급, 정액 수당, 복리후생비, 부담금)
└─ 운영비
　　├─ [교수 학습 활동 경비]
　　│　　├─ 교과 활동 경비
　　│　　├─ 특별 활동 경비
　　│　　├─ 재량 활동 경비
　　│　　├─ 치료 교육 활동 경비(특수학교)
　　│　　└─ 직업(보도) 교육 활동 경비 (특수학교)
　　└─ [공통 운영 경비] : 여비, 공공요금, 일반 용품비, 도서비, 용역비, 인쇄비, 연료비, 수선비, 기관 운영 업무 추진비, 시설 장비 유지비, 보건실 비품비, 체육장 설비비 등

교수 학습 활동 경비	세분류	실제 집행되는 사업 내용	
교과 활동 경비	교과 활동 경비	- 교과별 기자재 구입비 - 실험실습비 - 학습 준비물 구입	- 교수 학습 자료 제작 - 특별 보충 과정 운영 - 기타 교과 관련 교육비
특별 활동 경비	자치 활동 경비	- 학생회, 어린이회 운영	- 교실 청소, 모둠 활동
	적응 활동 경비	- 생활 습관 형성 활동	- 상담/진로 활동
	계발 활동 경비	- 학생 클럽 활동 운영	- 탁구부, 합창반, 운동반
	봉사 활동 경비	- 환경 보전 캠페인	- 일손 돕기
	행사 활동 경비	- 현장 학습, 입학식	- 체육대회, 각종 경시대회
재량 활동 경비	교과 재량 활동	- 공통 교과 심화 보충 학습	- 선택 교과 학습(한문)
	창의적 재량 활동	- 범교과 교육	- 자기주도교육
치료 교육 활동 경비	특수학교 해당	- 재활/적응 교육	- 특수학교의 교과 활동
직업 교육 활동 경비	특수학교 해당	- 졸업 후 직업 교육	

공은배 외, 「유초중고등학교 표준교육비 산출 연구」(한국교육개발원, 2005년 2월)

학교마다 사정이 다르지만 혁신학교에서는 학부모들의 부담을 최소화하기 위해 노력합니다. 혁신학교는 수업이나 교육과정 혁신 등 교육 활동의 변화를 추구하기 때문에 수업 준비나 체험활동에 적잖은 예산이 투입됩니다. 특히 활동 중심 수업이나 프로젝트 중심의 수업이 진행될 경우, 예산이 많이 필요합니다.

혁신학교의 영향으로 초등학교에서는 수업 준비물이나 체험 활동비가 기본 예산으로 책정된 경우가 많습니다. 최근에는 중·고등학교에도 이런 흐름이 강화되고 있습니다. 전국 초등학교 학습 준비물 지원 현황은 다음과 같습니다.

초등학교 학습 준비물 지원 현황(17개 시도)

(단위 : 백만 원)

시·도	2011년		2012년		2013년		
	지원 학교 수	지원액	지원 학교 수	지원액	지원 학교 수	지원액	1인당 기준액
서울	549	15,717	552	15,564	555	15,795	3만5000원 (2014년 2만5000원)
부산	297	4,088	299	5,161	302	4,974	3만 원
대구	208	3,401	210	5,199	212	4,729	3만5000원
인천	233	3,751	237	3,871	240	4,903	자율
광주	144	4,317	144	4,270	145	3,977	4만2000원
대전	141	1,629	143	4,037	143	4,075	3만 원
울산	119	1,943	119	1970	118	1949	2만9000원
세종	-	-	21	184	22	249	3만5000원
경기	1,162	20,933	1,175	20,186	1,183	22,754	3만 원 (2014년 동일)
강원	353	3,705	352	3,708	351	3,598	4만 원
충북	260	2,305	258	2,856	259	2,628	3만 원
충남	411	3,376	411	4,130	407	3,898	3만~4만 원
전북	418	3,866	417	5,617	418	5,229	5만 원
전남	428	3,856	427	3,912	426	4,252	3만5000~ 4만5000
경북	491	5,658	484	3,974	477	4,736	2만5000원
경남	491	4,738	489	4,700	491	4,850	3만 원
제주	108	1,044	108	982	110	1,034	2만7000원
계	5,813	84,327	5,846	90,321	5,859	93,630	-
학생 1인 당 평균	-	26,900원	-	30,600원	-	33,600원	-

　　중학교까지 의무교육인 우리나라의 공교육 시스템상 학생들의
교육 활동비는 국가가 책임져야 할 것입니다. 공교육의 변화를
추구하는 혁신학교 취지상 수업 준비나 체험활동에 많은 예산이
책정되는 것은 매우 자연스러운 흐름입니다.

일부 혁신학교에 나타난
과밀 학급에 대한 대책은 무엇인가요?

일부 혁신학교의 과밀 학급 문제는 혁신학교가 인기를 끌 당시로 거슬러 올라갑니다. 진보 교육감에서 출발한 혁신학교가 성공하자 많은 언론에서 앞다투어 혁신학교의 과밀 학급 문제를 거론하기 시작합니다.

문제는 이러한 과밀학급 문제가 어제오늘 일이 아니며, 일반 학교에서는 늘 있어 왔던 일이라는 것입니다. 과밀 학급이 되면 학급 수나 학교 수를 늘려야 합니다. 학급 수를 늘리는 것은 시설 여건, 즉 교실이 남는다면 교육청에서 교사의 수를 증원하면 되지만, 시설 여건이 되지 않는 경우가 많아 어쩔 수 없이 학급당 학생 수가 증가하는 현상이 발생하게 되는 것입니다. 이렇다 보니 교육청에서도 해결책이 마땅하지 않은 것입니다.

학교를 신설하는 것이 단기간에 이루어질 수 있는 문제도 아니고, 부지가 마땅하지 않으면 선정 과정에서부터 애를 먹게 됩니다. 결국 위장 전입을 단속하는 길밖에 없는데, 적발하더라도 강제 전학 등 징계할 수 있는 법규는 없다고 합니다. 경기도 내 특정 지역 혁신학교에서는 유독 위장 전입이 많은데, 좋은 교육에 목말라 하는 학부모들이 그만큼 많다는 반증이라서, 교육청 역시 어찌할 도리가 없는 것입니다. 혁신학교를 늘리고 지역 내 곳곳에 좋은 학교를 만드는 수밖에 없을 것 같습니다.

2015년 3월 현재 경기도 혁신학교가 350여 개에 이른 것은 무엇보다 학부모들의 열의에 힘입은 바가 큽니다. 혁신학교가 많아지면 위장 전입은 사라지겠지요. 해당 학구 내 혁신학교를 보내면 되니까요. 아마 이제 막 시작 단계에 있는 일부 시도 교육청 구역에서도 몇 년 안에 비슷한 현상이 발생할 것이라 예상됩니다. 질 좋은 교육을 하는 혁신학교가 늘어나게 되면 과밀 학급 문제는 자연스럽게 감소하게 될 것입니다.

학급당 학생 수가
25명 이하로 정해져 있나요?

혁신학교에서는 학급당 학생 수를 25명 이하로 정해 놓았습니다. 이는 초·중등교육법 시행령 105조(자율학교)에 따라 기준을 설정해 놓은 것입니다. 현재 경기도교육청에서는 25~30명의 기준에 맞추려고 노력하고 있지만, 앞서도 말했듯 혁신학교의 인지도와 인기가 높아져서 학급당 학생 수 기준을 넘어서는 학교가 있습니다. 또한, 위장 전입이나 지역적 특성으로 인해 학생 숫자를 예측하기 쉽지 않은 부분도 분명 존재합니다. 그럼에도 혁신학교는 학급당 학생 수 25명 이하라는 원칙을 제시하고 있습니다.

현재 13개 진보 교육감이 있는 시도 교육청에서도 경기도교육청에서 혁신학교를 시작할 당시에 세운 이 기준을 따르고 있습니다. 다음은 경기도교육청에서 만든 혁신학교 업무 담당자 회의 자료의 내용 중 일부입니다.

구분	소재지	2012	2013	2014	비고
초등학교	동 지역	32~34명	31~33명	30-32명	
중학교	동 지역	39명	38~39명	36-37명	
	군면 지역	35명	35명	35명	

▶ 학교의 여건과 환경을 고려하여 학급당 25명 내외의 학급 편성을 지향하나 혁신학교 선호에 따른 과대 학교 및 과밀 학교 발생으로 모든 학교를 학급당 25명으로 하고 있지 못하여 공교육 정상화 모델 학교로서의 교육 활동에 어려움을 겪고 있는 측면이 있다.

▶ 2013년 9월 1일 기준 혁신학교 227교 중 학급당 인원이 25명이 넘는 학교가 100교(초 27, 중 51, 고 22)로 44%이며, 그중 30명이 넘어 일반 학교와 차이가 없는 학교는 55교(초 5, 중 30, 고 19)로 24%에 이른다.

▶ 혁신학교 인근 일반 학교에 혁신학교 클러스터 확대 운영으로 혁신 교육을 공유할 수 있도록 노력하고 있다.

혁신학교 업무 담당자 회의(경기도교육청, 2013) 자료 참고.

사실 혁신학교의 학급당 학생 수 기준 25명에 대해서 일반 학교와 형평성을 들면서 특혜 시비가 일기도 했습니다. 이는 자율학교라는 제도적인 측면을 최대한 활용한 것인데, 혁신학교가 성공을 하자 정치적인 논리로 공격하는 측면이 강합니다. 학급당 학생 수 25명 이하라는 기준이 혁신학교의 성공적 운영에 도움이 된 것은 부인할 수 없는 사실입니다. 그렇다면 학급당 인원이 40명이 넘어가는 과밀 학급이나 지역에는 교사 수를 더 늘려야 하는 것이 맞겠지요. 물론 과거 한 학급당 인원이 60~70명에 달했을 때도 있었지만 그와 비교할 사안은 아니라고 생각합니다. 교사 수급 문제에 대해서는 좀 더 긴 안목과 넓은 시야로 보았으면 하는 바람입니다. 그러나 이러한 문제를 제도적으로 풀어야 할 교육부나 중앙정부에서는 혁신학교의 성공이나 학급당 학생 수 25명 이하의 기준에 대해서는 입을 다물고 있는 현실입니다.

혁신학교 예산은
주로 어떤 용도로 사용되나요?

혁신학교의 예산은 주로 교육 프로그램을 마련하는 데 쓰입니다. 혁신학교 예산은 자율성이 있지만 그렇다고 아무 곳에나 쓸 수 있는 것은 아닙니다. 주로 쓰이는 용도는 업무 보조원 인건비, 학교 프로그램 운영 경비, 교원 연수비, 기초 학습 부진 지도 및 방과 후 수업비, 학생 체험활동 비용 등입니다. 다음은 광주광역시의 혁신학교 예산 집행에 따른 가이드라인을 제시한 내용입니다. 여기에 교육 활동 운영 경비에 대한 자세한 내용이 나옵니다. 이러한 가이드라인을 준수하지 않았을 경우 교육청에서 예산 지원에 대한 제재를 가할 수 있는 감사 권한이 있습니다. 학교에서는 이를 지킬 의무가 있다고 보시면 됩니다. 교사들은 이러한 부분에 약간 부담감을 느끼기도 합니다. 예산에 자율권을 달라고 하는 것인데요. 이 때문에 매년 예산을 쓸 수 있는 항목이 변경되기도 하고, 단위 학교의 예산 자율권을 강화하는 추세로 가기도 합니다.

2014 회계 연도 혁신학교 사업 영역별 예산 편성 · 집행 예시

사업 영역	예산 집행 사례
가. 교육과정의 특성화 · 다양화	- 교과별 프로그램 운영비 - 체험 학습 지원 - 방과 후 학교, 계절 학교, 특기 적성 운영 지원 - 학생 문화 교육 지원, 문화 탐구 교실 운영 - 교과 활동 발표회, 프로젝트 수업 · 학습 - 학교 축제 시 학년 발표, 활동 결과물 발간 - 교육과정 수립 및 반성 협의회 - 학습 보조원 활용 - 기타
나. 전문적 학습 공동체 구축	- 교수 · 학습 활동 - 수업 공개, 수업 연구회 - 수업 컨설팅, 외부 전문가 초빙 연수, 수업 협의회 - 전문성 신장 연수, 전문적 공동체 연구 활동 - 혁신학교 운영평가회, 혁신학교 사례집 · 연수 교재 발간 - 교재 및 학습지 제작, 전문성 신장 위한 도서 구입 - 학교 혁신 및 혁신학교 관련 설명회 - 기타
다. 시설 및 교육 여건 개선	- 다목적 교실 환경 개선 - 자연 체험 학습장, 놀이장, 교육 활동 지원실 조성 - 교육 기자재(복사기, 캠코더, 프린터, 노트북) 구입 - 실내외 환경 조성, 상담실 환경 정비 - 기타
라. 교육 활동 중심의 학교 운영	- 학년별 교육 활동 운영비 지원 - 미니 스쿨 운영비 - 교수 · 학습 연구비(활동비), 학습 자료 제작, 학습 준비물 - 기타
마. 새로운 학교 문화 조성	-학생 자치 활동 활성화, 학생회 연수, 학생회실 설치 -교직원 · 학생 동아리 운영 및 발표회 -학생의 각종 검사비(진로 적성 검사, 심리 검사 등) -학교 구성원 복지 · 문화 행사, 스포츠 체험 활동 운영 -기타

바. 학부모 참여 및 지역 사회 협력	- 학부모 아카데미 운영 및 혁신학교 연수 - 학부모 동아리, 학부모회, 학부모 상담 도우미 운영 - 지역 사회 간담회, 지역 사회 네트워크 활동 - 혁신학교 홍보 - 기타
사. 업무 추진비	- 3% 이내

「2014 혁신학교 추진 기본 계획」(광주광역시교육청) 참고.

혁신학교에 지정되면
몇 년 동안 운영하나요?

경기도교육청의 혁신학교 수는 13(2009년 9월) → 33(2010년 3월) → 43(2010년 9월) → 71(2011년 3월) → 89(2011년 9월) → 123(2012년 3월) → 154(2012년 9월) → 195(2013년 3월) → 227(2013년 9월) → 282(2014년 3월) → 327(2014년 5월) → 356(2015년 8월)로 변화되었습니다.

경기도교육청을 기준으로 했을 때, 한 번 혁신학교로 지정되면 4년간 혁신학교로 운영됩니다. 4년이 지난 후에는 종합평가 결과와 재지정 신청서를 바탕으로 재지정 여부를 심의받아 재지정교로 선정되며, 재지정 신청서를 제출하지 않은 학교는 일반 학교로 전환하게 됩니다. 2015년 3월 1일자 신규 혁신학교 30곳(단원고등학교 특별 지정), 재지정 혁신학교 27곳을 지정하였는데,[1] 그 27곳이 다시 지정된 학교라고 보시면 됩니다.

시도별로 다르지만 일단 4년을 기본으로 보장받고, 2년 운영

---

1. 경기도교육청 보도자료(2014년 12월 11일) 참고.

후 중간 평가, 4년 후 최종 평가 후 재지정을 심사합니다. 제주특별자치도교육청의 경우 최장 6년(4년 후 재지정 2년)으로 설정한 것이 특징입니다. 인천의 경우에는 4년간 40개의 혁신학교를 지정하기로 하고 2014년 15곳(초 10, 중 5)을 준비교로 만들었습니다. 2018년까지 100곳을 운영하기로 발표하였기 때문에 기대해도 좋을 것 같습니다. 안타깝게도 도의회가 예산을 삭감하였기 때문에 예산 지원은 안 된다고 합니다. 예산과 관련해서는 추후 변화가 있지 않을까 기대해 봅니다.

충청남도교육청에서도 이번에 초등학교 13, 중학교 5, 고등학교 3 등 21곳을, 모든 시·군 교육지원청별로 1개 이상의 학교가 고르게 배정될 수 있도록 최종 선정했습니다. 선정된 21개 학교는 2015학년도부터 4년간 학교운영 체제 개선, 학교 교육력 강화, 교육과정 및 수업 혁신 등 3대 영역의 세부 과제를 선도적으로 추진할 계획이라고 합니다.[2]

부산광역시교육청에서도 변화가 있습니다. 영도구 절영초등학교를 비롯한 초등학교 6곳과 연산중학교, 만덕고등학교, 특수학교인 부산혜성학교, 기장군 달산유치원 등 10곳이 혁신학교로 선정되었습니다. 특수학교와 유치원을 제외한 초·중·고등학교 8개 교는 혁신학교 지정 기간 4년 동안 자율학교로도 지정됩니다. 부산광역시교육청은 유치원과 특수학교에도 4년간 자율학교에 준하는 지원을 한다고 합니다. 첫해에는 학교의 여건과 운영 계

---

2. 충청남도교육청 보도자료(2014년 12월) 참고.

획에 따라 학교별로 4000만~6000만 원을 지원하고, 2년 차부터 4년 차까지 매년 연간 3000만 원을 지원할 예정입니다.[3]

매년 여러 시도 교육청에서 혁신학교를 발표하는데 공통적으로 4년을 기본으로 하고 있습니다. 시도별 상황과 시도 의회 상황이 달라 예산은 다르게 지급될 수 있습니다. 다만 혁신학교 운영이 학교문화로 자리 잡을 수 있기 때문에 4년간 운영하게 되면 학교의 체질이 변화될 수 있습니다. 이 때문에 기존 연구학교처럼 4년 시행 후 사라지는 것은 아닐 것입니다. 실제로 2009년부터 혁신학교를 시작한 경기도에서는 그러한 변화의 조짐이 나타나고 있습니다. 교사들의 긍정적인 변화, 교사와 학부모들의 간극 조정, 지역사회와 함께하는 학교와 같은 좋은 문화가 정착되어 이어지고 있습니다. 기간의 문제는 없기 때문에 혁신학교로 일단 선정되어 성공적으로 운영된다면 계속 혁신학교로 운영될 가능성이 높아지는 것입니다.

---

3. 「연합뉴스」 2015년 3월 2일자 참고.

11장. 혁신학교의
성과와 전망

성공하는 혁신학교의 특징은 무엇인가요?

혁신학교에도 급이 있습니다. 무늬만 혁신학교인 학교로 인해 실망하는 이들도 있습니다. 혹자는 혁신학교를 '흉내학교'와 '기만학교', 진짜 혁신학교로 구분하기도 합니다. 진짜 혁신학교는 무엇이 다를까요.

첫째, 학교의 비전과 철학이 있습니다. 어떤 학생들을 길러 내고자 하는지, 교육과정의 궁극적인 목표가 무엇인지를 그리고 있습니다.

둘째, 혁신 주체 세력들이 있습니다. 혁신과 관련하여 교사들을 크게 세 그룹으로 나눌 수 있습니다. 적극 그룹, 소극 그룹, 저항 그룹이 있지요. 적극 그룹을 누가 어떤 동기로 하느냐가 중요하고, 적극 그룹이 소극 그룹과 저항 그룹을 설득할 수 있는 무언가가 필요합니다. 주도 유형도 크게 두 가지로 나누어집니다. 관리자 주도형과 교사 주도형이 있습니다. 가장 바람직한 것은 교사 주도형입니다. 교사가 교사를 설득하는 방식이 가장 효과적입니다. 교장이 주도하는 경우, 그 효과는 빠르게 나타나지만 교장의 한계가 그 학교의 한계로 귀결될 가능성도 있습니다. 관리자의 한계를 뛰어넘으려면 집단지성의 힘이 불가피합니다.

셋째, 빼기 혁신과 더하기 혁신이 결합됩니다. 새로운 것을 더하기보다는 불필요한 업무, 관행 등을 먼저 빼야 합니다. 그렇지 않으면 입으로만 말하는 '입' 혁신학교로 전락할 수 있습니다. 실천이 있는 '몸' 혁신학교가 필요합니다. 이론과 실제, 이상과 현실이 조합된 혁신학교가 필요합니다. 그 출발은 거창하지 않습니다. 하지 말아야 할 것을 안 하는 데서 출발합니다. 그다음에 본질에 집중하는 흐름을 만들어야 합니다.

넷째, 교육과정에 집중합니다. 교사 학습공동체와 소통 공동체의 궁극적인 목적은 좋은 수업과 평가입니다. 이를 포괄한 개념이 교육과정입니다. 좋은 교육과정을 구현하는 학교가 혁신학교입니다. 프로그램이 아닌 교육과정에 주목하는 이유가 여기에 있습니다. 교육과정으로 혁신학교의 가치와 철학을 구현하지 않으면 교사들의 피로 현상이 나타날 수 있습니다.

다섯째, 학습공동체가 작동합니다. 서로의 수업을 공유하고 나누는 과정이 생활과 문화로 나타납니다. 수업을 위한 학습공동체가 형성되면서 자연스럽게 다른 관심 분야로 학습공동체가 분화합니다. 개별화된 학습이 아닌 공동체를 통한 학습이 이루어지고 그 과정에서 교사는 성장합니다.

여섯째, 교장과 교감 선생님의 리더십이 작동합니다. 거래적·권위적 리더십이 아니라 변혁적·분산적 리더십, 민주적 리더십이 작동합니다. 외적 인센티브가 아닌 근무하는 것 자체가 보상인 시스템을 구축합니다. 학교의 철학과 가치를 내면화시키는 작업이 있지요. 여기에 학교장의 권한을 적절히 분산시킵니다. 권한 위임을 통해 교사들의 리더십을 극대화합니다. 소통과 참여의 원리가 작동하지요. 자연스럽게 교사들의 효능감이 높아집니다.

일곱째, 지원 시스템을 구축합니다. 교사 업무 경감 프로그램이라든지 기초학력이 떨어지는 학생을 위한 프로그램을 작동합니다. 개인의 노력을 넘어 시스템을 만드는 데 노력을 기울입니다. 이러한 지원 시스템은 지역사회와의 연대를 통해 구축하기도 합니다. 지방자치단체의 협력을 통해 사람을 지원받기도 합니다. 학교와 마을의 연대를 통한 상생 모델을 제시합니다.

여덟째, 학생 자치 문화가 살아 있습니다. 학생회를 존중하고 이들이 마음껏 일할 수 있도록 판을 깔아 줍니다. 학교에서 여러 가지 문제가 발생할 때 교사와 학생이 대립하는 것이 아니라 학생이 주체로 나서도록 합니다.

문94.

전국적으로
혁신학교가 몇 개 있나요?

2014년 3월을 기준으로 경기도, 서울시, 광주광역시, 강원도, 전라북도, 전라남도 등 1기 진보 교육감을 배출한 지역의 혁신학교는 578개 교입니다. 아래 자료를 보시면 됩니다. 다만 2014년 지방선거 결과 13개 진보 교육감이 나오면서 혁신학교는 2016년까지 13개 시도 교육청에서 1000개 이상 생길 것으로 예상됩니다.

전국 혁신학교 수(2014년 7월)

시도 교육청		강원	경기	광주	서울	전남	전북	합계
혁신학교 수 (2014년 7월 기준)	초	22	165	10	37	44	68	346
	중	13	121	10	21	18	28	211
	고	6	41	3	10	3	5	68
	특수 학교			3				3
	계	41	327	26	68	65	101	628
초·중·고 전체 학교 수		682	2200	299	1282	830	751	

전국 혁신학교 수(2015년 7월 현재)

지역	시작 연도	지정 현황
서울	2011년	97개 교
부산	2015년	10개 교
인천	2015년	10개 교
광주	2011년	38개 교
세종	2015년	5개 교
경기	2009년	382개 교
강원	2011년	41개 교
경남	2015년	11개 교
전남	2011년	75개 교
전북	2011년	122개 교
충북	2015년	10개 교
제주	2015년	5개 교

시도 교육청 홈페이지 참조

초 · 중 · 고 · 대학이 연결된 혁신학교 벨트화란 무엇인가요?

혁신학교는 시 · 군마다 존재하지만 초등학교나 중학교만 있는 경우도 있고, 초등학교만 있는 경우가 있습니다. 초등학교에서 혁신 교육을 배운 학생들이 일반 중학교에 가게 될 경우 쉽게 적응하지 못하는 경우도 있습니다. 사실 혁신 초 · 중 · 고등학교가 연계되는 것이 학생들에게는 가장 좋은 시스템입니다. 혁신학교를 이제 막 시작하는 시도에서는 10~20곳 밖에 지정이 되지 않아 연계를 고민하기에는 아직 이릅니다. 경기도나 전라북도와 같이 5년 이상 혁신학교 체제로 정착된 지역 외에 시작 단계에 있는 타시도에서는 체계적인 벨트화는 아직 진행되기 어려운 측면이 있습니다. 또한 시도 교육청은 유 · 초 · 중 · 고등학교만 관할하고 있으므로, 대학까지 묶는 혁신학교 벨트화는 이루어지기가 어렵습니다. 경기도교육청에서는 과거 김상곤 전 교육감이 재직할 때 이 부분을 추진하려 했으나, 현실적으로 쉽지 않은 부분이 많았습니다. 현재까지는 유 · 초 · 중 · 고등학교만 묶어서 벨트화를 진행하고 있습니다.

- 혁신학교가 점차 확대 운영됨에 따라 맞춤형 지원의 필요성이 증대되고
- 자생적인 교육 개선 활동의 구심점으로 역량을 지닌 학교가 부각됨
- 이에 따라 경기도를 4개 권역으로 설정하고 권역 내에서 교육 개선의 중심 역할을 할 수 있는 초, 중, 고 1교씩(총 12교)을 거점 학교로 지정하여
- 학교급별, 학교급 간 네트워크 구축과 더불어 인근의 일반 학교와 연계한 혁신학교 활동을 전개함

거점 학교 지정 : 지역 단위 교육 활동의 중심 역할을 할 수 있는 거점 학교 지정 운영
(4개 권역별 초·중·고등학교 1개교씩 총 12개 교)

경기도교육청 혁신학교 기본 문서(2012) 참고.

문96.

혁신 유치원은 없나요?

경기도교육청에서는 처음 초·중·고등학교를 혁신학교로 지정하기 시작했고, 나아가 혁신 대학까지 계획했었는데요. 이는 김상곤 전 교육감이 야심차게 추진한 계획으로 지금은 중단된 상태입니다. 혁신 유치원은 이제 막 혁신학교를 시작하는 타 시도 교육청에서는 존재하지 않지만, 경기도교육청에서는 2013년부터 혁신 유치원을 지정해서 운영하고 있고, 연간 3000만 원을 지원하고 있습니다.

경기도교육청은 2015년에도 3월 1일자로 신규 운영하게 되는 혁신 유치원 2곳을 지정하였습니다. 이로써 경기도 내 혁신 유치원은 2013년 5곳, 2014년 3곳 등 기존에 운영했던 8곳에 2015년 신규 지정된 2곳을 포함하여 총 10곳으로 늘어납니다. 신규 혁신 유치원은 앞으로 4년 동안 운영되며, 유아들의 배움과 성장을 지원하기 위해 구성원들의 자발성을 바탕으로 공교육 혁신 모델을 창출한다는 계획을 가지고 있습니다. 2015년 신규 지정 혁신 유치원은 안양성결대부속유치원, 일동유치원입니다. 기존 명단은 다음의 표를 참고하면 됩니다.

이번 혁신 유치원 지정은 혁신 유치원 지정 신청서(계획서)를 제출한 11개 원을 심사 대상으로 했으며, 계획서 심사, 현장 실사, 심사위원 협의 등의 과정을 거쳐 선정했습니다. 단설에만 집중되었다는 비판이 있는 것도 사실입니다. 병설유치원은 원장(원감)이 없는 경우가 많아 단독으로 신청서를 내기에 어려움이 있었으리라 짐작됩니다.

혁신 유치원은 학부모 등 유치원 구성원의 자발적인 참여를 기반으로, 자체 연수와 컨설팅 등을 통해 수업, 학교운영, 학교문화 등에서 다양한 교육 모델을 만드는 데 집중하는 것을 목적으로 하고 있습니다.

개인적으로는 혁신 유치원이 많아졌으면 합니다. 현재 병설유치원의 경우 행정적인 지원(행정 업무에 대한 지원)이 거의 없어, 교사들이 업무에 치중하다 보니 학생 지도에는 소홀할 수밖에 없는 상황이 발생합니다. 이 때문에 학부모들의 만족도가 떨어지는 경우도 많습니다. 그래서 비싼 돈을 주더라도 사립으로 옮기는 현상도 발생하고 있습니다. 교사 수에 비해 학생 수가 많은 것도 병설유치원의 한계를 극명하게 보여 줍니다. 일부 사립 유치원의 횡포도 매년 문제가 되고 있지만, 정부에서는 뚜렷한 대책을 내놓고 있지 않습니다. 어린이집과 유치원, 그리고 초등학교의 연계 문제도 해결해야 할 사안임은 분명합니다.

경기도교육청 혁신 유치원 현황

2013년 지정	2014년 지정	2015년 지정
• 성남푸른유치원 • 세교유치원 • 호암유치원 • 송랑유치원 • 온골유치원	• 동명유치원 • 밝은빛유치원 • 한들유치원	• 안양성결대부속유치원 • 일동유치원
5개 원	3개 원	2개 원

「경기도교육청 혁신학교 지정 현황」(경기도교육청, 2015) 참고.

혁신학교
교사와 학생들은 어떻게 변화되었나요?

　혁신학교 교사와 학생들의 만족도가 높다는 조사는 지속적으로 나오고 있습니다. 일부 보수적인 언론에서는 서울대학교에 들어가는 학생 숫자나 기초 학습 부진아의 수치를 문제 삼아 혁신학교를 공격하곤 합니다. 그러나 혁신학교는 애초 지정될 당시부터 교육 환경이 열악한 지역에서 성적이 매우 낮은 학생들이 대부분인 학교였습니다. 성적만 놓고 보면 일반 학교나 도심 지역 학교와 비교도 될 수 없습니다. 이러한 성적 지상주의야말로 바뀌어야 하며, 학생이나 학교를 평가하는 관점부터 바뀌어야 합니다. 이런 노력의 일환으로 경기도교육청에서는 학교 행복 지수, 학교 민주주의 지수 등 성적이 아닌 학교의 여러 고려 사항을 수치화하려는 고민을 하고 있습니다. 혁신학교의 만족도 조사에 대한 대표적인 연구 사례가 있어 독자 여러분께 소개하려고 합니다.

　경기도교육연구원에서는 2012년 혁신학교와 일반 학교 교사와 학생들을 대상으로 대규모 온라인 설문조사를 실시하였습니다. 그 결과를 보면 혁신학교에서 많은 긍정적인 변화가 있었음을 알 수 있습니다. 교사의 효능감과 학생의 비인지적 성취도 향상 부분을 보면 혁신학교가 5개 영역 모두 일반 학교보다 높은 평균 점수를 기록하였습니다. 대부분 초등학교와 중학교의 모든 영역에서 혁신학교가 일반 학교보다 높았다는 것을 설문조사 결과 알 수 있었습니다. 이는 일반 학교 15곳과 혁신학교 149곳을 비교한 것이며, 300곳의 교사 5953명과 학생 14488명(초등학교 5~6학년과 중·고등학교 2~3학년)이 응답한 대규모 통계 자료 결과입니다. 그 외에도 주목할 만한 점은 전국교직원노동조합 소속 교사 또는 교원단체에 소속되지 않은 교사보다 한국교원단체총연합회 소속 교사들의 만족감이 더 컸다는 것입니다. 다양한 해석이 있을 수는 있지만, 특정 교원단체 중심의 학교라는 오명은 벗을 수 있는 의미 있는 자료라고 보입니다.

학교급별로 보면 초·중·고등학교 순으로 높게 나왔는데, 모든 영역에서 혁신학교가 일반 학교보다 높았습니다. 대체로 지정 학기가 긴 혁신학교의 만족도는 높았지만, 3년 차 되는 일부 혁신학교는 상대적으로 낮게 나왔습니다. 이는 방향과 비전을 제대로 설정하지 못하는 학교가 존재한다는 의미로, 지속적인 모니터링과 질 관리 등이 요구된다는 의미입니다.

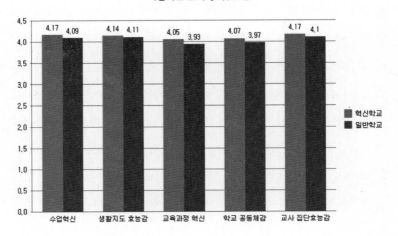

혁신학교 교육 성과(교사)

영역	혁신학교	일반 학교
수업 혁신	4.17	4.09
생활지도 효능감	4.14	4.11
교육 과정 혁신	4.05	3.93
학교 공동체감	4.07	3.97
교사 집단 효능감	4.17	4.10

※ 5점 만점

[조사 범위 : 2012년 혁신학교 149교와 일반 학교 151교 등 300교 자료]

[2012년 경기도교육연구원 온라인 설문 조사 자료]

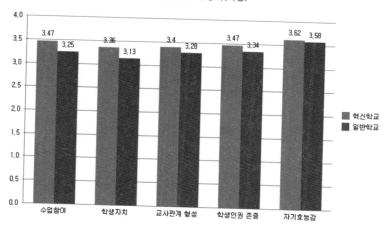

혁신학교 교육 성과(학생)

구분	혁신학교	일반 학교
수업 참여	3.47	3.25
학생 자치	3.36	3.13
교사 관계 형성	3.40	3.28
학생 인권 존중	3.47	3.34
자기 효능감	3.62	3.58

※ 5점 만점
[조사 범위 : 2012년 혁신학교 149교와 일반 학교 151교 등 300교 자료]
[2012년 경기도교육연구원 온라인 설문 조사 자료]

혁신학교 운영 성과를
평가하는 기준은 무엇인가요?

　혁신학교를 평가하는 목적은 혁신학교의 책무성 제고 및 혁신학교 교육의 질 개선, 혁신학교 운영 우수 사례 발굴 및 문제점 보완 자료 확보, 평가 결과를 혁신학교 교육정책에 반영하고 지도방안을 마련하는 데 있습니다.

　혁신학교에 대한 평가 기준은 시작 단계에서부터 원칙을 세워놓았습니다. 다만, 평가를 위한 평가가 아닌 내실 있는 평가가 이루어지도록 컨설팅 위주의 평가를 하고 있습니다. 단위 학교의 자율성을 최대한 보장한다는 측면에서 평가에 대한 압박은 가급적 하지 않으려고 하고 있습니다. 경기도교육청은 2년에 한 번씩 혁신학교를 평가했고, 4년에 한 번씩 재지정을 하기 위한 평가를 하게 됩니다. 모두 서류상 평가가 아닌 학교 자체 평가와 평가단 방문을 통해 이뤄지고, 내용 중에는 교직원 인터뷰와 학부모 인터뷰가 있습니다. 이를 모두 기록화해 남겨 두고 있습니다. 다음은 혁신학교 기본 문서 중 평가와 관련한 내용입니다.

- 혁신학교 운영의 문제점을 파악하고 개선 방안을 모색하기 위하여
- 4년의 지정 기간 중 2년 차에 중간 평가, 4년 차에 종합 평가를 시행함
- 평가 결과에 따라 지정 해지 및 연속 지정의 기회를 제공하며
- 결과 분석을 통해 영역별 보완 대책을 수립하고 컨설팅과 연계하여 지원함

평가 영역별 평가 지표

대영역	중영역	평가 지표
혁신학교 기본 사항	1. 혁신학교 기본 철학에 대한 이해와 참여, 교육 목표 및 전략	1-1. 혁신학교의 기본 철학 및 가치에 대해 이해하고 있는가?
		1-2. 구성원들은 자발성을 갖고 적극적으로 참여하고 있는가?
		1-3. 혁신학교 기본 철학을 바탕으로 교육 목표를 수립하고 학교 실태를 반영한 체계적인 실천 전략을 가지고 있는가?
교육과정의 다양화·특성화	2. 교육과정의 다양화·특성화	2-1. 특색 있고 창의적인 학교 교육과정을 편성·운영하고 있는가?
		2-2. 미래 핵심 역량을 기르는 창의 지성 교육 과정을 운영하고 있는가?
		2-3. 학생 중심 교육과정을 운영하고 있는가?
혁신학교 운영 여건 마련	3. 자율적 경영 체제 구축	3-1. 구성원의 자율적 참여를 위한 변혁적 리더십이 발휘되고 있는가?
	4. 새로운 학교 공동체 문화 조성	4-1. 존중과 배려, 참여의 학생 문화가 형성되어 있는가?
		4-2. 집단 지성이 발현되는 생산적 학교 문화가 조성되어 있는가?

「혁신학교 기본 문서」(경기도교육청, 2013) 참고.

혁신학교 운영 여건 마련	5. 교수-학습 중심의 운영 시스템 구축	5-1. 교수-학습 활동에 전념할 수 있는 여건을 조성하고 있는가?
		5-2. 학습 지원을 위한 학교 환경 개선이 이루어지고 있는가?
	6. 대외 협력 · 참여 확대	6-1. 학부모 및 지역사회와 네트워크를 구축하여 협력적 관계를 유지하고 있는가?
	7. 예산 편성 및 집행의 적절성	7-1. 예산 편성과 집행이 혁신학교 운영 목적에 적합한가?

「혁신학교 기본 문서」(경기도교육청, 2013) 참고.

문99.

혁신학교가 추구하는
철학은 무엇인가요?

　혁신학교는 처음 시작할 당시 제도화가 되어 있지 않은 상태
로, 제대로 된 학교를 만들어 보자는 의지를 가진 교원들과 학부
모들이 시작하였습니다. 이들이 각 지역에서 각기 다른 모습으로
학교를 혁신하고 있었던 것입니다. 그리하여 경기도교육청에서
2009년 이를 제도화하고자 다양한 혁신학교의 이념과 철학들을
모아서 기본 철학을 정하기에 이릅니다. 이러한 혁신학교의 철학
은 가장 대표적인 학교 혁신의 이념과 정신이라고 볼 수 있습니
다. 크게 네 가지를 혁신학교 이념으로 정의하고 있습니다. 자발
성과 지역성, 역동성과 공공성입니다. 자발성은 교원과 학부모의
자발적인 의지로 참여, 운영되는 학교를 뜻합니다. 지역성은 지
역사회의 여건 및 실정에 적합한 학교교육을 해야 한다는 뜻으로,
열악한 지역에서 지역의 특성을 살려 마을 교육과정을 운영하는
사례를 종합하여 만든 이념입니다. 역동성은 기존 수월성 교육을
비판하며 모든 학생 개개인의 특성에 맞는 교육을 해야 한다는 뜻
입니다. 기존 학교가 입시 학원으로 변질되어 간다는 비판에 직

면한 것과는 달리 혁신학교는 성적 지상주의가 아닌 학생들의 성장과 배움에 가치의 초점을 맞추고 있습니다. 공공성은 누구든지, 어디서나 만족하는 교육을 뜻합니다.

경기도교육청에서 만든 혁신학교의 철학이지만, 혁신학교의 확산과 함께 각 시도 교육청은 혁신학교의 철학을 지역에 맞게 수정 보완하였습니다. 그래서 지역(시도)마다 혁신학교가 추구하는 철학이 약간씩 다르긴 하나, 혁신학교를 처음 시작한 경기도교육청의 자료가 기본이 되는 뼈대가 되기도 합니다. 결국 학생 중심에서 학교교육을 추진한다는 측면에서는 공통적인 이념과 철학을 가지고 있다고 볼 수 있습니다. 이러한 이념을 바탕으로 학생들의 꿈을 실현하기 위해 다양한 체험을 하고, 수평적인 관계 속에서 학교 민주주의를 배우고, 진학이 아닌 진로교육에 초점을 맞추는 것이 혁신학교의 본모습이라고 생각합니다. 이제 혁신학교는 학교 혁신에서 더 나아가 지역과 함께하는 마을 교육 공동체를 지향합니다. 경기도교육청에서는 2014년부터 마을 교육 공동체의 추진을 본격화하고 있습니다. 이는 혁신학교의 또 다른 이름이라고 보면 됩니다. 학교 혁신을 넘어 지역과 함께하는 학교, 해당 지역에 정주할 수 있는 학생을 키워 내는 교육을 실현하는 데 혁신학교가 앞장서고 있는 것입니다. 5~10년 후 혁신학교를 경험한 학생들이 사회에 진출하게 되었을 때, 그들은 다른 누구보다 혁신적인 마인드를 가질 것이라 생각합니다.

- 자발성 : 교원의 자발성과 학부모의 참여로 운영되는 학교
- 지역성 : 지역사회 여건 및 실정에 적합한 학교 교육
- 역동성 : 소수의 수월성 교육에서 다수를 위한 수월성 교육으로
- 공공성 : 누구든지, 어디서나 만족하는 교육

「혁신학교 이해 자료」(경기도교육청, 2012) 참고.

인천광역시교육청 혁신학교의 기본 철학

- 민주성 : 구성원들의 자발적이고 민주적인 참여와 소통, 협력을 통하여 학교 교육의 방향과 환경을 향상시켜 모두의 성장이 이루어지는 체제를 구축, 민주주의 가치를 구현하는 교육 활동을 통한 민주시민 육성
- 전문성 : 전문적 학습 공동체의 형성으로 집단 지성을 통한 협력적 성장 발휘, 다양한 교육 역량을 계발하여 활기찬 배움 및 성장 기반 조성
- 국제성 : 평화, 공감, 협력을 추구하는 미래 지향적인 세계인 육성 지향
- 창의성 : 창의적 교육을 통하여 미래형 학력 구현
- 윤리성 : 윤리적 생활공동체를 통한 교사와 학생 간 상호 존중과 배려의 학교 문화 구현
- 공공성 : 학교 교육의 수준과 환경을 질적으로 향상시켜 교육 기회와 가능성을 차별 없이 향유하도록 하여 모두의 성장과 사회의 건강성을 지향하고 사회적 책무성, 교육의 실질적 평등 보장(가능성의 평등)

「2015년도 혁신학교 기본 계획」(인천광역시교육청, 2015) 참고.

혁신학교로 인해
일반 학교가 낙인감을 느끼지는 않을까요?

혁신학교의 본래 취지는 일반 학교의 변화와 함께 우리나라에서 의미 있는 공교육을 만들어 내는 것입니다. 혁신학교만 잘되어야 한다는 것 자체가 '혁신'이라는 말과 어울리지 않습니다. 본래 혁신학교는 공교육 전체의 변화를 염두에 두고 시작됐습니다. 암기 위주의 학습과 대학 입학 시험 위주의 교육제도나 문화를 변화시키기 위한 것입니다. 내 자녀만 잘되면 된다는 개개인의 '욕망의 교육'으로부터 벗어나 대다수 아이가 희망을 가질 수 있도록 우리 모두의 '희망의 교육'을 추구합니다.

이와 관련해 펼쳐진 대표적인 정책이 '혁신학교 일반화'였습니다. 혁신학교만이 아닌 갓 시작하는 혁신학교나 일반 학교까지 함께 가자는 취지가 여기에 담겨 있습니다. 이와 관련해 그동안 '거점 혁신학교', '혁신학교 예비/준비교' '혁신학교 벨트화', '혁신학교연구회', '혁신교육지구', '혁신공감학교' 등이 추진되었거나 추진 중에 있습니다.

'거점 혁신학교' 정책은 한 지역에서 앞서가는 의미 있는 혁신학교를 거점 혁신학교로 지정해 주변의 혁신학교와 묶는 일을 주로 합니다. 물론 일반 학교도 이런 흐름에 동참할 수 있도록 수업 공개나 연수를 공유합니다. '혁신학교 벨트화'는 초·중·고등학교를 지역 인근에서 연결해 보려는 노력입니다. 구체적으로 정책화되진 않았지만 자연스럽게 연결된 곳에서 시너지가 나온 경우입니다. '혁신학교 예비교'나 '혁신학교 준비교'는 일반 학교가 혁신학교로 가기 위해 단계별 준비 작업을 지원하는 제도로 예비교 신청에 이어 준비교가 되면 일정 기간 이후 혁신학교로 진행됩니다.

지역에서 일반 학교와 혁신학교를 엮어 나가는 정책이 있습니다. 대표적인 사례가 경기도 양평군 서종면과 전라북도 완주군입니다. '혁신학교연구회'는 지역에서 혁신교육을 고민하고 실천하는 사람들이 운동과 네트워킹 관점으로 모여 학습하고 실천하는 조직체입니다. 이곳에서는 주로 연수와 학습으로 지역의 일반 학교와 혁신학교를 연결하는 일을 합니다.

최근 경기도에서는 혁신학교에 공감하는 일반 학교를 대상으로 '혁신공감학교' 정책을 펼치고 있습니다. 일반 학교 가운데 혁신학교의 정신과 프로그램을 추진하면 예산을 지원하면서 혁신학교형으로 바꿔 나가는 정책입니다.

혁신학교 초기 단계에선 일반 학교의 낙인감에 대한 논의가 학교 안팎에서 적잖았습니다. 특히 일반 학교에서 혁신학교에 투입되는 예산을 두고 말이 많았지만 혁신학교에 대한 본래 취지가 잘 알려지면서, 현재는 혁신학교에 대한 학부모들과 주민들의 호응도 커 가고, 일반 학교도 혁신학교의 정신과 실천을 함께하려는 흐름이 커져 가고 있습니다.

혁신공감학교 선정 현황(학교 수, 2014년 9월 1일 기준)

지역	계 (초·중·고)				초등학교				중학교				고등학교			
	학교 총수	대상 학교수	혁신 공감 학교수	비율 (%)	학교 총수	대상 학교수	혁신 공감 학교수	비율 (%)	학교 총수	대상 학교수	혁신 공감 학교수	비율 (%)	학교 총수	대상 학교수	혁신 공감 학교수	비율 (%)
경기도	2253	1594	1431	89.8	1196	1015	978	96.4	606	478	403	84.3	451	101	50	49.5
수원	194	140	113	80.7	96	85	81	95.3	56	42	30	71.4	42	13	2	15.4
성남	148	94	94	100.0	68	58	58	100.0	45	28	28	100.0	35	8	8	100.0
안양 과천	96	67	59	88.1	45	36	36	100.0	26	22	21	95.5	25	9	2	22.2
부천	122	84	76	90.5	62	54	54	100.0	32	26	19	73.1	28	4	3	75.0
광명	46	26	23	88.5	24	18	18	100.0	11	5	5	100.0	11	3	0	0.0
안산	107	78	65	83.3	54	48	45	93.8	29	23	18	78.3	24	7	2	28.6
평택	96	70	65	92.9	52	43	43	100.0	24	22	18	81.8	20	5	4	80.0
군포 의왕	71	51	39	76.5	39	32	29	90.6	19	14	7	50.0	13	5	3	60.0
여주	45	28	25	89.3	23	15	15	100.0	13	11	9	81.8	9	2	1	50.0
화성 오산	155	122	108	88.5	90	83	73	88.0	38	34	32	94.1	27	5	3	60.0
광주 하남	68	48	42	87.5	39	33	30	90.9	16	12	12	100.0	13	3	0	0.0
양평	42	24	18	75.0	22	15	12	80.0	12	8	6	75.0	8	1	0	0.0
이천	58	40	39	97.5	31	28	27	96.4	15	11	11	100.0	12	1	1	100.0
용인	179	134	125	93.3	100	90	90	100.0	50	41	33	80.5	29	3	2	66.7
안성	56	43	38	88.4	34	28	27	96.4	13	12	9	75.0	9	3	2	66.7
김포	75	50	49	98.0	40	31	31	100.0	22	17	17	100.0	13	2	1	50.0
시흥	73	48	44	91.7	37	30	29	96.7	21	14	14	100.0	15	4	1	25.0
의정부	65	43	42	97.7	31	24	24	100.0	19	15	14	93.3	15	4	4	100.0
동두천 양주	69	54	45	83.3	42	36	32	88.9	15	15	11	73.3	12	3	2	66.7
고양	157	113	110	97.3	81	71	71	100.0	41	34	34	100.0	35	8	5	62.5
구리 남양주	135	96	92	95.8	71	60	60	100.0	39	33	30	90.9	25	3	2	66.7
파주	98	74	62	83.8	57	50	49	98.0	24	21	12	57.1	17	3	1	33.3
연천	21	13	11	84.6	13	9	9	100.0	6	4	2	50.0	2	0	0	0.0
포천	53	40	35	87.5	32	28	25	89.3	14	11	9	81.8	7	1	1	100.0
가평	24	14	12	85.7	13	10	10	100.0	6	3	2	66.7	5	1	0	0.0

「경기도교육청 혁신공감학교 운영계획」(경기도교육청, 2014) 참고.

삶과 교육을 바꾸는
맘에드림 출판사 교육 도서

나는 혁신학교에 간다

경태영 지음 / 값 14,000원

공교육을 바꾸겠다는 거대한 희망을 품고 시작된 '혁신학교'. 이 책은 일곱 개 혁신학교의 이야기를 담고 있다. 지금 우리 교육이 변화하는 생생한 현장의 모습과 아이들이 꿈을 키우고 행복하게 공부하는 희망의 터로 새롭게 자리매김하는 학교들을 이 책에서 만날 수 있다.

혁신학교란 무엇인가

김성천 지음 / 값 15,000원

교육 공동체가 만들어내는 우리 시대 혁신학교 들여다보기. 혁신학교 전반에 관한 이야기를 다루고 있는 책으로, 공교육 안에서 혁신학교가 생기게 된 역사에서부터 혁신학교의 핵심 가치, 이론적 토대, 원리와 원칙, 성공적인 혁신학교의 모습을 보이고 있는 단위 학교의 모습까지 담아냈다.

학부모가 알아야 할 혁신학교의 모든 것

김성천·오재길 지음 / 값 15,000원

학부모들을 위한 혁신학교 지침서!
'혁신학교에서는 무엇을, 어떻게 가르치고 있는지, 교사·학생·학부모는 어떻게 만나서 대화하고 관계를 맺어가는지, 어떤 교육 목표를 지향하고 있는지 등 이 책은 대한민국 학부모들의 궁금증에 친절하게 답을 한다.

덕양중학교 혁신학교 도전기

김삼진 외 지음 / 값 14,500원

이 책의 1부는 지난 4년 동안 덕양중학교가 시도한 혁신과 도전, 성장을 사실과 경험에 기반한 스토리텔링 방식의 성장기로 전개하고 있다. 그리고 2부는 지역사회와 협력하여 펼치고 있는 교육 프로그램, 배움의 공동체 수업 등을 현장 사례 중심의 교육적 에세이 형태로 담고 있다.

학교 바꾸기 그 후 12년
권새봄 외 지음 / 값 14,500원

MBC PD 수첩에 방영되어 화제가 되었던 남한산초등학교. 아이들이 모두 행복하고, 얼굴 표정이 밝은 아이들. 학교 가는 것을 무엇보다 좋아하고, 방학을 싫어하는 아이들. 수업과 발표를 즐겼던 이 학교를 졸업한 아이들이 그 후 12년의 삶을 세상에 이야기한다.

교사는 수업으로 성장한다
박현숙 지음 / 값 12,000원

그동안 교사는 수업에서 아이들을 만나지 못해왔다. 관계와 만남이 없는 성장의 결손을 낳았다. 그리하여 우리 아이들과 교사들은 모두 참 아프고 외로웠다. 이 책에서는 교사, 학생, 학부모, 지역사회가 공동체로서 서로 관계를 맺을 때에만 배움은 즐거운 활동으로서 모두가 성장하는 삶의 일부가 될 수 있음을 보여준다.

교사와 학부모가 함께 읽는 주제 통합 수업
김정안 외 지음 / 값 15,000원

'서울형 혁신학교'로 지정된 7개 혁신학교들이 지난 1~2년 동안 운영한 주제 중심 통합 교육 과정과 수업 사례를 소개한 책이다. 이 학교들의 교육과정은 전국적으로 이루어지는 혁신학교들의 성과를 반영하였고, 자신의 지역사회의 실제 환경과 경험을 살려 실제 수업에 적용한 것이다.

혁신교육 미래를 말한다
서용선 외 지음 / 값 14,000원

혁신교육은 2009년 이후 공교육 되살리기의 새로운 희망이 되어왔다. 이러한 정책을 입안하고 추진하는 데 기여해왔던 6명의 교사 출신 연구자들이 혁신교육 발전에 필요한 정책 과제들을 모아 하나의 책으로 제시한다. 이 책은 교육철학, 교육과정, 교육행정과 학교 운영(거버넌스) 등에서 주요 이슈들을 정리하고 혁신교육의 성과와 과제가 무엇인가를 보여준다.

수업을 살리는 교육과정

서우철 외 지음 / 값 16,500원

최근 교육과정을 재구성하는 논의가 활발한 가운데, 이 책에서는 개별 교과목과 교과서의 형식에 얽매이지 않고 아이들의 발달을 고려하여 주제를 중심으로 교육과정을 재구성하여 통합적으로 운영하는 방법과 구체적인 실천 사례를 설명하고 있다. 이러한 과정은 같은 학년을 맡고 있는 교사들의 토론과 협력을 통해서 이루어진 것임을 이야기한다.

수업 딜레마

이규철 지음 / 값 14,000원

이 책을 관통하는 키워드는 '사람'이다. 저자의 노하우를 전수하는 것이 아니라, 수업 속에서 딜레마에 맞닥뜨려 고통받고 있는 선생님들의 고민을 담고, 신념을 담고, 그것을 이겨내기 위한 한 분 한 분의 마음을 담고 있다. 이런 고민 속에 이 책을 집어 든 나를 귀하게 여기며 다시 한 번 교사로 잘 살아보고 싶은 도전을 하게 한다.

좋은 엄마가 스마트폰을 이긴다

깨끗한미디어를위한교사운동 지음 / 값 13,500원

스마트폰에 대한 아이들의 집착은 대단하다. 스마트폰은 '재미있고 편리하다.' 그러나 스마트폰 때문에 아이들은 시간을 빼앗기고, 건강이 나빠지고, 대화가 사라지며, 공부와 휴식, 수면마저 방해를 받는다. 이 책은 이러한 사례들을 생생하게 소개하고 부모들에게 아이들의 스마트폰 사용에 어떻게 대응해야 하는지 대안을 제시한다.

엄선생의 학급운영 레시피

엄은남 지음 / 값 14,000원

34년 경력의 현직 교사가 쓴 생동감 넘치는 학급운영 지침서. 초등학교에서 아이들은 문자와 숫자를 익히는 것보다 학교와 교실에서 낯설고 모험적인 사건을 겪으면서 더 많은 것을 배운다. 이 책은 초등학교에서 교과서 지식보다 더 중요한 역할을 하는 학교생활과 학급문화를 만드는 데 담임교사의 역할을 다룬다. 교사와 아이들이 서로 존중하고 신뢰하는 관계를 어떻게 만들어야 하는지 구체적인 경험과 사례로 설명해준다.

진짜 공부

김지수 외 지음 / 값 15,000원

혁신학교가 추구하는 '진짜 공부'와 '진짜 스펙'이 무엇인지 보여주는, 졸업생들의 생동감 넘치는 경험담. 12명의 졸업생들은 학교에서 탐방, 글쓰기, 독서, 발표, 토론, 연구, 동아리, 학생회 활동을 통해 자신들이 생각하지도 못한 진짜 공부를 경험했음을 보여준다. 이 책을 통해 수능시험이 아니라 정말로 청소년 스스로 하고 싶을 즐기면서 성장하는 것이 우리 사회에 필요한 것임을 새삼 느낄 수 있다.

수업 디자인

남경운·서동석·이경은 지음 / 값 15,000원

서울형 혁신학교의 대표적인 수업 혁신을 담은 이야기. 아이들이 서로 협력하면서 배우는 수업을 목표로 삼은 저자들은 범교과 수업모임을 통한 공동 수업설계를 대안으로 제시한다. 아이들은 교사의 설명을 통해 배우는 것이 아니라 서로 '옥신각신'하며 함께 문제에 도전할 때 수업에 몰입하고 배우게 된다. 이 책은 이러한 수업을 위해서 교사들이 교과를 넘어 어떻게 협력하고 수업을 연구해야 하는지 잘 보여준다.

아이들이 가진 생각의 힘

데보라 마이어 지음 / 정훈 옮김 / 값 15,000원

미국 공교육 개혁의 전설적 인물 데보라 마이어가 전하는 교육 개혁에 대한 경이롭고도 신선한 제언. 이 책은 학교 혁신의 생생한 기록을 통해 우리가 학교에서 무엇을 왜 가르치고 배워야 하는지에 대한 근원적인 성찰을 담고 있다. 아이들이 지성적으로 생각하는 마음의 습관을 배우는 것이 얼마나 중요하고 그것을 위해 학교가 무엇을 해야 하는지를 일깨워준다.

어! 교육과정? 아하! 교육과정 재구성!

박현숙·이경숙 지음 / 값 16,500원

교육과정 재구성을 고민하는 교사를 위한 현장 지침서. 이 책은 저자들이 학교 현장에서 교육과정 재구성이라는 화두를 고민하고, 실행한 사례들이 담겨져 있다. 책의 내용은 주제 통합 수업, 교과 통합 수업, 범교과 주제 학습, 교과 체험 학습, 프로젝트 수업 등 학교 현장에서 적용해 큰 성과를 본 것들을 세밀하게 소개하면서 교육과정 재구성 작업의 노하우를 펼쳐 보인다.

행복한 나는 혁신학교 학부모입니다
서울형혁신학교학부모네트워크 지음 / 값 16,000원

이 책은 학부모가 자신의 눈높이에서 일러주는 아이들의 혁신학교 적응기일 뿐만 아니라, 학부모 역시 학교를 통해 자신의 삶을 고양시켜가는 부모 성장기라는 점에서 대한민국의 모든 학부모들에게 건네는 희망 보고서이기도 하다. 혁신학교가 궁금한 모든 학부모들이 이 책을 통해 혁신학교 학부모로서의 체험을 미리 하는 데 부족함이 없을 것이다.

일반고 리모델링 혁신고가 정답이다
김인호·오안근 지음 / 값 15,000원

교육 환경이 열악한 지역에 있던, 서울의 한 일반계 고등학교가 혁신학교로서 4년간 도전과 변화를 겪으면서 쌓은 진로, 진학의 비결을 우리 사회 모든 학생, 학부모, 교사, 시민 등에게 낱낱이 소개해주는 책. 무엇보다 '혁신학교는 대학 입시에 도움이 안 된다'는 세간의 편견을 말끔히 떨어 없앴다. 저자들은 '결과' 중심 교육과정을 '과정' 중심으로 바꾸고, 교내 대회와 동아리 활동, 봉사 활동을 장려함으로써 대학 진학이란 놀라운 결과가 어떻게 이루어질 수 있었는지 보여주고 있다.

우리가 신뢰하는 학교, 어떻게 만들 것인가?
데보라 마이어 지음 / 서용선 옮김 / 값 15,000원

이 책의 저자인 데보라 마이어는 보수와 진보를 막론하고 미국 공교육 개혁 분야에서 가장 신뢰받는 실천가이자 이론가로 평가받는다. 학교 안에서 '신뢰의 붕괴'를 오늘날 공교육이 직면한 가장 큰 도전으로 인식한다. 이 책의 원제 〈In Schools We Trust〉에서 나타나듯, 저자는 신뢰할 수 있는 공교육의 조건이 무엇인지 자신의 경험 속에서 제안하고, 탐색하고, 성찰한다.

교사, 어떻게 살아야 하는가
김성천 외 지음 / 값 15,000원

오랫동안 교육 현장에서 교육과 연구를 병행해온 저자 5인이 쓴 '신규 교사를 위한 이 시대의 교사론'. 이 책은 학교 구성원과의 관계 맺기부터 학교 현장에서 맞닥뜨리게 되는 여러 가지 문제들과 극복 방법, 교육 개혁에 어떻게 주체로 설 수 있는지, 어떤 과정을 통해 개인의 성장을 도모해야 하는지 등 신규 교사의 궁금점에 대해 두루 답하고 있다.

리셋, 교육과정 재구성

서울신은초등학교 교육과정 연구회 모임 지음 / 값 16,000원

서울형 혁신학교인 서울신은초등학교 교사들이 1학년부터
6학년까지 모든 학년의 교육과정을 재구성하고 실천한 경험을
모두 담았다. 이 책에 소개된 혁신학교 4년의 경험은 진정한
학습이란 몸과 마음을 통해 경험함으로써, 생각이나 감정을 다른
사람과 주고받음으로써, 과거 경험을 새로운 지식으로 다시
생각함으로써 실현된다는 점을 잘 보여주고 있다.

다섯 빛깔 교육이야기

이상님 지음 / 값 16,000원

충북 혁신학교(행복씨앗학교)인 청주 동화초등학교의 동화 작가
출신 선생님이 아이들과 함께 보낸 한해살이 이야기다.
이오덕 선생의 "아이들의 삶을 가꾸는 교육"을 고민하던 저자가
동화초 아이들을 만나면서 초등학생의 특성에 맞도록 활동 중심의
교육과정을 재구성하는 한편, 표현 위주의 교육을 위한 생활
글쓰기 교육을 실천하면서, 학교 교육을 아이들의 놀이와 생활,
삶과 연결시키고자 노력한 교단 일지를 바탕으로 구성되었다.

만들자, 학교협동조합

박주희 · 주수원 지음 / 값 14,500원

이 책은 학교협동조합이 무엇인지, 어떤 유형의 학교협동조합이
가능한지, 전국적으로 현재 학교협동조합의 추진 상황은 어떠한지,
국내외 사례를 통해 소개하고 안내하는 한편, 학교협동조합을
운영하는 원리와 구체적인 교육방법을 상세하게 풀어놓고 있다.
저자들의 실천적 지침들을 따라가다 보면 학교협동조합은 더 이상
상상이 아니라 학교 구성원의 필요와 의지, 실천으로 극복할 수
있는 실현 가능한 미래라는 점을 알게 된다.

땀샘 최진수의 초등 수업 백과

최진수 지음 / 값 21,000원

초등학교에서 20여 년간 아이들을 가르쳐온 저자가 초등학교
수업에 대해서 기록하고 연구하고 실천하며 쌓아온 경험을
바탕으로 초등학생들과 수업을 함께하는 방법을 담고 있다.
아이들의 학습 동기, 아이들이 수업에 참여하는 방법, 칠판과
공책을 사용하는 방법, 모둠 활동, 교과별 수업, 조사와 발표
등 초등학교 교사가 아이들을 가르칠 때 알아야 할 가장
기본적이면서도 가장 중요한 모든 것을 다루고 있다.

혁신 교육 내비게이터 곽노현입니다

곽노현 편저 · 해제 / 값 17,000원

서울시 18대 교육감이자 첫 번째 진보 교육감으로서 혁신 교육을
펼쳤던, 곽노현은 우리 사회 전반을 아우르는 주요 교육 현안들을
이 책에서 포괄적으로 다루고 있다. 2014년 3월부터 1년간
방송된 교육 전문 팟캐스트 '나비 프로젝트' 인터뷰에 출연한
전문가들과 나눈 대화와 그에 대한 성찰적 후기를 담고 있다. 이
책은 그야말로 우리가 '지금 알아야 할 최소한의 교육 이야기'를
포괄하고 있다.

무엇이 학교 혁신을 지속가능하게 하는가

권성호 · 김현철 · 유병규 · 정진헌 · 정훈 지음 / 값 14,500원

독일 '괴팅겐 통합학교', 미국 '센트럴파크이스트 중등학교', 한국
혁신학교의 사례들을 통해 성공적인 학교 혁신의 공통점을
찾아내고 그것을 지속가능하도록 만들기 위해서 필요한 것은
무엇인지를 보여준다. 독자들은 이 책에서 괴팅겐 통합학교의
볼프강 교장이 말한 것처럼 "좋은 학교"를 만들기 위한 학교
혁신에 세계적으로 보편적이라고 할 만한 공통점을 찾을 수 있다.

교과를 꽃 피게하는 독서 수업

시흥 혁신교육지구 중등 독서교육 연구회 지음 / 값 16,500원

이 책은 지난 5년 동안 진행된 혁신교육지구 사업의 일환으로
학교에서 고군분투하며 독서교육을 이끌어왔던 독서지도사들이
실천 경험을 엮어낸 것으로 청소년기 학생들에게 장래 진로, 사랑,
우정, 삶의 지혜를 찾는 데 도움을 주는 독서교육을 잘 보여주고
있다. 특히 이 책에 소개된, 국어, 수학, 과학, 사회, 도덕, 미술,
역사 등 다양한 교과와 연계한 협력수업은 독서교육의 새로운
전망을 보여주는 결실이다.

혁신학교의 거의 모든 것

김성천 · 서용선 · 홍섭근 지음 / 값 15,000원

이 책에서 혁신학교에 대한 100가지 질문에 답하면서 혁신학교의
역사, 배경, 현황, 평가와 전망을 구체적인 증거를 통해 설명하고
있다. 이 책에 서술된 혁신학교에 관한 100문 100답을 통하여
우리 사회에 필요한 교육은 무엇인지, 교사와 학생들이 더 즐겁게
가르치고 배우면서 성장할 수 있는 교육을 위해 필요한 것이
무엇인지, 그것을 위해서 우리 사회 시민 각자가 자신의 위치에서
무엇을 하면 좋은가를 더 깊이 생각해볼 기회를 얻을 것이다.

교실 속 비주얼씽킹

김해동 지음 / 값 14,500원

이 책은 비주얼씽킹 기본기부터 시작하여 교과별 수업, 생활교육, 학급운영 등에 비주얼씽킹을 응용하는 방법을 설명하고 있다. 특히 교사들이 초등학교 1학년부터 고등학교 3학년까지 국어, 수학, 영어, 과학, 사회 등 모든 교과 수업에 비주얼씽킹을 활용할 수 있도록 수업 지도안을 상세하면서도 간결하게 제시하고 있다. 또한 독자들이 책 내용에 대해 더욱 풍부한 이미지와 자료를 접할 수 있도록 저자의 블로그로 연결되는 QR코드를 담고 있다.

교육과정-수업-평가 어떻게 혁신할 것인가

이형빈 지음 / 값 15,500원

이 책은 교육과정 사회학자 번스타인(Basil Bernstein)이 제시한 '재맥락화(recontextualized)'의 관점에 따라 저자가 장기간에 걸쳐 일반 학교 한 곳과 혁신학교 두 곳의 수업을 현장에서 면밀하게 관찰하고 심층 인터뷰와 설문조사를 통한 연구를 바탕으로 무기력과 불평등을 재생산하는 교실을 민주적이고 평등한 구조로 바꾸기 위해 교육과정-수업-평가를 어떻게 혁신해야 하는지 제안하는 내용을 담고 있다.

혁신학교 효과

한희정 지음 / 값 15,000원

이 책에서 저자는 혁신학교 효과를 살펴보기 위해 혁신학교가 OECD DeSeCo 프로젝트에 제시된 '핵심 역량'을 가르치고 있는지, 학생·학부모·교사가 서로 배우는 교육공동체를 이루고 있는지, 학생의 발달을 위한 다양한 교육과정을 운영하고 있는지, 교사의 자율성과 전문성을 강화하고 있는지, 자치적이고 민주적인 학교문화를 가지고 있는지, 지역사회와 협력하고 있는지를 다른 일반 학교와 비교하여 설명한다.

교실 속 생태 환경 이야기

김광철 지음 / 값 15,000원

아이들이 자연과 친해지고 즐길 수 있도록 교육하는 것은 쉬운 일이 아니다. 특히 도시에서는 더욱 어렵다. 그래서 이 책은 도시 지역 학교에서도 쉽게 실천에 옮길 수 있는 다양한 생태·환경교육을 폭넓게 다루고 있다. 이 책에서 저자는 계절에 따라 할 수 있는 20가지 환경교육 프로그램을 제시하고, 방법과 순서, 재료 등을 상세히 설명해준다.

이제는 깊이 읽기

양효준 지음 / 값 15,000원

교과서에는 수많은 예화와 발췌문이 들어가 있다. 이런 자료들은 교육부가 교육과정에서 요구하는 기준에 맞춰 어떤 이야기, 소설, 수필, 논픽션 등에서 일부만 가져온 토막글이다. 아이들은 교과서에 수록된 작품이나 이야기 전체를 읽지 못한 상태에서 단편적인 지문만 읽고 이해를 해야 하기 때문에 책을 읽으면서 생각하고 공감할 수 있는 기회와 흥미를 찾을 수 없게 된다. 이 책은 이러한 문제를 개선하기 위해서 한 권이라도 책 전체를 꾸준히 읽어가는 방법인 '깊이 읽기'를 대안으로 소개하고 있다.

인성의 기초가 되는 초등 인문학 수업

정철희 지음 / 값 15,500원

이 책은 아이들의 올바른 인성교육을 위한 새로운 방법으로서 인문학 수업을 제시하고 있다. 이 책에서 설명하고 있는 인문학 수업은 교사가 신화, 문학, 영화, 그림, 역사적 인물의 일대기 등에서 이야기를 찾아 아이들에게 제시하고, 아이들이 그 이야기에 나오는 여러 문제와 인물 등에 대해 자신의 감정을 스스로 공책에 기록하고 일상의 경험과 비교하고 토의와 토론을 통해 자신의 생각을 발전시키는 수업이다.

수업, 놀이로 날개를 달다

박현숙 · 이응희 지음 / 값 13,500원

교육계에서 최근 가장 중요한 과제로 삼고 있는, OECD의 여덟 가지 핵심 역량(DeSeCo)에 따라 여러 놀이들을 분류해서 설명하고 있다. "놀이에 내재된 긴장의 요소는 사람의 심성, 용기, 지구력, 총명함, 공정함 등을 시험하는 수단이 되므로" 그것은 학생들의 역량을 키우는 수단이 된다. 이 책의 저자들은 수업이 놀이를 만났을 때 어떻게 핵심 역량이 강화되는지 이야기하고 있다.

더불어 읽기

한현미 지음 / 값 13,500원

이 책은 교사들이 학습공동체를 통해 교직의 전문성과 자율성을 새롭게 발견하며 성장하는 이야기를 다룬다. 우리 사회의 기존 교육 제도는 효율성이라는 명분으로 아이들에게 경쟁을 강요하면서 교사들 역시 서로 경쟁하도록 만드는 시스템으로 이루어져 있다. 이 책에서 저자는 이러한 비인격적인 제도와 환경 아래서 교사들이 행복을 되찾기 위해서는 서로 협력하며 같이 배우면서 아이들과 함께 성장할 수 있어야 한다고 말한다.

땀샘 최진수의 초등 글쓰기

최진수 지음 / 값 17,000원

글쓰기가 아이들에게 필요한 중요한 것이 되려면 먼저 솔직하게 써야 한다. 모르는 것은 '모른다', 잘못은 '잘못이다', 싫은 것은 '싫다'고 솔직하게 드러낼 때 글쓰기는 아이가 성장하는 디딤돌이 될 수 있다. 그리고 이것은 가르치는 교사에게도 적용된다. 지도하는 사람과 지도받는 사람이 따로 있는 것이 아니라 함께 쓰고 함께 나누면서 서로 성장을 돕는 것이다.

성장과 발달을 돕는 초등 평가 혁신

김해경 · 손유미 · 신은희 · 오정희, 이선애 · 최혜영 · 한희정 · 홍순희 지음 / 값 15,500원

이 책은 교육적 대안을 마련하기 위해 혁신학교에서 지난 5~6년 동안 초등학생의 성장과 발달을 돕는 평가를 실천해온, 현장 교사 8명이 자신들의 지혜와 경험을 모아놓은 최초의 결실을 담고 있다. 독자들은 이 책을 통해 평가는 시험이 아니며 교육과정과 수업의 연장으로서 아이들의 잠재력을 측정하고 적절한 조언을 제공한다는 원래의 목표를 되살리는 첫걸음을 찾을 수 있다.

수업 코칭

이규철 지음 / 값 15,500원

가르치는 일을 함으로써 학생들의 배움을 돕는 교사들에게 수업은 시간적으로도 공간적으로도 학교에서 자신이 하는 일의 중심을 이룬다. 그래서 수업에 관한 고민은 교과를 가리지 않고 교사들에게 일반적으로 드러난다. 교사들은 공통의 문제로 씨름하게 된다. 최근에 그 공통의 문제를 교사들이 함께 풀어나가자는 흐름이 곳곳에서 일어나고 있다. 이 책은 그중에서도 '수업 코칭'이라는 하나의 흐름을 다룬다.

교사들이 함께 성장하는 수업

서동석 · 남경운 · 박미경 · 서은지, 이경은 · 전경아 · 조윤성 지음 / 값 15,000원

이 책은 아이들의 배움에 중점을 둔 수업을 위해 구성한 교사 학습공동체로서, 서로 다른 여러 교과 교사들이 수업을 디자인하고 연구하는 '수업 모임'에 관해 다룬다. 수업 모임 교사들은 공동으로 교과 수업을 디자인하고, 참관하고, 발견한 내용을 공유하고 평가하는 피드백을 통해 수업을 개선해간다. 그리고 이러한 실천이 쌓여가면서 공개수업을 준비하는 방법과 절차는 더욱 명료해지고, 수업설계는 더욱 정교해진다.

땀샘 최진수의 초등 학급 운영

최진수 지음 / 값 19,000원

이 책의 저자는 학급운영의 출발은 아이들을 '가르치는 대상'에서 '존중받는 존재로 바라보는 것에서 시작해야 한다고 이야기한다. 또한 아이들과 함께하면서 교사는 성장한다. 이러한 성장은 시간이 흐르고 경력이 쌓인다고 이뤄지는 것이 아니라 여러 가지 어려운 문제를 헤쳐나가며 교사 스스로 자신을 되돌아보고 성찰할 때 비로소 아이들과 함께하는 올바른 학급운영이 이루어진다고 말한다.

당신의 교육과정-수업-평가를 응원합니다

천정은 지음 / 값 14,500원

이 책은 빛고을혁신학교인 신가중학교에서 펼쳐진, 학교교육 혁신 과정과 여전히 완성되지 않은 그 결과를 다루고 있다. 드라마 〈대장금〉에 나오는 '신비'의 메모가 보여준 것과 같이 교육 문제를 여전히 아리송한 것처럼 적고 묻고 적기를 반복하며 다가가는 것이다. 저자인 천정은 선생님은 이 책을 통해 자신의 수업이 앞으로도 교육의 본질에 더 가깝게 계속 혁신되기를 바라고 있다.

에코 산책 생태 교육

안만홍 지음 / 값 16,500원

오늘날 인류에게는 에너지와 자원을 대량으로 소비하는 생활양식이 보편화되어 있다. 이러한 생활양식은 자연을 파괴하고 수많은 환경 문제를 야기하고 있다. 이 책은 그러한 생태 교육을 위해 필요한 내용을 다루고 있다. 아이들이 지구 환경을 다시 복원하기 위해서 갖춰야 할 것은 관찰하고 기록하고 어떤 과학적 추론을 이끌어내는 능력이 아니라, 오감을 통해 스스로 자연을 느끼고, 자연의 소중함을 배우는 것이다.

I Love 학교협동조합

박선하 외 지음 / 값 13,000원

학교에 협동조합을 만드는 일에 참여했던 학생들의 협동조합 활동과 더불어 자신과 친구들이 어떻게 성장했는지를 이야기한다. 글쓴이 중에는 중학교 1학년 때부터 사회복지사라는 장래 희망을 가지고 학교협동조합에 참여한 학생도 있고, 고등학교 3학년 때 참여하기 시작한 학생도 있다. '뭔가 재밌을 것 같다'는 호기심을 가지고 시작한 학생이 있는가 하면, 어떤 학생은 자의 반 타의 반으로 학교협동조합에 참여했다.

얘들아, 하브루타로 수업하자!
이성일 지음 / 값 13,500원

최근에는 공부 방식이 외우는 것에서 생각하는 것으로, 수업 방식은 교사 위주의 강의 수업에서 학생 위주의 참여 수업으로 많은 변화가 이루어지고 있다. 이는 4차 산업혁명 시대를 살아가야 할 학생들을 위해서는 당연한 것이다. 학교 교실에서 실제로 질문하고, 토론하는 하브루타 참여 수업의 성과를 담은 이 책은 하브루타 수업을 통하여 점점 성장해가는 아이들의 모습을 보여준다.

내면 아이
이준원 · 김은정 지음 / 값 15,500원

그동안의 상담 사례를 모아 부모 · 교사의 마음속에 숨어 있는 완벽주의, 억압, 방치, 거절, 징벌, 충동성, 과잉보호 등의 '내면 아이'가 자녀/학생과의 관계에서 어떠한 영향력을 행사하는지, 어떻게 갈등을 일으키는지 볼 수 있게 한다. 그 뿌리를 찾아 근원부터 치유하는 방법들은 필자의 경험을 바탕으로 종합한 것이다. 또한 임상 경험을 아주 쉽게 소개하여 스스로 자신의 '내면 아이'를 만나고 치유할 수 있도록 하는 데 중점을 두었다.

핵심 역량을 키우는 수업 놀이
나승빈 지음 / 값 21,000원

이 책은 [월간 나승빈]으로 유명한 나승빈 선생님의 스타일이 융합된 놀이책이다. 놀이 백과사전이라고 불러도 될 만한 이 책은 교실에 갇혀 넘치는 에너지를 발산하지 못하는 아이들과, 단순한 재미를 뛰어넘어 배움이 있는 수업을 고민하는 선생님을 위한 것이다. 본문에서는 수업 속에서 실천이 가능한 다양한 놀이를 제시하고 있다. 각각의 놀이들을 수업과 어떻게 연계할 수 있으며, 수업 놀이를 통해 어떤 역량을 키울 수 있는지 이야기한다.

교실 속 비주얼 씽킹 (실전편)
김해동 · 김화정 · 김영진 · 최시강,
노해은 · 임진묵 · 공세환 지음 / 값 17,500원

전 편이 교과별 수업, 생활교육, 학급운영 등에 비주얼씽킹을 응용하는 방법을 이론적으로 설명했다면, 《교실 속 비주얼씽킹 실전편》은 실제 초 · 중 · 고 학생을 대상으로 수업을 진행한 교사들의 활동지를 담았다.

수업 고민, 비우고 담다
김명숙 · 송주희 · 이소영 지음 / 값 15,500원

이 책은 수업 하기의 열정을 잃지 않고 수업 보기를 드라마 보는 것만큼 재미있어 하는 3명의 교사가 수업 연구에 대한 이론적 체계가 아닌, 현장에서의 진솔한 실천 과정을 순도 높게 녹여낸 책이다. 이 속에는 수업에서 실패를 두려워하지 않는, 발랄한 아이들과 함께한 자신의 교실을 용기 있게 들여다보며 묵묵히 실천적 연구자로 살아가는 선생님들의 고민과 성장이 담겨 있다.

뮤지컬 씨, 학교는 처음이시죠?
박찬수 · 김준성 지음 / 값 12,000원

각고의 노력으로 학교 뮤지컬을 개척한 경험과 노하우를 소개한 책. 뮤지컬은 학생들의 삶을 보다 풍요롭게 만듦으로써 학교교육 위기의 대안으로 크게 주목 받고 있다. 현장에서 바로 적용하고 고민할 수 있는 현재진행형의 살아 있는 지식이 담겨 있다.

독자 여러분의 소중한 원고를 기다립니다

맘에드림 출판사는 독자 여러분의 소중한 원고를 기다리고
있습니다. 원고가 있으신 분은 nurio1@naver.com으로
원고의 간단한 소개와 연락처를 보내주시면 빠른 시간에
검토하여 연락을 드리겠습니다.